Agile Softwareentwicklung in großen Projekten

Jutta Eckstein, Partner von IT communication, arbeitet seit über 15 Jahren als Coach, Beraterin und Trainerin im In- und Ausland. Weltweit verfügt sie über eine einzigartige Erfahrung bei der erfolgreichen Umsetzung agiler Prozesse in mittleren bis großen, verteilten, unternehmenskritischen Projekten. Sie ist Autorin mehrerer Publikationen, u.a. »Agile Softwareentwicklung mit verteilten Teams« (dpunkt.verlag) und Mitglied der Agile Alliance sowie im Programmkomitee verschiedener europäischer und amerikanischer Konferenzen zu den Themen agiles Vorgehen, Objektorientierung und Patterns. Jutta Eckstein wurde 2011 von der Computerwoche in die Top 100 der bedeutendsten Persönlichkeiten in der deutschen IT gewählt.

Nicolai Josuttis arbeitet seit vielen Jahren als unabhängiger technischer Projektleiter, Systemarchitekt und Berater in mittleren bis großen unternehmenskritischen IT-Projekten. Unter seiner technischen Leitung wurden in den Bereichen Finanzwesen, Telekommunikation, Verkehrstechnik, Automobilbau und Maschinenbau mehrere mittlere bis große kommerzielle Softwaresysteme erfolgreich realisiert. Er ist Autor verschiedener weltweit publizierter Bücher zur praktischen Softwareentwicklung.

Aufgrund seiner mehrjährigen praktischen Erfahrung auf dem Gebiet Service-orientierter Architekturen und verteilter Systeme gilt er inzwischen weltweit als anerkannter unabhängiger Experte.

Jutta Eckstein

Agile Softwareentwicklung in großen Projekten

Teams, Prozesse und Technologien – Strategien für den Wandel im Unternehmen

2., überarbeitete u. aktualisierte Auflage

dpunkt.verlag

Jutta Eckstein
Nicolai Josuttis
feedback@agilebuch.de

Lektorat: Christa Preisendanz
Copy-Editing: Ursula Zimpfer, Herrenberg
Abbildungen: Katja Gloggengiesser und Stefanie Klemme, Stuttgart
LaTeX-Satz: Nicolai Josuttis, Braunschweig
Herstellung: Nadine Thiele
Umschlaggestaltung: Helmut Kraus, www.exclam.de
Druck und Bindung: M.P. Media-Print Informationstechnologie GmbH, 33100 Paderborn

Bibliografische Information der Deutschen Nationalbibliothek
Die Deutsche Nationalbibliothek verzeichnet diese Publikation in der Deutschen Nationalbibliografie; detaillierte bibliografische Daten sind im Internet über http://dnb.d-nb.de abrufbar.

ISBN 978-3-89864-790-8

2., überarbeitete u. aktualisierte Auflage 2012

Ringstraße 19 B
69115 Heidelberg

Die englische Originalausgabe der ersten Auflage ist unter dem Titel »Agile Software Development in the Large: Diving into the Deep« bei Dorset House Publishing Co., Inc., New York, erschienen.
Deutsche Bearbeitung der ersten Auflage von Nicolai Josuttis

5 4 3 2 1 0

Inhaltsverzeichnis

Vorwort zur zweiten Auflage

Lernen ist eine Tätigkeit, bei der man das Ziel nie erreicht.
— Konfuzius

Fast zehn Jahre sind vergangen, seit ich die erste Auflage für dieses Buch geschrieben habe. Unglaublich, aber inzwischen feierte das Agile Manifest bereits sein zehnjähriges Jubiläum. Bei den konkreten Vorgehensweisen hatte zunächst Scrum Extreme Programming vom ersten Platz verdrängt, bis vor nicht allzu langer Zeit die Erkenntnis aufkam, dass man – in der Softwareentwicklung – mit Scrum nur wirklich erfolgreich sein kann, wenn man auch die Entwicklungspraktiken von Extreme Programming beherzigt. Parallel dazu kamen weitere Vorgehensweisen auf, zum einen *DevOps*, eine agile Vorgehensweise zur Inbetriebnahme, die sich vor alleman Systemadministratoren richtet, dann basierend auf den Lean-Ideen einerseits *Kanban*, was speziell im Bereich der Wartung erfolgreich ist, und andererseits *Lean Startup*, was wiederum einige der ursprünglichen Extreme-Programming-Ideen aufgreift, indem aus den kleinen Releases eine kontinuierliche Releasestrategie wird und man so zur ständigen Inbetriebnahme kommt.

Vor zehn Jahren waren es überwiegend kleine Teams und kleine Projekte, die sich getrauten, eine agile Vorgehensweise einzusetzen. Nur wenige Großprojekte wagten damals diesen Schritt. Inzwischen ist es nicht mehr ungewöhnlich, dass große und auch global verteilte Projekte dem agilen Wertesystem vertrauen und sich davon höhere Qualität und eine bessere »Time-to-Market« versprechen. Aber auch hier ist die Grenze der Anwendbarkeit agiler Vorgehensweisen noch nicht erreicht – zunehmend werden diese auch außerhalb der Softwareentwicklung eingesetzt. Ich selbst war an Projekten beteiligt, bei denen wir eine agile Vorgehensweise für die Hardwareentwicklung, zur Entwicklung einer Vertriebsstrategie oder einer Marketingkampagne verwendet haben.

Damit geht einher, dass es nicht mehr nur die Early Adopters sind – wie Anfang dieses Jahrtausends –, die agile Vorgehensweisen einsetzen, sondern heutzutage sind es vermehrt die großen Industrieunternehmen und Beratungshäuser, die sich Agilität auf die Fahne geschrieben haben. Mit all den daraus resultierenden Vor- und Nachteilen. Die ursprüngliche Euphorie ist zwar noch nicht verflogen, aber der Idealismus ist dem Pragmatismus gewichen. Zunehmend wird erkannt, dass es weder damit getan ist, agile Entwicklung »nur« den Entwicklern zu überlassen, noch sie lediglich in einem einzelnen Projekt zu ermöglichen. Das heißt, es geht heutzutage zwar einerseits mehr als vor zehn Jahren darum, wie man agile Großprojekte durchführen kann, aber andererseits auch darum, wie man die Agilität im Großen bzw. in der vollen Breite einsetzen kann, um nachhaltig von dem agilen Wertesystem im Unternehmen profitieren zu können.

Denn inzwischen wurde erkannt, dass Agilität vor allemdann zu nachhaltiger Verbesserung führt, wenn sie als Teil einer größeren Entwicklung gesehen wird, bei der es für alle darum geht, im Sinne von *Kaizen* mehr Verantwortung zu übernehmen, eine höhere soziale Kompetenz einzufordern sowie die Idee der lernenden Organisation als Schlüssel zum Erfolg zu sehen.

Mit dieser zweiten Auflage versuche ich, diesen neuen Anforderungen gerecht zu werden. Ich wünsche Ihnen viel Freude beim Lesen und möchte Sie einladen, die Webseite zum Buch zu besuchen: `www.agilebuch.de`. Außerdem freue ich mich auf Ihr Feedback unter: `feedback@agilebuch.de`.

Braunschweig, Oktober 2011 *Jutta Eckstein*

Vorwort zur deutschen Bearbeitung der ersten Auflage

Ein Buch ist immer ein verhindertes Gespräch.
— Hans Urs von Balthasar

Wenn wir uns mal die Zeit nehmen und auf die vielen Jahre der Softwareentwicklung zurückblicken, wird man Bemerkenswertes erkennen. Neben all den technologischen Weiterentwicklungen, Revolutionen und unerfüllten Versprechungen haben wir festgestellt, dass sich unser eigenes Berufsbild geändert hat. Waren wir in der Vergangenheit noch Softwareentwickler, die lokale technische Probleme lösten, so sorgen wir heute dafür, dass bei einem IT-Projekt insgesamt etwas Sinnvolles herauskommt. Dahinter steckt die Erkenntnis und Erfahrung, dass viel zu viele Projekte scheitern; und das liegt nicht an Technologien, sondern immer an sozialen, strukturellen und organisatorischen Defiziten.

Verschlimmert wird das Ganze noch dadurch, dass Werkzeughersteller das Blaue vom Himmel versprechen, Auftraggeber illusorische Zeitpläne vorgeben und ein Marktdruck herrscht, der jedem größeren Projekt signifikante Risiken aufbürdet.

Wenn wir uns dann aber fragen, was unsere Projekte von den meisten anderen unterscheidet, dann fallen uns nur Trivialitäten ein. Doch bilden diese vermutlich genau den Schlüssel zum Erfolg: Anstatt immer neue unangemessene Entscheidungen zu fällen, legen wir Wert darauf, den gesunden Menschenverstand einzusetzen und ein Klima zu schaffen, in dem konstruktive Kommunikation gelebt wird.

Aber die Zeiten ändern sich. Fehlgeschlagene große Projekte sind schlichtweg nicht mehr finanzierbar und wer im Business bleiben will, muss schnell und zeitnah Lösungen liefern. Agile Prozesse helfen dabei, sich wieder auf das Wesentliche zu konzentrieren. Doch leider gibt es noch zu wenig Erfahrungen und Hilfestellungen, die zeigen, wie man agile Prozesse in Großprojekten lebt.

Wir möchten diese Lücke mit diesem Buch schließen. Es ist die Quintessenz unserer Erfahrungen mit großen agilen Projekten. Jutta hat dieses Buch als Autorin zunächst in Englisch geschrieben. Nico hat das Buch dann ins Deutsche übersetzt. Da wir viele Erfahrungen gemeinsam gemacht haben, ergaben sich bei der Übersetzung etliche Diskussionen, die zu manchen Änderungen im Buch geführt haben.

Das Buch spiegelt also die Erfahrung von Menschen wider, die gelernt haben, dass die sozialen Aspekte die technischen überwiegen. Wir bezeichnen uns deshalb heutzutage manchmal auch als Kommunikationsmanager (wobei der technische Hintergrund aber notwendig ist, um nicht nur vom Management, sondern auch von den Entwicklern ernst genommen zu werden).

Wir wünschen allen viel Spaß beim Lesen. Wer Lust hat, kann uns auf der Webseite zum Buch, `www.agilebuch.de`, oder über `feedback@agilebuch.de` erreichen.

München,
Dezember 2003

Jutta Eckstein
Nicolai Josuttis

Danke

Der Berg bedarf nicht des Berges,
aber der Mensch des Menschen.
— Baskisches Sprichwort

Ein derartiges Buch ist immer das Ergebnis einer langjährigen Entwicklung. Insofern ist es natürlich schwierig, all die Personen aufzuzählen, die dazu beigetragen haben, dass dieses Buch entstanden ist. Ich möchte mich deshalb vorab schon bei all denjenigen entschuldigen, die ich versehentlich hier nicht persönlich nenne. Nichtsdestotrotz ist es mir wichtig, einigen Personen explizit zu danken.

Als Erster sei Frank Westphal genannt, der die Idee hatte, dass wir uns zum Schreiben auf eine einsame Insel zurückziehen sollten (er schrieb an seinem Buch über testgetriebene Entwicklung). Meine Schwester Eva Eckstein gab uns als Bibliothekarin den Tipp, es mit Hiddensee, der Poeten-Insel, zu versuchen, auf der schon andere Schriftsteller (Gerhard Hauptmann, Günter Grass, Carl Zuckmayer, ...) ihre großartigen Werke geschrieben hatten. So saßen Frank und ich zweimal auf Hiddensee und warteten darauf, dass es uns erginge wie dem Protagonisten aus Günter Grass' Werk *Ein weites Feld*:

> »*Kaum auf Hiddensee angekommen, verspürte er ... unwiderstehliche Schreiblaune.*«

Es funktionierte tatsächlich! Nachdem so das meiste geschrieben war, brauchte es jedoch viele weitere Menschen, die dazu beitrugen, daraus ein Buch zu machen.

Als Nächstes möchte ich deshalb meiner Familie danken, allen voran meinem Partner Nicolai Josuttis, der mit seiner moralischen Unterstützung und den unzähligen Diskussionen letztendlich maßgeblich mit dafür gesorgt hat, dass das Buch in der jetzigen Form vorliegt. Meine Cousinen Katja Gloggengiesser und Stefanie Klemme geben dem Buch durch die Illustrationen eine ganz wunderbare persönliche Note. Meine Mutter Gerda Beckmänning half dem Buch als ehemalige Deutschlehrerin sprachlich auf die Sprünge. Letztendlich – fast zur Familie gehörend – danke ich meiner langjährigen Mitbewohnerin Monika Bobzien für die endlosen Diskussionen auf unserem Balkon. Sie hat mich immer wieder dazu angehalten, über den Tellerrand zu schauen.

Ein weiterer Dank geht an die Autoren der Expertenboxen, die durch ihre persönlichen Erfahrungen das Buch bereichert haben: Alistair Cockburn, David Hussman, Diana Larsen, Dierk König, Joshua Kerievsky, Nicolai Josuttis und Stefan Roock sowie den Reviewern, die mit ihren kleinen Anmerkungen und auch umfangreichen Kommentaren halfen, das Buch zu formen: Daniel Schweizer, Dave Thomas von den Pragmatic Programmer, Dierk König, Eberhard Wolff, Frank Maurer (der nicht davor zurückschreckte, bereits eine Vorabversion als Unterrichtsmaterial an der Universität von Calgary einzusetzen), James Noble, Jon Kern, Ken Schwaber, Martin Müller-Rohde, Mike Cohn, Robert Wenner, Stefan Roock, Ursula Zimpfer und Vanita Shroff. Jens Coldewey trug durch ein wunderbares Geburtstagsgeschenk maßgeblich dazu bei, dass ich die passenden Sprichwörter und Zitate für die einzelnen Kapitel gefunden habe.

Und nicht zuletzt geht mein ganz besonderer Dank an das Team von dpunkt: Besonders hervorheben möchte ich Christa Preisendanz, die sich nicht davon abhalten ließ, von Anfang an an das Projekt zu glauben.

Schlussendlich möchte ich allen danken, die mich auf meinem Weg in verschiedenen Projekten, auf Konferenzen, Schulungen und Workshops begleitet haben und mit denen ich gemeinsam lernen durfte.

München, Dezember 2003 *Jutta Eckstein*

1 Einführung

Großer Stein ist schwer zu werfen.
— Deutsches Sprichwort

Stellen Sie sich vor, Sie müssen ein Programm entwickeln, das Mitarbeiter von Finanzdienstleistern beim Handeln mit Finanztiteln unterstützt. Die Händler müssen in der Lage sein, die Produkte zu kaufen, zu verkaufen und dabei die dazugehörigen Risiken einzukalkulieren. Ein Problem dabei ist, dass die Menge möglicher Produkte häufigen Änderungen unterliegt. Schaut man sich nur mal den Optionsmarkt an (der z.B. mit Derivaten handelt), kann man beobachten, dass mit jedem neuen Tag neue Arten von Optionen auftreten, die unterschiedlich gehandelt werden und deren Risiken auf eine andere Art bewertet werden müssen. Fragt man den Händler deshalb heute nach seinen Anforderungen an das Programm, wird man sicherlich eine andere Antwort erhalten, als wenn man morgen fragt. Hinzu kommt, dass der Händler sagen wird, dass jeder Tag, an dem eine neue Option nicht mit dem Programm gehandelt werden kann, einen finanziellen Verlust darstellt, der sich auch auf die Provision des Händlers auswirkt und für den Finanzdienstleister als Ganzes durchaus eine Größenordnung von mehreren 100.000 Euro betragen kann. Natürlich wird der Händler auch darauf hinweisen, dass das Konkurrenzprogramm diese Option schon lange handeln kann, was die Sache nicht besser macht. Auf der anderen Seite wird nicht unbedingt eine vollständige Unterstützung des Handels mit neuen Optionen verlangt. Jede Verbesserung, die manuelle Arbeit abnimmt, hilft. Natürlich wäre eine teilweise Unterstützung nicht optimal und eine vollständige Unterstützung auf jeden Fall anzustreben.

Entsprechende Anfragen können im Bereich der Telekommunikation oder auch in allen Bereichen des E-Business-Umfelds auftreten. Der große Unterschied zu den bisher traditionell geforderten Anwendungen ist dabei, dass es immer wichtiger wird, *schnell* mit passenden Lösungen auf dem Markt zu sein. Ansonsten besteht die Gefahr, dass das Programm schon bei der Fertigstellung veraltet ist oder die Firma des Kunden schon gar nicht mehr existiert, weil das Programm zu spät kam. Manchmal ist es sogar wichtiger, die *wichtigsten* Anforderungen des Kunden zunächst einmal mit einer ersten Version *schnell* abzudecken, als später (oder zu spät) mit einer Version für alle Anforderungen herauszukommen.

Schwergewichtige Prozesse aus den achtziger und neunziger Jahren haben Schwierigkeiten, mit derartigen neuen Anforderungen umzugehen. Wenn überhaupt, dann waren sie gelegentlich in Bereichen mit *stabilen* Anforderungen erfolgreich. In solchen Bereichen kann von Anfang an alles formalisiert und ein detaillierter Plan erstellt werden. Darüber hinaus können Folgeaktionen »blind« dem Plan folgen und am Ende des Projekts ist der Plan immer noch korrekt. Beispiele für derartige Projekte gibt es nur noch wenige. Vereinzelt trifft man auf Projekte im militärischen Bereich oder in vergleichbaren Bereichen wie dem Flugzeugbau oder bei Kraftwerken. Neben stabilen Anforderungen zeichnen sich solche Projekte außerdem noch durch scheinbar unbegrenzte Mengen von Zeit und Geld aus, was bedeutet, dass es wichtiger ist, *alle* Anforderungen zu erfüllen, als nur einen Teil in einem gewissen zeitlichen oder finanziellen Rahmen zu liefern. Es zeichnet sich allerdings ab, dass man sich das mittlerweile auch in diesen Bereichen nur noch selten leisten kann. So werden Prozesse, die Änderungen bei den Anforderungen unterstützen, auch im militärischen Bereich immer wichtiger.

Agile Prozesse versprechen, flexibel auf sich immer wieder ändernde Anforderungen zu reagieren. Aus diesem Grund werden agile Prozesse inzwischen als Allheilmittel für erfolgreiche Softwareentwicklung betrachtet. Der häufigste Einsatz agiler Prozesse ist allerdings nach wie vor in kleinen Teams und kleinen Projekten, womit den großen Projekten und großen Teams, die auch auf schnelle Änderungen der Anforderungen reagieren müssen, nicht wirklich geholfen ist.

Dieses Buch beschäftigt sich daher mit agilen Prozessen in großen Projekten. Doch bevor wir in das Thema detailliert einsteigen, möchte ich den Fokus und die Zielgruppe des Buchs noch genauer definieren. Dazu ist es zunächst notwendig, Begriffe wie *groß*, *agil* und *agiler Prozess* zu präzisieren und im Kontext dieses Buchs abzugrenzen.

Große Projekte

Softwareentwickler stellen Softwareentwicklung im Großen grundsätzlich infrage. Dies liegt nicht nur daran, dass sich die meisten agilen Prozesse ursprünglich nur auf kleine Teams beschränkt hatten (und dies vermutlich ja auch nicht grundlos), sondern auch daran, dass die meisten fehlgeschlagenen Projekte richtig große Projekte sind. (Es kann natürlich auch sein, dass man über die vielen fehlgeschlagenen kleinen Projekte gar nicht spricht, da sie nicht wichtig genug sind.)

Der häufigste Grund, weshalb große Projekte fehlschlagen, ist der Mangel an Kommunikation: Kommunikation zwischen den Teammitgliedern, zwischen dem Team und den Managern, zwischen dem Team und dem Kunden und so weiter. Kommunikation ist jedoch eines der wichtigsten Elemente agiler Prozesse. Somit stellt sich die Frage, ob Kommunikation überhaupt grundsätzlich erfolgreich in großen Teams etabliert werden kann. Dies ist ein Aspekt, der dazu führt, dass man bei großen Teams gern die Empfehlung gibt, diese »gesund« zu schrumpfen: »Wenn du in deinem Team hundert Entwickler hast, werfe mindestens achtzig raus und arbeite mit den restlichen zwanzig (oder weniger) weiter. Damit steigen die Erfolgsaussichten für dein Projekt signifikant.«

Große Projekte lassen sich aber nicht grundsätzlich vermeiden. Es kann Umstände geben, die dazu führen, dass man ein großes Projekt mit einem großen Team durchführen muss. So gibt es zum Beispiel Projekte, die einen derartig großen Umfang haben, dass dieser im geplanten Zeitraum unmöglich mit einem kleinen Team realisiert werden kann.

Will man nun von den Vorteilen agiler Prozesse profitieren, stellen sich einige Fragen: Können agile Prozesse skaliert, das heißt vergrößert oder aufgestockt werden, sodass sie große Projekte unterstützen? Und welche Probleme treten auf, wenn ein Unternehmen sich entscheidet, einen agilen Prozess in einem großen und möglicherweise kritischen Projekt einzusetzen? Dieses Buch beantwortet diese und viele andere Fragen in diesem Umfeld. Bevor wir ins Detail gehen, möchte ich allerdings noch klären, was mit »großen« Projekten eigentlich gemeint ist.

Was bedeutet »groß«?

Man kann ein Projekt in verschiedener Hinsicht als *groß* betrachten. So können zum Beispiel die Kosten, der Umfang, die Dauer, die Anzahl der beteiligten Personen und die Risiken groß sein. Diese verschiedenen »Dimensionen« von Größe sind nicht unabhängig voneinander. Manche Dimensionen sind primär durch die Anforderungen und Randbedingungen vorhanden. Andere sind sekundär aus den primären abgeleitet.

Die einzelnen Dimensionen von Größe und deren Abhängigkeiten stellen sich wie folgt dar:

- **Umfang:** Der Umfang ist eine primäre Dimension von Größe, die sich unmittelbar aus der Menge und Komplexität der Anforderungen ergibt. Hat ein Projekt einen großen Umfang, kann man damit unterschiedlich umgehen: Man kann die Zeitdauer und/oder die Anzahl der Mitarbeiter des Projekts erhöhen. Das bedeutet, dass die Dimension Umfang die Dimensionen Dauer und Anzahl der Personen beeinflusst.
- **Dauer:** Die Dauer ist eine typische sekundäre Dimension. Kein Projekt wird mit dem Selbstzweck gestartet, 20 Jahre zu dauern und dabei zuzusehen, wie die Zeit vergeht. Wenn ein Projekt lange dauert, ist das immer eine Folge davon, dass eine andere Dimension angewachsen ist. Wenn z.B. das Risiko eines Projekts groß ist, weil viele unerfahrene Leute eingesetzt werden, kann als Folge von umfangreichen Schulungsmaßnahmen und Fehlschlägen die Dauer eines Projekts sehr groß werden. Manche Projekte können mitunter sogar unendlich lange dauern, weil keiner sich mehr traut, die Projekte abzubrechen.
- **Kosten:** Kosten sind ebenfalls eine sekundäre Dimension; das heißt, hohe Kosten sind ebenfalls eine Konsequenz aus dem Wachstum anderer Dimen-

sionen. Ich habe zumindest noch kein Projekt erlebt, das nur gestartet wurde, weil man einfach zu viel Geld hatte und dieses Geld los werden wollte. Ich habe allerdings schon oft gesehen, dass Unsummen ausgegeben wurden, ohne dies wirklich zu hinterfragen. Dies war aber immer eine Folge einer der anderen Dimensionen. So entstehen nicht selten unnötige Kosten durch den Einsatz von vielen Personen, ohne zu hinterfragen, ob die Anzahl an Personen überhaupt notwendig ist.

- **Personenanzahl:** Die Anzahl an Mitarbeitern ist ein anderer Fall. Zum einen kann es sich um eine Konsequenz eines großen Umfangs oder Risikos handeln. Manchmal werden Projekte aber auch einfach nur mit vielen Mitarbeitern ausgestattet, um die Wichtigkeit des Projekts oder des Projektmanagers auszudrücken. Im schlimmsten Fall geschieht dies sogar gleich von Anfang an. Die Anzahl der Projektmitarbeiter bezieht sich dabei nicht nur auf die Anzahl der an der Entwicklung direkt beteiligten Personen, sondern z.B. auch auf die Anzahl der Kunden. Je mehr Kunden am Projekt beteiligt sind, desto höher sind zum Beispiel die Auswirkungen von widersprüchlichen Anforderungen.
- **Risiken:** Risiken sind viel komplizierter als die anderen Dimensionen, da sie sich auf so ziemlich alles beziehen können. Die Teamgröße selbst kann zum Beispiel schon ein Risiko sein. Auch das Setzen auf eine neue Technologie birgt ein großes Risiko. Als Folge von großen Risiken werden häufig auch die Kosten vergrößert, um z.B. die Mitarbeiter zusätzlich zu schulen und zu beraten. Trotzdem sind Risiken immer eine sekundäre Dimension.

Aus dieser Aufstellung folgt, dass die einzigen initialen Merkmale zur Skalierung eines Projekts der Umfang und die Anzahl der Personen sind. Ein Projekt mit großem Umfang kann man zwar mit einem kleinen Team durchführen, doch vor allem in großen Firmen wird ein Projekt mit großem Umfang fast immer von vielen Personen durchgeführt.

Arbeitet in einem Projekt eine große Anzahl von Personen, so haben auch in der Regel alle anderen Dimensionen eine entsprechende Größe. Man wird schwerlich ein Projekt mit einem großen Team finden, das einen kleinen Umfang hat, nur drei Monate dauert und für das dabei nur einige Hunderttausend Euro ausgegeben werden. Das Projekt mag nicht unbedingt ad hoc ein großes Risiko in sich bergen, doch ist die Größe der anderen Dimensionen ein Risiko an sich. Ist zum Beispiel der Umfang groß und ändert sich dieser auch noch (in Form von sich ändernden Anforderungen), so ist das Risiko hoch, dass man die Funktionalität nicht in den Griff bekommt. Ist zum Beispiel der Zeitrahmen groß, besteht ein hohes Risiko, dass das Projekt niemals beendet werden wird, da das Projektende über lange Zeit nicht in Sicht ist.

Ich werde mich in diesem Buch vor allem auf den Aspekt großer Teams beziehen. Da große Teams in der Regel auch Umfang, Dauer, Kosten und Risiken vergrößern, werden damit alle hier genannten Dimensionen von Größe eine Rolle spielen.

Warum spielt Größe eine Rolle?

»Groß« ist ein relativer Begriff und dies gilt auch bei der Teamgröße. Sprechen wir über 2, 10, 100, 1.000 oder sogar noch mehr Personen? Dies ist insofern wichtig, da jede neue Größenordnung einen anderen Einfluss auf den Prozess hat. Man betrachte z.B. den Einfluss der Teamgröße auf die Kommunikation:

- **Bei 2 oder mehr Personen** müssen die Personen anfangen miteinander zu kommunizieren. Solange ein Projekt von nur einer Person durchgeführt wird, kennt diese Person (hoffentlich) alle Aspekte, die zur Durchführung des Projekts notwendig sind. Sie kennt das Design und den Code des gesamten Systems. Sobald eine zweite Person hinzukommt, ist dies nicht mehr automatisch sichergestellt. Die Personen müssen kommunizieren. Nur so können sie ein gemeinsames Verständnis darüber entwickeln, was gerade vorgeht und was für den gemeinsamen Fortschritt notwendig ist. Es wäre zum Beispiel ziemlich ungünstig, wenn beide dasselbe Teilproblem unabhängig (also nicht durch paarweises Programmieren) lösen und dies erst dann feststellen, wenn sie versuchen, ihren Code zusammenzuführen.
- **Bei 10 oder mehr Personen** muss man anfangen, nicht nur den Fortschritt, sondern auch die dazugehörige Kommunikation explizit zu koordinieren. Man muss Kommunikationskanäle extra etablieren, um Themen mit der ganzen Gruppe diskutieren zu können.
- **Bei 100 und mehr Personen** ist es selbst mit einem Großraumbüro nicht mehr möglich, alle Personen in einem Raum unterzubringen. Dadurch muss die »natürliche« Kommunikation, die normalerweise innerhalb eines Raums auftritt, durch andere Maßnahmen sichergestellt werden.
- **Bei 1.000 und mehr Personen** ist die Wahrscheinlichkeit groß, dass sich Teams nicht nur über mehrere Räume, sondern sogar über mehrere Gebäude oder Standorte verteilen. Aus diesem Grund kennen sich die einzelnen Teammitglieder untereinander oft gar nicht mehr.

Dieses Beispiel zeigt nicht nur, dass groß relativ ist, sondern auch, dass jede »Vergrößerung« spezielle Auswirkungen haben kann.

Worum geht es in diesem Buch?

Der Inhalt dieses Buchs basiert auf Erfahrungen, die ich in Projekten gesammelt habe, die eine Größenordnung von einer bis 300 Personen umfassten. Durch die Arbeit mit diesen unterschiedlich großen Teams habe ich viele Vorgehensweisen entdeckt, die die Skalierung von agilen Prozessen für große Teams ermöglichen.

Will man nun agil vorgehen, gibt es nach meiner Erfahrung bereits signifikante Auswirkungen auf ein Team, das aus mehr als 20 Personen besteht. Allerdings werden auch kleine Teams mit z.B. 10 Personen definitiv von diesem Buch profitieren, speziell dann, wenn sie in ein großes Unternehmen eingebettet sind. Der Schwerpunkt dieses Buchs liegt aber bei noch größeren Projekten, die von Teams mit etwa 30 bis 300 Personen und eigentlich immer in großen Unternehmen durchgeführt werden.

Die speziellen Aspekte von noch größeren Teams, also Teams mit mehr als 1.000 Personen, werden mangels Erfahrung nicht explizit untersucht. Allerdings gibt es auch dort Aspekte, die in diesem Buch behandelt werden und deren Kenntnis bei der erfolgreichen Abwicklung derartiger Projekte signifikant weiterhelfen können. Genauso können auch kleine Teams von vielen Diskussionen in diesem Buch profitieren. Das Buch hilft, das agile Wertesystem zu verstehen, und zeigt dabei Wege auf, wie dieses Wertesystem auch in Projekten mit einer hohen Komplexität (z.B. durch Skalierung) mittels des verwendeten Prozesses bewahrt werden kann. Dabei wird auch der Unterschied zwischen dem agilen Wertesystem an sich und dessen Umsetzung in einem bestimmten Prozess, wie z.B. *Scrum*, deutlich.

Dieses Buch basiert im Wesentlichen auf Teams, bei denen ein Großteil der Mitarbeiter zusammensitzt und nur wenige Teile der Entwicklungsarbeit auf einen anderen Standort verlagert sind. Aus diesem Grund ist das verteilte Arbeiten über mehrere Standorte kein ausgesprochener Schwerpunkt dieses Buchs (dieser wird ausführlich in [*Eckstein09*] besprochen), auch wenn das Thema in Kapitel 3 (ab Seite 72) und Kapitel 6 (ab Seite 201) behandelt wird.

Die fachlichen Bereiche dieser Projekte unterliegen keinen besonderen Einschränkungen. Meine Erfahrungen beziehen sich vorrangig auf die Bereiche Finanzdienstleistung/Banking, Automobilbau und Telekommunikation. Es gab aber auch Projekte in den Bereichen Hardware- und Softwaretechnologie-Entwicklung.

Ich habe meine Erfahrungen natürlich mit vielen anderen Personen ausgetauscht, wobei deren Erfahrungen meistens in der gleichen Größenordnung lagen. Einige Personen arbeiteten in Projekten mit mehr als 350 Personen und berichteten dabei über die gleichen Herausforderungen. Ich weiß allerdings nicht, was in Projekten mit mehr als 1.000 Personen passiert, nehme aber an, dass dort einige neue Aspekte und Herausforderungen auftreten. Es bleibt aber festzuhalten, dass alle Überlegungen und Vorschläge in diesem Buch wirklich auf konkreten Erfahrungen mit großen Teams und großen Projekten beruhen. Dabei handelt es sich im Wesentlichen um meine Erfahrungen, die durch andere bestätigt und ergänzt wurden, was ich im Einzelfall explizit erwähne.

Abgrenzung zu agilen Prozessen

Dieses Buch ist weder ein Buch über agile Prozesse im Allgemeinen, noch werden einzelne agile Prozesse im Speziellen diskutiert. Es ist auch kein Buch zum Thema *Skalierung von Scrum*. Und zwar vor allemdeswegen nicht, weil sich Projekte und ihre Mitarbeiter unterscheiden und auch *Scrum* kein Prozess oder Werkzeug ist, das für alle passt. Viel wichtiger ist die Erkenntnis, dass es darum geht, Agilität als Wertesystem, als Kultur, als (Geistes-)Haltung zu verstehen, die dann auch beliebig skaliert werden kann und mit der sich die unterschiedlichsten Herausforderungen meistern lassen. Die Wichtigkeit dieser Erkenntnis wurde auch von den Autoren des Agilen Manifests bei deren Wiedervereinigung anlässlich des zehnjährigen Jubiläums von Jim Highsmith zum Ausdruck gebracht[1]. Seiner Ansicht nach möchte zwar zurzeit jeder Agilität *anwenden* und stürzt sich dafür auf die Praktiken und Prozesse, aber keiner möchte tatsächlich agil *sein*. Das heißt, Werte und Prinzipien werden nach wie vor weder verinnerlicht noch beherzigt. Daraus folgt meist eine Art Agilität, die sich zwar vordergründig an Prozessen wie *Scrum* ausrichtet, die aber dem Motto folgt »Wasch mir den Pelz, aber mach mich nicht nass«. Aus diesem Grund fokussiert dieses Buch nicht auf die Skalierung von z.B. *Scrum*, sondern vielmehr darauf, wie die agilen Werte und Prinzipien als Leitlinie für wahre Agilität auch in Großprojekten dienen können. Vermutlich werden Sie trotzdem einige Praktiken von *Scrum*, *Extreme Programming* und anderen agilen Methoden in diesem Buch entdecken. Dabei handelt es sich um spezielle Erfahrungen mit diesen Praktiken bei großen Teams, die in den angegebenen Projekten dazu beigetragen haben, das agile Wertesystem zu unterstützen.

Da das Buch nicht von agilen Prozessen im Allgemeinen handelt, gibt es auch keine ausführliche Einführung in agile Prozesse. Ich liefere zwar am Anfang von Kapitel 2 eine sehr kurze Einführung in die grundlegenden Aspekte agiler Prozesse, für eine detaillierte Einführung in agile Prozesse sei aber auf [*Cockburn06*] und [*WolfBleek11*] verwiesen.

Gesamtprozess versus Prozesse für Teilteams

Wie wir später diskutieren werden (siehe Kapitel 3), wird ein großes Team normalerweise in kleine Teilteams aufgeteilt. Da bereits etliches zu agilen Prozessen in kleinen Teams gesagt wurde, gehe ich nicht auf die Prozesse ein, die innerhalb dieser Teilteams verwendet werden. Ich konzentriere mich dagegen auf den Prozess, der all diese Teilteams zusammenhält und dafür sorgt, dass man trotz des Einsatzes von vielen Personen agil zusammenarbeitet. Es geht also weniger darum, alle Aspekte agiler Prozesse zu behandeln, die in großen Teams eine Rol-

[1] 10 Jahre Agiles Manifest. Wiedervereinigung der Autoren bei der Konferenz Agile 2011 in Salt Lake City, USA.

le spielen, sondern vielmehr um eine Diskussion der Aspekte, die sich in großen Projekten und großen Teams anders darstellen.

Dass es diese Unterschiede tatsächlich gibt, wurde bereits am Beispiel Kommunikation erläutert: Auch für agile Prozesse gilt, dass diese nicht linear skalieren. Durch neue Größenordnungen können neue Schwierigkeiten auftreten, da einige Aspekte eines Prozesses ab einer gewissen Größe eine natürliche Grenze haben. Damit wird es notwendig, mit diesen Aspekten anders umzugehen. Hinzu kommen die Probleme, die erst mit großen Teams auftreten.

Zusammenfassend handelt es sich hier nicht um ein Buch, das einfach nur agile Prozesse skaliert. Es geht vielmehr darum, die besten Praktiken vorzustellen, die dabei helfen, die agilen Prinzipien so zu skalieren, dass die agilen Werte gewahrt bleiben.

Wer sollte dieses Buch lesen?

Dieses Buch wendet sich vorrangig an den sogenannten *Change-Agent*. Damit bezeichne ich in diesem Kontext eine Person, die einen agilen Prozess in großen Teams trotz aller Schwierigkeiten aufbauen oder etablieren will. In einigen Kapiteln dieses Buchs (zum Beispiel in Kapitel 6, *Umgang mit dem Unternehmen*) kann es sich auch um einen *Change-Agent* handeln, der z.B. die Arbeit kleiner Teams oder die Arbeit von Teams in einer nicht agilen Umgebung verbessern will. Ich gehe davon aus, dass der *Change-Agent* mit agilen Prozessen im Allgemeinen oder einem der agilen Prozesse im Speziellen (wie *Scrum*) bereits vertraut ist.

Darüber hinaus ist das Buch auf jeden Fall für Personen von Interesse, die

- bereits versucht haben, agile Methoden in großen Projekten einzusetzen, und denen dies nicht gelungen ist,
- bereits versucht haben, agile Methoden in großen Projekten einzusetzen, und dabei erfolgreich waren,
- agile Methoden bisher nicht in großen Projekten eingesetzt haben, dies aber gern einmal tun würden,
- an das lineare (Wasserfall-)Modell glauben und meinen, agile Prozesse würden (in großen Projekten) ohnehin nicht funktionieren,
- an agile Prozesse glauben, aber davon ausgehen, dass diese nie im Großen funktionieren können.

Als Leser arbeiten Sie also typischerweise in einem großen Projekt als Manager, Prozesscoach oder *ScrumMaster*, Berater oder Entwickler. Sie oder andere wollen dabei einen agilen Prozess einsetzen, sind aber unsicher, ob und wie das gehen kann und worauf es im Speziellen ankommt.

Wie ist das Buch aufgebaut?

Das Buch hat folgenden Aufbau:

- **Kapitel 2, *Agilität und Größe*,** führt die Prinzipien und das Wertesystem agiler Prozesse ein. Dabei wird hinterfragt, welche Auswirkungen und Herausforderungen diese Werte und Prinzipien für große Teams haben.
- **Kapitel 3, *Umgang mit großen Teams*,** beschäftigt sich mit dem Einfluss, den ein Wechsel auf agile Prozesse für große Teams hat. Welche Auswirkungen hat dieser Wechsel auf die einzelnen Personen und wie kann man Teams in Teilteams aufteilen sowie Teamrollen so definieren, dass alles zusammenspielt? Darüber hinaus betrachten wir globale Teams am Beispiel von sowohl verteilten als auch verstreuten Teams und der Open-Source-Gemeinde.
- **Kapitel 4, *Umgang mit dem Prozess*,** konzentriert sich auf die Aspekte des Prozesses, die es ermöglichen, viele Teilteams zu koordinieren, ohne diese dabei zu sehr zu reglementieren. Das Ziel besteht darin, all diese Teams so zusammenzubringen, dass sie in all ihren Aktivitäten agil bleiben.
- **Kapitel 5, *Umgang mit der Technologie*,** betrachtet die Auswirkungen der Projekt- und Teamgröße auf die Architektur. Es beschreibt die Rolle des Architekten und inwiefern die Architektur dem Team dient. Außerdem werden einige Techniken und Praktiken diskutiert, die ein agiles System unterstützen.
- **Kapitel 6, *Umgang mit dem Unternehmen*,** beschäftigt sich mit den Herausforderungen, vor die ein agiles Großprojekt allein dadurch gestellt wird, dass das Projekt in einem großen Unternehmen durchgeführt wird. Dies ist deshalb ein Thema, da große Projekte in der Regel in großen Firmen durchgeführt werden und große Firmen an sich meist nicht mit der Flexibilität agiler Projekte Schritt halten können. Diese Probleme können in gleicher Form auch bei kleinen Projekten auftreten, die innerhalb einer großen Organisation durchgeführt werden.
- **Kapitel 7, *Ein Projektbericht*,** liefert schließlich einen zusammenhängenden konkreten Erfahrungsbericht über ein großes agiles Projekt.
- **Der Anhang, *Quellenverzeichnis und Index*,** bietet einerseits eine Auflistung der Bücher und auch Webseiten, die Eingang in dieses Buch gefunden haben. Und andererseits dient Ihnen der Index zum Nachschlagen von Stichwörtern.

2 Agilität und Größe

Werte kann man nur durch Veränderung bewahren.
— Richard Löwenthal

In diesem Kapitel werfen wir zunächst einen Blick auf die fundamentalen Bestandteile von agilen Prozessen. Wer mit diesem Thema schon vertraut ist, kann sofort mit dem Abschnitt *Prinzipien agiler Prozesse im Großen* auf Seite 17 beginnen, der die agilen Prinzipien in Hinsicht auf ihre Bedeutung für große Projekte untersucht.

Da agile Methoden derzeit voll im Trend sind und alle möglichen Leute behaupten, sie folgen einem agilen Ansatz, wird anschließend darauf eingegangen, wie man scheinbar agile Prozesse als nicht agile Prozesse entlarven kann und welche Fallstricke aufwarten.

Danach geht es um die Menschen im agilen Prozess. Dazu gehört eine Diskussion über den kulturellen Umbruch, den ein Wechsel auf agile Prozesse mit sich bringt, sowie die Anpassung der Prozesse an die aktuellen Bedürfnisse und die Kommunikation, die für ein Projekt und die beteiligten Personen notwendig ist.

Der letzte Abschnitt dieses Kapitels beschäftigt sich mit dem Aspekt, dass die erste Begegnung mit agilen Prozessen häufig von Misstrauen gegenüber dem Prozess begleitet ist. Man wird dabei immer wieder die gleichen Gründe hören, weshalb ein agiles Vorgehen nicht funktionieren könne.

Grundlagen zu agilen Prozessen

Agile Prozesse versprechen, dass sie flexibel auf wechselnde Anforderungen reagieren können. Sie liefern dem Kunden zu jedem Zeitpunkt immer den höchstmöglichen Geschäftswert. Dabei stehen immer die Menschen, die den Prozess leben, im Vordergrund. Eine Aussage des *Agilen Manifests*, »Individuen und Interaktionen sind wichtiger als *Prozesse* und Werkzeuge«, stellt sogar den Prozess selbst zugunsten der beteiligten Personen infrage. Dabei drängt sich allerdings die Frage auf, ob und inwiefern diese Personen immer noch im Mittelpunkt des Prozesses stehen können, wenn nicht zwölf, sondern hundert Personen beteiligt sind.

Das Ziel des agilen Ansatzes besteht darin, sicherzustellen, dass alle Arten von Risiken, die während der Entwicklung auftreten können, frühzeitig erkannt und angegangen werden. Eine Aufteilung des Systems und die iterative Entwicklung der einzelnen Teile verringern die Komplexität des Gesamtsystems. Dieser evolutionäre Ansatz erzeugt frühzeitig relevante Ergebnisse, die dann wiederum Rückmeldungen auslösen, die es ermöglichen, gegebenenfalls sofort korrigierend einzugreifen.

Ein derartiger Ansatz, der auf häufige Rückkopplung (Feedback) basiert, ist eine der Grundlagen aller agilen Prozesse. Dieses Feedback bietet frühzeitige Möglichkeiten, aus den Resultaten zu lernen. Die meisten agilen Vorgehensweisen sind iterativ und inkrementell, wobei das häufige Feedback über kurze Entwicklungszyklen (auch Iterationen oder in der *Scrum*-Terminologie *Sprint* genannt), die über sogenannte *Timeboxen* definiert sind, erfolgt. Demgegenüber wird bei *Kanban* das häufige Feedback dadurch erzielt, dass man die Anzahl der Aufgaben, die in Arbeit sind, begrenzt. Eine Timebox impliziert, dass der Zeitrahmen für eine Iteration fix ist. Sind die Zyklen nicht kurz genug, dauert es zu lange, bis man das dazugehörige Feedback erhält. Falls es sich nicht um definierte, d.h.in sich abgeschlossene Timeboxen handelt, ist es nicht unwahrscheinlich, dass die Entwicklungszyklen länger dauern als beabsichtigt, was wiederum das Feedback unnötig verzögert. Timeboxing ist dabei aber nur ein Aspekt. Entscheidender ist, dass man auf Änderungen reagieren kann. Diese schnelle Reaktionsmöglichkeit wird wiederum durch Timeboxen unterstützt, da der Neubeginn jeder Timebox auch eine Korrektur der Entwicklung im Hinblick auf die Funktionalität erlaubt.

Auch für agile Entwicklungszyklen gibt es die vier üblichen Projektparameter Dauer, Umfang, Ressourcen und Qualität. Bemerkenswert ist, welche davon fest und welche variabel sind. Die festen Parameter sind:

- **Dauer:** Eine Iteration geht über einen festen Zeitraum. Diese kann zum Beispiel am Anfang eines Projekts zwei Wochen umfassen.
- **Ressourcen:** Es ist relativ unwahrscheinlich, dass in dem kurzen Zeitraum einer Iteration sich die Teamgröße, das Budget oder die technischen Rahmenbedingungen unerwartet ändern.
- **Qualität:** Alle Ergebnisse sollten die gleiche Art von akzeptabler Qualität haben.

Damit bleibt nur der Parameter Umfang übrig. Und in der Tat ist dies der einzige variable Parameter, was bedeutet, dass sich der Umfang in alle Richtungen entwickeln kann. Der Umfang kann also größer oder kleiner werden. Folglich kann das Ergebnis am Ende des Entwicklungszyklus sowohl mehr als auch weniger Funktionalität als ursprünglich geplant umfassen. Definiert ist jedoch, zu welchem Zeitpunkt der Zyklus endet, mit welchen Ressourcen die Entwicklung vorangetrieben wird und in welcher Qualität das Ergebnis vorliegen wird. Handelt es sich bei dem Entwicklungszyklus um einen größeren Zeitraum, zum Beispiel um die gesamte Projektlaufzeit oder ein Release, so wird üblicherweise ebenfalls der Termin eingehalten und der Umfang ist nicht nur in seiner Größe, sondern vor allem auch bezüglich seines Inhalts variabel. Die Entscheidung, sowohl über Änderungen am ursprünglich geplanten Inhalt als auch am Festhalten des Termins, liegt jeweils beim Kunden. Folglich kann ein Kunde auch die Entscheidung treffen, dass später oder früher ausgeliefert werden soll (mit den entsprechenden Konsequenzen, d.h.das Release enthält entweder mehr oder weniger Funktionalität).

Die vom linearen Vorgehen (auch als Wasserfallmodell) bekannten Phasen Analyse, Design, Implementierung und Test existieren auch im iterativen, inkrementellen Prozess. In der agilen Entwicklung werden diese allerdings nicht sequenziell als Phasen, sondern parallel als Aktivitäten durchgeführt. So kann weder Testen noch Design vom Implementieren entkoppelt werden. Sowohl beim Codieren als auch beim Testen gelangt man zu Erkenntnissen, die unmittelbare Auswirkungen auf das Design des Systems haben. Dies führt zu einer dauerhaften Flexibilität, die bedeutet, dass das Design im Verlauf des Entwicklungsprozesses ständig verbessert wird. James Highsmith beschreibt dies treffender wie folgt:[1]

> »*Der Workflow-Ansatz, der sicherlich in einigen Fällen (wie z.B. für die Abwicklung eines Kfz-Versicherungsschadens) angemessen ist, funktioniert bei der Entwicklung von Produkten überhaupt nicht, da bei der Produktentwicklung typischerweise viele Aktivitäten gleichzeitig stattfinden, nur Teilergebnisse liefern und später verfeinert werden.*«

Trotz aller schnellen Änderungen und der extremen Flexibilität bedeutet das aber nicht, dass die verschiedenen Aktivitäten unkoordiniert voneinander durchgeführt werden. So ist es zum Beispiel niemals sinnvoll, ein existierendes Design zu verbessern, während zugleich ein neues Feature implementiert wird.

Auch wenn agile Prozesse in vielerlei Fällen als Allheilmittel betrachtet werden, müssen sie dennoch den jeweiligen Gegebenheiten angepasst werden. Ein definierter agiler Prozess, wie z.B. *Scrum* oder *Extreme Programming*, kann als Ausgangspunkt betrachtet werden, der später an die spezifischen Bedürfnisse eines Projekts angepasst werden muss. Insofern ist es für die effektive Etablierung eines agilen Prozesses entscheidend, dass der Prozess selbst angepasst wird. Der Prozess muss sich nach den beteiligten Personen richten und nicht umgekehrt. Nach dem Motto *Adaptieren statt Adoptieren* muss der Prozess angepasst und darf nicht einfach dogmatisch übernommen werden.

Die Anpassung eines Prozesses basiert auf regelmäßigem Hinterfragen des Prozesses. Dieses Hinterfragen erfolgt im Rahmen von *Retrospektiven* auf zwei Ebenen: Die erste Ebene hinterfragt den Status des Projekts. Dadurch erkennt man die Dinge, die den Fortschritt verlangsamen. Die zweite Ebene (oder auch *Meta*ebene) hinterfragt den Prozess selbst. Alle Teammitglieder helfen dabei, den Prozess optimal an ihre Bedürfnisse anzupassen. Das ist umso schwieriger,

[1] James A. Highsmith: *Agile Methodologies: Problems, Principles and Practices.* Eingeladener Vortrag auf der International Conference on eXtreme Programming and Agile Processes in Software-Engineering 2001, Sardinien, Italien.

je größer das Team ist. Je mehr Teammitglieder es gibt, desto mehr Meinungen zum Prozess und desto mehr Anforderungen an den Prozess existieren.

Das Agile Manifest

2001 hat eine Gruppe von verschiedenen Repräsentanten der Prozesse, die früher »leichtgewichtig« genannt wurden, das *Agile Manifest* formuliert (siehe [*AgileManifesto*]). Die bekanntesten Prozesse unter ihnen sind wahrscheinlich:

- *Crystal Methodologies* (siehe [*CrystalMethodologies*])
- *Adaptive Software Development* (siehe [*AdaptiveSoftwareDevelopment*])
- *Scrum* (siehe [*Scrum*])
- *Extreme Programming* oder kurz *XP* (siehe [*ExtremeProgramming*])

Auch wenn bei der Entstehung des Manifests die folgenden Prozesse nicht vertreten waren, so sollten sie der Vollständigkeit halber hier dennoch genannt werden, da sie heute eine große Rolle spielen:

- *Kanban* (siehe [*Kanban*])
- *Lean Software Development* (siehe [*LeanSoftwareDevelopment*])

Unabhängig davon, dass es zwischen den Vertretern der verschiedenen Prozesse gewisse Konkurrenzbeziehungen gibt, konnte man sich mit dem Manifest doch auf einen gemeinsamen Nenner einigen. Nach James Highsmith gibt es jedoch keine Bestrebungen, dieses zu einem gemeinsamen Prozess auszubauen.[2] Vier zentrale Aussagen spiegeln die Eigenschaften und Prioritäten des *Agilen Manifests* wider. Dabei handelt es sich um Werte, die gegeneinander abgewogen werden und wobei der erste Wert mehr geschätzt wird als der zweite. Nachfolgend erläutere ich den Wertepaarvergleich, wobei ich mich an die offizielle deutsche Übersetzung des Manifests halte:

- **Individuen und Interaktionen mehr als Prozesse und Werkzeuge:** Die einzelnen beteiligten Personen stehen ganz klar im Mittelpunkt aller agilen Prozesse. Das bedeutet, dass agile Prozesse niemals gegen den Willen der einzelnen Projektmitglieder eingeführt und etabliert werden (können). Die Projektmitglieder sind diejenigen, die den agilen Prozess festlegen und an die konkreten Bedürfnisse anpassen.
- **Funktionierende Software mehr als umfassende Dokumentation:** Ein anderer Schwerpunkt agiler Prozesse liegt in der Betonung des wichtigsten Ziels, das immer lauffähige Software ist. Kein Liefergegenstand wird zum Selbstzweck erstellt. Alle Aktivitäten und Liefergegenstände dienen nur dem gemeinsamen Zweck, lauffähige (und akzeptable) Software zu entwickeln.

[2] James A. Highsmith: *Agile Methodologies: Problems, Principles and Practices.* Eingeladener Vortrag auf der International Conference on eXtreme Programming and Agile Processes in Software-Engineering 2001, Sardinien, Italien.

- **Zusammenarbeit mit dem Kunden mehr als Vertragsverhandlung:** Die Zufriedenheit des Kunden ist das einzige Maß für die Frage, inwiefern die Software die Bedürfnisse des Kunden abdeckt. Nach meiner Projekterfahrung haben weder Entwickler noch Manager hellseherische Fähigkeiten. Aus diesem Grund muss man mit dem Kunden zusammenarbeiten, um diesen so gut wie möglich zufriedenzustellen.

  Der Anwender einer noch nicht existierenden Software hat dabei allerdings die gleichen Probleme wie jeder, der nach irgendeinem Produkt sucht, oder sogar wie jemand, der einen anderen bittet, nach einem angemessenen Produkt für ihn zu suchen: In Anlehnung an ein Beispiel von Ron Jeffries[3] stelle man sich vor, man will einen neuen blauen Pullover haben und fragt seinen Lebensgefährten, ob dieser ihn nicht kaufen kann. Wer einen solchen Auftrag jemals vergeben hat, weiß, was passieren kann. Auch wenn man eine sehr genaue Beschreibung des Pullovers gibt, den man gern hätte, ist die Wahrscheinlichkeit hoch, dass der Pullover, den der Lebensgefährte aussucht, nicht der richtige ist. Das kann sogar dann der Fall sein, wenn alle Anforderungen erfüllt sind. Wenn man selbst nach dem Pullover gesucht hätte, wäre es nämlich gar nicht so unwahrscheinlich, dass man sich für einen völlig anderen Pullover entschieden hätte. Dies liegt daran, dass die Anforderungen beim Betrachten möglicher Alternativen präzisiert werden. So ist man oft erst dann in der Lage, einen Pullover auszuwählen, wenn man verschiedene anprobiert hat. Und es kann durchaus passieren, dass man den Laden mit einem roten Pullover (oder mit einem Hut und einer Stereoanlage) verlässt, obwohl man ursprünglich einen blauen Pullover haben wollte.

  Das Gleiche gilt für den Anwender eines Programms: Erst wenn er das System einmal gesehen und angewendet hat, ist er in der Lage, im Detail zu formulieren, welche Art System er benötigt.

  Und dies ist nur eine Analogie zum Kaufen von Kleidung, wobei das Kaufen und Verkaufen (sprich die Entwicklung) von Software ungleich komplexer ist.

- **Reagieren auf Veränderung mehr als Befolgen eines Plans:** Ein agiles Team wird geänderte Anforderungen immer problemlos aufnehmen, selbst wenn diese erst am Ende der Entwicklung bekannt werden. Es macht keinen Sinn, zu jammern und den Anwender als dumm zu betrachten, weil er doch gefälligst von vornherein wissen sollte, was er will. Wir haben Änderungen zu akzeptieren und den Anwender bei seiner Suche nach der richtigen Entscheidung zu unterstützen. Dies geht jedoch nicht, indem man nur Papiere und Dokumente erstellt; dies geht nur mithilfe von lauffähiger Software.

[3] Ron Jeffries: *Are we doing XP? How can we know and does it matter.* Eingeladener Vortrag auf der International Conference on eXtreme Programming and Agile Processes in Software-Engineering 2001, Sardinien, Italien.

Man beachte, dass die hier formulierten weniger wichtigen Werte damit nicht gänzlich infrage gestellt werden. Ihnen sollte nur im Zweifelsfall weniger Gewicht beigemessen werden als den Werten, die vom Manifest als wichtiger erachtet wurden. Es ist also nicht schlecht oder schlimm, einen Plan zu verfolgen oder Verträge auszuhandeln. Nur sollte dies nicht dazu führen, dass nicht mehr auf Änderungen reagiert wird oder die Zusammenarbeit mit dem Kunden darunter leidet.

Diese vier Aussagen bilden das Wertesystem der agilen Prozesse, so wie es vom Manifest definiert wurde und von der *Agile Alliance* propagiert wird. In unserem Fall müssen wir das allerdings unter dem Blickwinkel eines großen Teams betrachten, das ein umfangreiches Projekt durchführt. In der Analogie des Pulloverkaufs, übertragen auf viele Personen, bedeutet das, dass wir nicht eine, sondern Hunderte von Personen bitten, uns den entsprechenden Pullover zu kaufen. Es geht aber immer noch um einen Pullover, und nicht um hundert unterschiedliche. Man kann sich sicher vorstellen, dass schon der Versuch schwierig ist, einen gemeinsamen Konsens über den gewünschten Pullover herzustellen (insbesondere dann, wenn die Personen nicht eng mit uns zusammenarbeiten und weder frühzeitig noch häufig Feedback einholen).

Man stelle sich auch das Szenario vor, dass hundert Kunden nach einem gemeinsamen Pullover fragen und versuchen, uns als Lieferanten dieses Produkt zu erklären. Man wird wohl hundert verschiedene Beschreibungen bekommen und es ist nicht einfach, herauszufinden, welcher Pullover die Wünsche des Kunden am besten abdeckt.

In beiden Szenarien besteht der einzig sinnvolle Prozess darin, nach einem Pullover zu schauen, der die Bedürfnisse des Kunden nach unserem Verständnis am besten abdeckt, dazu Feedback einzuholen und unser Verständnis für die nächste Iteration entsprechend zu verbessern.

Agile Prozesse und große Teams

Agile Prozesse konzentrierten sich vor allem zu Beginn der agilen Entwicklung auf kleine Teams. Auch wenn es zwischenzeitlich auch Erfahrungen mit großen Teams gibt, so stehen kleine Teams nach wie vor im Fokus agiler Prozesse. Einige setzen kleine Teamgrößen sogar als Vorbedingung für einen erfolgreichen Einsatz voraus. Weiterhin herrscht allgemein die Ansicht vor, dass man mit einer Teamgröße bis zu 12 Personen immer erfolgreicher ist als mit größeren bzw. mehreren Teams.

Es gibt allerdings Methoden, die sich auch konkret mit großen Projekten beschäftigen. Zwei davon scheinen dabei erfolgreich zu sein: *Feature Driven Development* (siehe [*FeatureDrivenDevelopment*]) und *Scrum* (siehe [*Scrum*]). Aus einer etwas traditionelleren Sicht beschreibt Dean Leffingwell (siehe [*Leffingwell07*]), wie der Unified Process auf agile Weise auf große Teams angewendet werden kann, während Craig Larman und Bas Vodde (siehe [*LarmanVodde10*])

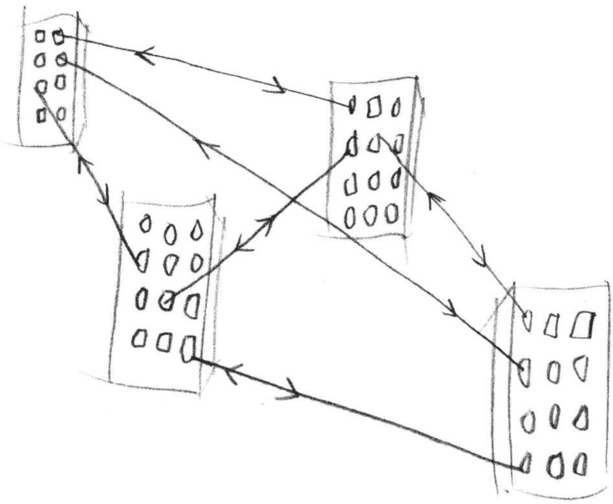

Große Teams ...

sich vorrangig auf die Skalierung von *Scrum*-Praktiken konzentrieren. Es gibt jedoch nach wie vor wenig Informationen, wie diese Prozesse bezogen auf das agile Wertesystem, die Kultur, die Haltung wirklich in großen Umgebungen funktionieren.

Schließlich berücksichtigt *Crystal Methodologies* (siehe [*CrystalMethodologies*] und [*Cockburn06*]), dass der Prozess an größere Umgebungen angepasst werden muss. Um dies zu betonen, definiert *Crystal Methodologies* für verschiedene Größenordnungen verschiedene Farben. *Crystal Clear* ist zum Beispiel der Prozess für bis zu zehn Personen. *Crystal Orange* ist für Teams mit bis zu 40 Personen. Dummerweise sind *Crystal Red*, *Crystal Blue* und alle dunkleren Farben bisher nicht näher spezifiziert.

Prinzipien agiler Prozesse im Großen

Das Wertesystem des *Agilen Manifests* ist zwischenzeitlich wohlbekannt. Desto weniger verbreitet ist jedoch die Basis dieses Wertesystems. Diese wird gebildet aus zwölf Prinzipien. Betrachtet man diese Prinzipien unter dem Gesichtspunkt einer Skalierung für große Teams ergeben sich jedoch einige Fragen. Ich werde die Prinzipien hier deshalb kurz mit entsprechenden Bemerkungen auflisten und halte mich auch hier an die offizielle deutsche Übersetzung des Manifests:

- **Unsere höchste Priorität ist es, den Kunden durch frühe und kontinuierliche Auslieferung wertvoller Software zufriedenzustellen:** Der Aufwand, der in der Inbetriebnahme von Software steckt, ist oft so hoch, dass große Teams dazu tendieren, Software nur einmal auszuliefern, nämlich am Ende der Entwicklung. Oftmals ist Bürokratie die Hauptursache für diesen Aufwand.
- **Begrüße Anforderungsänderungen selbst spät in der Entwicklung. Agile Prozesse nutzen Veränderungen zum Wettbewerbsvorteil des Kunden:** Bei großen Teams existiert oft ein komplexer Prozess zur Verwaltung der Anforderungen, der jeden davon abhält, um Änderungen bei den Anforderungen zu bitten. Speziell in großen Firmen (die typischerweise große Projekte durchführen) ist darüber hinaus der Glaube sehr verbreitet, dass diese Anforderungen alle im Vorfeld zu klären seien. Dahinter steckt zum einen die Vermutung, dass das Aufnehmen von geänderten Anforderungen mit zunehmendem Projektverlauf immer teurer wird, und zum anderen der Glaube an eine hellseherische Fähigkeit, die es erlaubt, spätere Anforderungen von vornherein zu kennen.
- **Liefere funktionierende Software regelmäßig innerhalb weniger Wochen oder Monate und bevorzuge dabei die kürzere Zeitspanne:** In einem großen Team wird die Integration häufig als schwierige Aufgabe betrachtet. Aus diesem Grund tendieren große Teams dazu, viele Subsysteme zu bauen, die sich dann nicht (oder nur schwer) zu einem großen Gesamtsystem integrieren lassen. Das heißt, die Software ist mangels Integration nicht als Gesamtsystem lauffähig und die Subsysteme geben meist für sich gestellt keinen Sinn.
- **Fachexperten und Entwickler müssen während des Projekts täglich zusammenarbeiten:** Große Firmen neigen oft dazu, definierten Kommunikationsstrukturen zu folgen. In diesen Kommunikationsstrukturen werden Entwickler häufig nicht als angemessene Ansprechpartner von Fachexperten betrachtet. Oft findet man eigene Abteilungen, die für den Kontakt mit dem Kunden zuständig sind (z.B. Marketingabteilungen). Durch diese Indirektion geht oft das Wissen um die tatsächlichen Anforderungen an das System verloren. Weiterhin ist es für die Entwickler schwierig, direktes Feedback nach Fertigstellung der Software von den Fachexperten zu erhalten.
- **Errichte Projekte rund um motivierte Individuen. Gib ihnen das Umfeld und die Unterstützung, die sie benötigen, und vertraue darauf, dass sie die Aufgabe erledigen:** Vertrauen ist selten ein Merkmal, auf das große Unternehmen aufgebaut sind. Um dies zu kompensieren, werden große Firmen deshalb oft in einzelne Abteilungen aufgeteilt, die sich gegenseitig kontrollieren (können). Darüber hinaus stellen unternehmensweite Richtlinien häufig ein Umfeld dar, dass die erfolgreiche und effektive Erledigung von Aufgaben nahezu unmöglich macht.

- **Die effizienteste und effektivste Methode, Informationen an und innerhalb eines Entwicklungsteams zu übermitteln, ist im Gespräch von Angesicht zu Angesicht:** Die Größe eines Teams verhindert in großen Projekten oft, dass alle persönlich und direkt miteinander kommunizieren. Aus diesem Grund findet man in großen Teams oft eine Kultur von indirekter Kommunikation. Persönliche Kommunikation ist aber eine der wichtigsten Voraussetzungen, um Vertrauen aufbauen zu können.
- **Funktionierende Software ist das wichtigste Fortschrittsmaß:** Obwohl viele Personen diese Aussage unterschreiben würden, handeln sie nicht so. Speziell in großen Projekten sind Mitarbeiter oft mehr damit beschäftigt, alle möglichen anderen Liefergegenstände (vor allem umfangreiche Dokumentation) zu erstellen.
- **Agile Prozesse fördern nachhaltige Entwicklung. Die Auftraggeber, Entwickler und Benutzer sollten ein gleichmäßiges Tempo auf unbegrenzte Zeit halten können:** Dieses Prinzip ist wahrscheinlich das Ziel aller Arten von Entwicklung, ob im Kleinen oder Großen. Dabei geht es darum, dass Softwareentwicklung eher mit einem Marathon als mit einem Sprint zu vergleichen ist. Das heißt, es kommt nicht darauf an, schnell ein Ziel zu erreichen (indem man z.B. das Maximale von den Mitarbeitern fordert und damit deren Burn-out riskiert), sondern es kommt darauf an, dauerhafte substanzielle Verbesserungen zu erzielen. Dies ist in großen Projekten nicht ganz einfach, da es sehr viele unterschiedliche Interessenkonflikte gibt, die diesen substanziellen Verbesserungen oft zuwiderlaufen, und dennoch ist dies ein Schlüssel zur Nachhaltigkeit im Unternehmen auch im Sinne von Corporate Social Responsibility.
- **Ständiges Augenmerk auf technische Exzellenz und und gutes Design fördert Agilität:** Die Abteilungsstruktur vieler großer Unternehmen führt manchmal zu einer linearen Entwicklung in dem Sinn, dass einige Abteilungen wie Qualitätssicherung und Controlling nur zu ganz bestimmten Zeitpunkten ins Spiel kommen. So ist Design oft nur am Anfang eines Projekts ein Thema und Tests werden im Wesentlichen erst am Ende des Projekts betrachtet. Diese Aufteilung hat zur Folge, dass einzelne Personen sich nur noch für ihre »kleine« Aufgabe und nicht für das Projekt als Ganzes verantwortlich fühlen. Designer fühlen sich zum Beispiel oft nur für das Design und nicht für die Tests verantwortlich, obwohl Tests und Testbarkeit im Design berücksichtigt werden müssen. Nur wenn man all diese verschiedenen Aspekte ständig zusammen betrachtet, wird das Gesamtverständnis des Teams wachsen und das System als Ganzes immer besser werden.
- **Einfachheit – die Kunst, die Menge nicht getaner Arbeit zu maximieren – ist essenziell:** Bei großen Teams mache ich immer wieder die Beobachtung, dass diese dazu tendieren, als Erstes ein Framework zu definieren, ohne die Fähigkeiten und Größe des Teams und häufig auch ohne

die wirklich konkreten Anforderungen zu berücksichtigen. Wenn man mit der Entwicklung eines Frameworks beginnt, tappt man leicht in die Falle, sich zu sehr auf Verallgemeinerungen zu konzentrieren, was zu einer unnötig komplexen Architektur führt.

- **Die besten Architekturen, Anforderungen und Entwürfe entstehen durch selbstorganisierte Teams:** Viele Menschen sind der Meinung, dass sich ein großes Team nur sehr schwer selbst organisieren kann. Zur Kompensierung werden daher Kontrollhierarchien eingeführt. Kontrolle wird allerdings oft als Zeichen von Misstrauen verstanden, was dazu führt, dass die Mitarbeiter entmutigt werden.
- **In regelmäßigen Abständen reflektiert das Team, wie es effektiver werden kann, und passt sein Verhalten entsprechend an:** Ich habe in vielen Firmen den Versuch gesehen, einen unternehmensweiten Entwicklungsprozess zu definieren (auch einen agilen), der für alle Arten von Projekten verwendet werden soll. Dies wird dann als Projektunterstützung verkauft. Projekte und Menschen sind aber so unterschiedlich, dass es unmöglich ist, einen Prozess zu definieren, der alle Projekte und Teams gleichermaßen unterstützt. Ein Prozess, der dagegen an die individuellen Bedürfnisse des Teams angepasst werden kann, unterstützt alle viel besser. Ein Unternehmen sollte deshalb die Teams dazu ermutigen, durch Reflektion den eigenen Prozess zu definieren und damit nicht nur ständige Prozessoptimierung, sondern auch die Idee einer lernenden Organisation zu etablieren.

Manchmal habe ich den Eindruck, eine Menge Menschen glauben, dass die Entwicklung mit einem großen Team streng reglementiert werden muss. Bei kleinen Teams ist man eher davon überzeugt, dass es richtig ist, nach dem gesunden Menschenverstand vorzugehen, jedoch ist dieser gerade auch im Umgang mit großen Teams vonnöten.

Scheinbar agile Prozesse

Agile Prozesse liegen voll im Trend. Aus diesem Grund will jeder alles als »agil« verkaufen. Das ist auch gar nicht so schwer, denn das *Agile Manifest* und dabei vor allem das Wertesystem, ist in einer Art geschrieben, dass es gar nicht so einfach ist, nicht damit einverstanden zu sein. Sogar extreme Anhänger von linearen Prozessen werden zustimmen, wenn es zum Beispiel heißt, dass Menschen der wichtigste Faktor bei der Entwicklung sind. Ein flüchtiger Blick auf das Manifest wird daher nicht wirklich helfen, einen agilen Prozess zu charakterisieren. Es gibt aber auch keine formalen, expliziten und harten Kriterien, die darauf aufbauend einen agilen Prozess definieren. Dadurch wird es natürlich einfach, jeden Prozess als agil zu verkaufen. Selbst wenn ein agiler Prozess im Detail definiert ist, bedeutet das nicht viel. Agile Prozesse können immer als Ausgangspunkt betrachtet werden, die an die wirklichen Bedürfnisse eines jeden

Teams jeweils angepasst werden können (und sollten). Als Konsequenz kann es passieren, dass der agile Prozess nicht mehr in jeder Hinsicht so erkennbar ist, wie er ursprünglich gedacht war oder aussah.

Einer der agilen Prozesse, die sehr detailliert definiert sind, ist *Extreme Programming* (*XP*). Man kann deshalb in diesem Fall schlecht einem anderen Prozess folgen und behaupten, man mache *Extreme Programming*. Aber auch *Extreme Programming* kann angepasst werden. Dies war Gegenstand einer Anekdote, die Alistair Cockburn einmal über Leute berichtete, die ihm sagten, dass sie »nahezu XP« machen (siehe Box).[4]

Nahezu XP
von Alistair Cockburn

Zu ***Extreme Programming*** gehören (nach dem C3-Projekt[5]) vier Dinge:

- Man programmiert paarweise.
- Man liefert alle drei Wochen ein Inkrement.
- Man hat die ganze Zeit einen Anwender im Team.
- Man hat Regressionstests, die immer erfolgreich durchlaufen.

Zur Belohnung für diese vier Dinge

- muss man den Code nicht kommentieren,
- muss man keine Anforderungs- oder Designdokumentation erstellen.

In unserem Projekt sind wir ziemlich dicht dran:

- Ok, einige unserer Leute sitzen im Erdgeschoss, ein paar im fünften Stock und ein paar arbeiten etwa zwei Stunden entfernt von hier; somit wird bei uns nicht wirklich paarweise programmiert,
- und genau genommen liefern wir unsere Inkremente alle 4 bis 6 Monate aus,
- und bei uns ist auch kein Anwender in Sicht,
- und wir haben auch keine Unit Tests.

Aber, wir haben zumindest *keine Designdokumentation und kommentieren unseren Code auch nicht*. Man kann also durchaus davon sprechen, dass wir *nahezu* Extreme Programming machen.

[4] Die Anekdote kann unter folgender URL gefunden werden: `http://c2.com/cgi/wiki?PrettyAdventuresomeProgramming`.

[5] C3 (Chrysler Comprehensive Compensation) war das erste offizielle *Extreme-Programming*-Projekt der Welt. Es wurde bei Chrysler durchgeführt (siehe `http://c2.com/cgi/wiki?ChryslerComprehensiveCompensation`).

Bei anderen agilen Prozessen ist die Sache noch viel schwieriger. Manche sind nicht besonders gut bekannt, weshalb es schon an Personen mangelt, die überhaupt entscheiden können, ob man wirklich dem Prozess, so wie er spezifiziert ist, folgt. Zum anderen klingen die meisten agilen Prozesse so einfach, dass man darüber die komplexere Essenz übersieht. Die Anwendung von *Scrum* wird dann nicht allzu selten darauf reduziert, dass sich Kollegen lediglich täglich im Kreis für ein *Daily Scrum* aufstellen. Aus diesem Grund ist die Warnung von *ScrumBut* entstanden (siehe [*SchwaberAguanno09*]).

Ich habe über die Zeit meine eigene Liste von typischen Fallstricken gesammelt, die der wirklichen Agilität im Wege stehen. Hier meine Top 5:

- **Praktiken werden höher bewertet als Werte:** Grundsätzlich kann man natürlich immer von den agilen Praktiken profitieren. Allerdings kann man nicht erwarten, dass man dadurch automatisch *agil* ist. So können die Entwickler in einem Wasserfallvorgehen problemlos paarweise programmieren. Andererseits macht es aber auch wenig Sinn, auf agile Praktiken zu insistieren, obwohl sie keinerlei Akzeptanz im Team haben und von daher eher hindern als fördern. Meine Empfehlung ist deshalb, zuerst eine Praktik ausprobieren, falls sie nicht funktioniert, überprüfen, ob die Ziele der Praktik mit den eigenen übereinstimmen. Ist dies der Fall, müssen im Team andere Praktiken oder Techniken definiert werden, die akzeptiert werden und die gleichen Ziele verfolgen.
- **Iterieren ohne zu messen oder zu lernen:** Manche Teams durchlaufen eine Iteration (oder *Sprint*) nach der anderen und machen sich das dabei Gelernte aber nicht zunutze. Beispielsweise wird eventuell sogar gemessen, wie viel fertiggestellt wurde, aber diese neue Erkenntnis wird weder für den Plan der nächsten Iteration verwendet noch wird betrachtet, welche Folgen dies für den restlichen Projektverlauf hat. Bei diesem Verhalten wird das Potenzial der Iterationen nicht genutzt, sie werden im Gegensatz dazu eher als Hamsterrad implementiert. Ich empfehle deshalb, das Ergebnis jeder Iteration zu messen, dieses Ergebnis auszuwerten und die weitere Planung entsprechend anzupassen. Voraussetzung ist dafür, dass es überhaupt einen Projekt- oder Releaseplan gibt, der angepasst werden kann.
- **Agilität ist nur für Entwickler:** Der Versuch, einen agilen Prozess ohne die Unterstützung des Managements aufzusetzen, kann nicht zum Ziel führen. Der Grund dafür ist, dass es bei der Agilität zwar auch um einen Entwicklungsprozess geht, jedoch vielmehr um eine Kultur oder Haltung, die von den Entwicklern alleine nicht etabliert werden kann. Deshalb empfehle ich das Bewusstsein für die Agilität nicht nur in der Entwicklung zu wecken, sondern im gesamten Unternehmen. Nur so kann die Unterstützung geleistet werden, die für das Ausschöpfen des vollen Potenzials eines agilen Prozesses benötigt wird.

- **Keine Zeit:** Dieses Problem kann am besten durch den folgenden Spruch ausgedrückt werden:

  »... *Wir haben keine Zeit die Säge zu schärfen, wir müssen sägen.*«

  So hat ein Team manchmal »keine Zeit« für eine Retrospektive, testgetriebene Entwicklung oder auch nur für die tägliche Synchronisation, dann findet z.B. das *Daily Scrum* nur wöchentlich statt, weil ja die Deadline wartet. Zunächst ist es schon richtig, dass die agilen Praktiken erst einmal alle eine Investition sind und die daraus folgende höhere Effizienz und Optimierung meist erst später erfolgt. Aber ohne die Einbettung von Qualität in den Prozess werden alle Probleme über die Zeit größer und es wird schwieriger bis unmöglich, sie zu lösen. Von daher gibt es nur eine Empfehlung: Nehmen Sie sich die Zeit!

- **Ständige Unterbrechungen sind normal:** In manchen Unternehmen ist es üblich, dass die Mitarbeiter während ihrer Arbeit ständig unterbrochen werden. Ob das Entwickler sind, denen mitgeteilt wird, dass etwas anderes dringender ist, oder ob das Telefon oder auch E-Mails während einer Besprechung beantwortet werden. Dieses Verhalten trägt immer dazu bei, dass vieles angefangen, aber nichts abgeschlossen wird. Darüber hinaus wird viel Zeit vergeudet durch den Konzentrationswechsel auf eine andere Aufgabe (siehe hierzu auch [*DeMarco01*]). Ich rate Ihnen deshalb, erlauben Sie Ihren Mitarbeitern, sich auf ein Thema zu konzentrieren, und erklären Sie Unterbrechungen für eine (kulturelle) Unart in Ihrem Unternehmen.

Zur Erkennung, ob der eingesetzte Prozess noch immer agil ist und inwiefern er den Fortschritt noch optimal unterstützt, muss ein Unternehmen den agilen Prozess, egal welchen es einsetzen will, immer von Zeit zu Zeit gründlich hinterfragen. Eine Empfehlung, die eigentlich für jeden Prozess gilt, unabhängig davon, ob er agil ist oder nicht.

Wie bereits erwähnt, gibt es nicht viele Kriterien für die Anpassung von Prozessen. Dies gilt vor allem für *namenlose* agile Prozesse. Mit *namenlos* meine ich die agilen Prozesse, die nicht zu den offiziellen Repräsentanten von agilen Prozessen gehören, sondern die durch Ausrichtung an das Wertesystem und den Prinzipien des *Agilen Manifests* entstanden sind. Aufschluss geben jedoch die Antworten auf folgende Fragen:

- Tragen die Projektmitarbeiter dazu bei, den Prozess zu formen? Oder noch genauer: Sind die Mitarbeiter in der Lage, den Prozess so anzupassen, dass er sie optimal unterstützt? Ist es einfach, den Prozess zu verändern, oder muss man dazu etliche Hürden überwinden?
- Kennen alle Projektmitarbeiter den Zweck jedes Liefergegenstands (Dokumente, Diagramme, Prototypen und so weiter)? Am Beispiel von Dokumenten: Was ist der Zweck eines Dokuments, wer braucht es, wofür, wer erstellt

es und wann? Inwiefern trägt das Dokument dazu bei, das Ziel, immer ein lauffähiges System zu haben, zu erreichen?

- ❑ Kennen die Projektmitglieder ihre Kunden oder zumindest ihren Kundenkreis? Gibt es eine Delegation des/der Kunden, die bei der Klärung von Anforderungen helfen kann? Wenn der Delegierte ein Stellvertreter für den wirklichen Kunden ist: Kennt er sich im Fachgebiet aus oder bestehen Risiken, dass er irgendwelche Annahmen über die Bedürfnisse des wirklichen Kunden macht?
- ❑ Was passiert, wenn sich Anforderungen ändern? Versuchen Mitarbeiter, dies durch Diskussion zu verhindern? Führt jede Änderung zu einem massiven Umbau im System? Erlaubt es der Vertrag, flexibel mit geänderten Anforderungen und dem Umfang des Projekts umzugehen?

Menschen formen den Prozess

Der Wechsel auf einen agilen Prozess ist immer ein großer Umbruch. Damit er möglichst gut akzeptiert wird, müssen die Hoffnungen und Ängste der beteiligten Personen berücksichtigt werden. Aus diesem Grund ist es wichtig, dass die Projektmitarbeiter bei jeder Art von Veränderung sorgfältig unterstützt werden. Ansonsten kann es passieren, dass man durch die Änderung mehr verliert als gewinnt. Der Prozess muss deshalb immer an die Bedürfnisse der Menschen, die ihn leben, angepasst werden. Die beste Möglichkeit, diese Bedürfnisse herauszufinden, ist intensive und direkte Kommunikation und die Berücksichtigung der dabei vorgebrachten Befürchtungen.

Eine Kultur für Veränderungen

Ein Artikel über menschliches (Fehl-)Verhalten hat das Verhalten von Menschen mit dem Verhalten von Makrelen verglichen (siehe [*VanDerHelmStopper02*]). Die Erkenntnisse waren erstaunlich:

- ❑ Sowohl Makrelen als auch Menschen reagieren gleichartig, wenn sie sich in einer großen Gruppe befinden (siehe dazu auch die unterschiedlichen Bücher zu Schwarmintelligenz [*Fisher10*] und [*Miller10*]).
- ❑ Wenn Makrelen oder Menschen hungrig sind, reagieren sie irrational. Während Makrelen dann zum Beispiel viel einfacher mit einer Angel zu fangen sind, spielen vor allem arme Menschen gern Lotto.
- ❑ Bei den Angewohnheiten gibt es allerdings einen feinen Unterschied: Makrelen haben viele Angewohnheiten und folgen diesen *immer*. Menschen haben ebenfalls viele Angewohnheiten und *große Schwierigkeiten*, diesen *nicht immer* zu folgen.

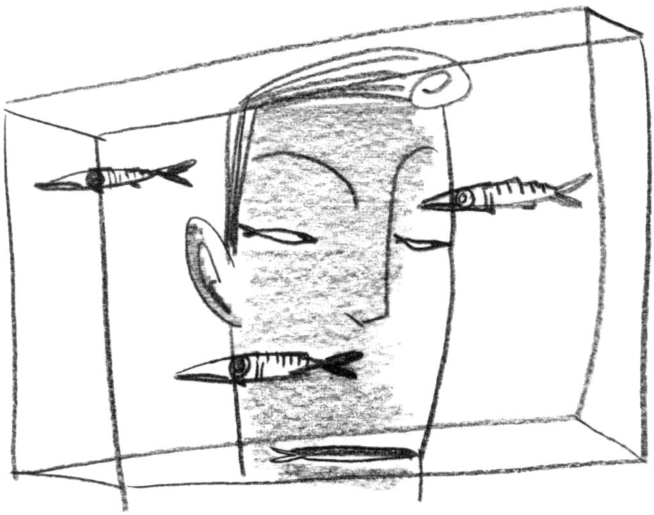

Menschen und Makrelen ...

Der wesentliche Unterschied zwischen Makrelen und uns Menschen ist der, dass wir Menschen ein Großhirn besitzen, das es uns ermöglicht, Entscheidungen zu treffen. Diese Entscheidungen können wir dazu verwenden, einmal nicht unseren Gewohnheiten zu folgen, sondern einen neuen Weg auszuprobieren oder etwas aufzugeben, um Platz für Neues zu schaffen.

Kultur hindert uns oft daran, unsere Gewohnheiten zu ändern. Kultur ist eine Art, Dinge zu sehen, die sich über Jahre entwickelt hat und neuen Mitgliedern einer Gemeinschaft als Wahrheit gelehrt wird. Kultur beeinflusst deshalb unser Verhalten. Dies hilft uns erst einmal, mit der Wirklichkeit zurechtzukommen. Unsere Unsicherheit wird verringert und unsere Stabilität und unser Vertrauen steigen. Darüber hinaus gibt Kultur einer Gemeinschaft eine gemeinsame Identität. Dies alles macht deutlich, weshalb es so schwer ist, unsere gewohnte Kultur aufzugeben oder zu verändern. Es ist, als würde man eine sichere Umgebung verlassen.

Wenn wir unsere Softwareentwicklungskultur etwas detaillierter betrachten, finden wir:

- **Offensichtliches:** Dazu gehören Werkzeuge, Skripte, Magazine und Projektberichte. Wie im täglichen Leben stehen bei den Projektberichten leider nicht immer die wirklichen Erfolgsstories im Vordergrund. Viele Personen, die als Projekt-Helden gelten, sind eher dafür bekannt, dass sie hohe Risiken übernehmen, und weniger dafür, dass sie ein einzelnes Projekt erfolgreich abgeschlossen haben. In den Projektberichten wird man auch seltener Hinweise auf Fehlverhalten und falsche Entscheidungen finden. Dies ist ärgerlich, da man nicht nur aus positiven Erfahrungen, sondern vor allem auch aus Fehlern klug wird. Eine Person, die nicht zu ihren Fehlern steht, hindert sich selbst am Lernen.

- **Werte:** Werte werden unter anderem durch Bücher und Ausbildungskurse kommuniziert. Doch wie viele Menschen respektieren die Weisheit der anderen? Tom DeMarcos und Timothy Listers Buch *Peopleware* (siehe [*DeMarcoLister87*]) ist dafür ein gutes Beispiel. Obwohl es bereits 1987 geschrieben wurde, haben wir nicht viel daraus gelernt. Wir machen immer noch die gleichen Fehler, obwohl wir es eigentlich schon lange besser wissen sollten.
- **Grundlegende Annahmen:** Das, was nach Meinung aller üblich, richtig und erstrebenswert ist. Dazu gehören:
    - **Wahrheit und Realität:** Oft deckt sich unser Verhalten nicht mit unseren Worten. Obwohl wir zum Beispiel wissen, dass Tests unser Sicherheitsnetz sind, entwickeln wir oft keine Tests oder verzichten als Erstes auf Tests, sobald die Zeit etwas knapper wird. (Man kann die Tests zwar am Ende des Projekts nachholen, doch dann ist es für ihre Funktion als Sicherheitsnetz bei der Entwicklung zu spät.)
    - **Menschliches Verhalten:** Oft folgen wir anderen Menschen, sogenannten Autoritätspersonen. Innerhalb von Gruppen handelt es sich dabei aber nicht unbedingt um die Person, die am professionellsten qualifiziert ist, sondern um die Person mit dem größten Selbstbewusstsein. Manchmal folgen wir auch ohne Nachdenken den lokalen Gepflogenheiten. In vielen Firmen sind zum Beispiel Überstunden eng mit einem bestimmten Status verknüpft. Wer keine Überstunden macht, gilt dort als unwichtig oder als jemand, der nichts wirklich Wichtiges leistet. Aus diesem Grund machen die Mitarbeiter dann Überstunden, obwohl es dazu eigentlich keine Notwendigkeit gibt. (Dies ist in großen Firmen allerdings nicht unbedingt immer der Fall, da diese zumindest in Europa sonst Ärger mit dem Betriebsrat bekommen.)

      Ein anderer merkwürdiger Effekt ist der »Zielgeraden-Effekt«. Ob nun der Tag oder das ganze Projekt zu Ende geht, Menschen neigen gegen Ende eines Arbeitsabschnitts dazu, viel riskantere Entscheidungen als am Anfang in Kauf zu nehmen. Dinge, die weniger riskant sind, aber mehr Arbeit bedeuten, werden dann ignoriert, obwohl dies zu einem viel verständlicheren und besser pflegbaren Ergebnis führen würde.
    - **Menschliche Beziehungen:** Jeder möchte als stark, kompetent und schlau gelten. Aus diesem Grund fällt es uns mitunter schwer, zuzugeben, dass wir Hilfe brauchen oder unser Design nochmal überarbeitet werden muss, weil wir es nicht gleich von Anfang an richtig gemacht haben.
    - **Heldentum:** Manche Menschen versuchen, besonders schlau zu wirken. Sie entwerfen Systeme auf eine Art, dass sie nur schwer von jemand anderem als dem Computer zu verstehen sind. Aus irgendeinem Grund

meinen sie, dass es ein besonderes Zeichen von Intelligenz sei, wenn man von anderen nicht verstanden wird. Dummerweise werden diese Menschen von den sie umgebenden Personen auch noch unterstützt. Anstatt sich zu beschweren, wird deren Klugheit bewundert (und sie werden als Autoritätspersonen verehrt). Ich erinnere mich an ein T-Shirt, das dies unter C-Programmierern zum Ausdruck brachte. Die Beschriftung lautete:

```
**(++p[-1]) *= x+++++y;
/* You are not supposed to understand this */
```

Ehrlich gesagt bin ich nicht sicher, ob ich mich an die Anweisung korrekt erinnere (schließlich sollte ich sie ja auch nicht verstehen), aber die Botschaft kam an und die habe ich mir gemerkt.

Jeder wird speziell in schwierigen Situationen unbewusst durch sein eigenes Denken und Handeln beeinflusst. Man sollte sich deshalb gelegentlich fragen, ob man sich gerade als Makrele oder als Mensch verhält.

Anpassung

Es gibt keinen Prozess, der für jedes Unternehmen, jedes Projekt oder jedes Team genau richtig ist. Agile Prozesse wie *Scrum* bilden da keine Ausnahme. Um erfolgreich zu sein, muss jeder Prozess angepasst werden. Oder, wie es Martin Fowler formulierte:[6]

»Der Weg ist flexibel, das Ziel ist es nicht.«

Dies bedeutet, dass es nicht nur wichtig ist, die Änderungswünsche des Kunden anzunehmen, sondern auch einen Sinn für notwendige Anpassungen am Prozess zu entwickeln und diese Änderungen dann auch durchzuführen. Diesen Sinn bekommt man nicht durch Genmanipulation, sondern durch Retrospektiven. Dazu muss man sich allerdings Zeit nehmen. Man sollte nicht überreagieren, wenn etwas nicht sofort klappt. Ein neuer Prozess bedeutet immer auch:

- Zeitaufwand,
- eine Veränderung und
- die übliche erste Reaktion auf jede Veränderung: Ablehnung.

Das Etablieren eines agilen Prozesses ist an sich schon eine große Veränderung. Man kann dabei einen existierenden agilen Prozess als Ausgangspunkt verwenden und an die jeweiligen Gegebenheiten anpassen. Man muss aber sehr sorgfältig darauf achten, ob notwendige Änderungen des Ausgangspunkts auf Vorbehalten gegen den Prozess an sich basieren oder Anpassungen an die tatsächlichen

[6] *»Be flexible how you get there, but be inflexible in the focus.«* Martin Fowler, auf der International Conference on eXtreme Programming and Agile Processes in Software-Engineering 2001, Sardinien, Italien.

Bedürfnisse der beteiligten Personen darstellen. Wird die Veränderung als Ganzes abgelehnt, ist weniger eine Änderung am Prozess, sondern eher in der Art seiner Einführung angebracht.

Mithilfe eines agilen Prozesses können häufig versteckte Probleme in Teams aufgedeckt werden. Dierk König formulierte dies als Ergebnis seiner Erfahrungen beim Einsatz von *Extreme Programming*, was aber auch für alle anderen agilen Prozesse gilt, wie folgt:

> »*Extreme Programming dient oft als Problemfinder.*«

Wenn Teammitglieder sich zum Beispiel gegen paarweises Programmieren wehren, könnte dies ein Zeichen dafür sein, dass sich die Teammitglieder nicht respektieren und Probleme mit der internen Teamkommunikation haben.

Man sollte vermeiden, alles auf einmal einzuführen. Ansonsten werden sowohl das Unternehmen und das Team als auch die Personen, die den neuen Prozess einführen, überfordert. Man sollte den Prozess immer Schritt für Schritt initiieren, wobei man die wichtigsten Probleme zuerst angeht. Falls zum Beispiel die Anzahl an Fehlern unerträglich hoch ist, sollte man zunächst mit Unit Tests und dann Refactoring beginnen. Gibt es bereits Programmierrichtlinien, wäre das von Vorteil. Wenn diese allerdings zu komplex oder zu sehr formalisiert sind, sodass die Entwickler sie eher als Gängelei denn als Unterstützung empfinden, sollten die Entwickler eingeladen werden, zunächst diese Richtlinien zu vereinfachen. Die Entwickler wissen am besten, was sie wirklich brauchen, und deren Mitwirkung ist die Vorbedingung dafür, dass die Richtlinien auch akzeptiert werden. Paarweises Programmieren trägt auch oft dazu bei, Programmierrichtlinien zu implementieren und die Fehlerrate zu verringern, weshalb man dies oft mit einführen kann.

Erst wenn die neuen Praktiken zur Gewohnheit geworden sind, sollte man weitere einführen. Man sollte also bei der Einführung des gesamten Prozesses Geduld aufbringen, auch wenn man sich sicher ist, dass eine bestimmte Änderung dem ganzen Team wirklich helfen würde. Das Team mag für die Änderung noch nicht bereit sein. Und anstatt für die neuen Ideen dankbar zu sein, kann es passieren, dass nun auch andere Ideen abgelehnt werden. Die beste Strategie besteht natürlich darin, dass die Teammitglieder die Ideen selbst entwickeln. Man kann sie dabei natürlich etwas leiten, doch solange das Problem nicht erkannt wird, wird man schwerlich eine Lösung akzeptieren.

Alle die hier erwähnten Techniken, wie Refactoring oder Unit Tests, scheinen eine Menge Disziplin zu erfordern. Dies gilt wie bei jeder anderen Technik. Wenn man zum Beispiel Tennis lernt, braucht man jede Menge Disziplin, bis man Grundlagen wie Aufschläge verinnerlicht hat. Deshalb wird für die Einführung oder das Etablieren von Agilität auch gerne auf die Philosophie des Erlernens asiatischer Kampfsportarten verwiesen. Alistair Cockburn war derjenige, der als Erster den Vergleich zu der Lernphilosophie *Shu-Ha-Ri* zog. Beim Erlernen solch einer Kampfsportart geht man davon aus, dass man sich zunächst auf der *Shu*-Ebene befindet, um die Grundlagen zu erlernen. Üblicherweise wird der Lehrmeister die Techniken vormachen und als Schüler kopiert man so häufig, bis man diese Grundlagen wie aus dem Effeff beherrscht und sich damit auf die nächste Lernstufe *Ha* begibt. Hier werden die Grundtechniken weiter geübt, aber es wird mehr Wert darauf gelegt, zu verstehen, warum welche Technik wann angewandt wird. Das heißt, der Fokus liegt darauf, die Hintergründe dieses Kampfsports oder dieses agilen Prozesses zu verstehen. Hat man diese Stufe gemeistert, kommt man in die höchste, die *Ri*-Ebene. Hier wird die Disziplin unwichtiger und an deren Stelle treten Flexibilität und Kreativität, um in der Lage zu sein, einen Kampf zu gewinnen oder in unserem Bereich wirklich erfolgreich im Projekt zu sein. Kreative und innovative Teams werden deshalb auch nicht durch rigorose Methoden gefördert, da diese Methoden keinen Spielraum für Kreativität, Flexibilität und Innovation lassen.

Bei aller Flexibilität sollte man sorgfältig darauf achten, dass man den Prozess nicht ändert, weil man *meint*, dass bestimmte Probleme existieren. Änderungen sollten nur dann erfolgen, wenn sie notwendig sind. Man sollte aber trotzdem immer ein Auge auf die Probleme werfen, die nicht unmittelbar im Fokus von Änderungen liegen. Auf diese Weise kann man im richtigen Moment reagieren, anstatt zu spät zu (über-)reagieren. Das ist genau das, was erwartet wird, wenn man sich auf der *Ri*-Ebene befindet. Folglich liegt die Schwierigkeit beim Einsatz agiler Prozesse darin, dass man zwar die vorherigen Stufen *Shu* und *Ha* durchlaufen muss, um sich das entsprechende Wissen anzueignen, aber der wirkliche Nutzen der Agilität offenbart sich erst auf der *Ri*-Ebene. Oder anders ausgedrückt, erst mit Erreichen der *Ri*-Ebene ist man wirklich agil.

Kommunikation

Es scheint eine Tatsache zu sein, dass so gut wie kein Projekt aufgrund von spezifischen Technologien, Werkzeugen oder Ähnlichem fehlschlägt. Der Hauptgrund für fehlgeschlagene Projekte ist fast immer fehlende oder nicht funktionierende Kommunikation. Nicolai Josuttis formuliert das mit den Worten:

> »*Wenn Kommunikation funktioniert, setzen technische Probleme keine Projekte aufs Spiel.*«

Kommunikation umfasst die Interaktion zwischen Teammitgliedern, verschiedenen Teams, zwischen den Teams und dem Management, zwischen Teams und den Kunden und so weiter. Dabei gilt es festzuhalten, dass keine Kommunikation so effektiv ist wie die direkte Kommunikation von Angesicht zu Angesicht. Die Effektivität direkter Kommunikation kann durch die räumliche Anordnung am Arbeitsplatz verstärkt werden. Je näher Projektmitarbeiter beieinander sitzen, desto höher ist die Kommunikation und damit der Projektfortschritt. Verzichtet man auf entsprechende Maßnahmen, fallen nicht unerhebliche Kosten an, die allerdings schwer zu messen sind. Alistair Cockburn beschreibt diesen Effekt detailliert in [*Cockburn06*] und listet folgende Kosten auf:

- die Kosten, Informationen zu finden und zu transferieren,
- die Kosten, die entstehen, wenn man nicht die Gelegenheit hat, Fragen zu stellen,
- die Kosten, die entstehen, wenn man keine Informationen im Hintergrund aufschnappen kann.

Manchmal funktioniert eine Kommunikationsstruktur eine Zeit lang auch dann, wenn sie andere als direkte Kanäle verwendet. Dazu gehört allerdings, dass man diese indirekten Kanäle über direkte Kommunikation etabliert hat. Sehr häufig leidet die Qualität einer derartigen Kommunikation aber sehr schnell. So wird der Aufwand, um für jede kleine Frage eine E-Mail zu schreiben oder zum Telefonhörer zu greifen, oft als zu hoch angesehen. Je länger die Antwortzeiten sind, desto mehr leidet der Wille, diese indirekten Kommunikationskanäle zu nutzen. Kommunikation per E-Mail oder Telefon wird sehr schnell aufgegeben, wenn jede Antwort einen Tag dauert oder das andere Ende der Telefonleitung ständig besetzt ist. Als Konsequenz werden Klarstellungen durch Annahmen ersetzt. Oder, was auch nicht besser ist, man wartet mit einer Klärung, bis man sich das nächste Mal persönlich trifft. Bis es dann so weit ist, hat man die Frage dann allerdings entweder vergessen oder sie selbst mithilfe einer Annahme beantwortet.

Alistair Cockburn vergleicht in [*Cockburn06*] die Effektivität von Kommunikationskanälen in aufsteigender Reihenfolge:

1. Papier
2. Tonaufzeichnung
3. Zwei Personen via E-Mail
4. Video
5. Zwei Personen am Telefon
6. Zwei Personen am Whiteboard

Merkwürdigerweise halten die meisten Projekte immer noch am schlechtesten Kommunikationskanal überhaupt, dem Papier oder vielmehr der Dokumentation, fest, anstatt sich Gedanken zur räumlichen Aufteilung zu machen.

Misstrauen bei agilen Prozessen

Agile Softwareentwicklung klingt oft so einfach, dass viele Menschen nicht fassen können, dass sie funktioniert. Dieses Misstrauen äußert sich häufig darin, dass man dem Team vorschreibt, zu bestimmten Zeitpunkten ganz spezifische Werkzeuge zu verwenden oder andere Liefergegenstände als Code zu liefern. Doch wenn wir einmal ehrlich sind, dann bedeutet dies alles überhaupt nichts. Papier ist geduldig und die Verwendung eines Werkzeugs oder die Fertigstellung eines Konzepts beweisen nichts. Das einzige, was wirklich zeigt, dass das System einen bestimmten Zustand erreicht hat, ist das laufende System selbst.

Dieser Abschnitt beschäftigt sich in diesem Zusammenhang mit zwei Arten von Praktiken: Auf der einen Seite werden Praktiken wie Dokumentation diskutiert, die häufig ein Ausdruck aufkommenden Misstrauens gegenüber dem Prozess und dem Team sind. Auf der anderen Seite geht es um die Praktiken Tests und Refactoring, die im Rahmen der agilen Softwareentwicklung sehr verbreitet sind, deren Funktionieren jedoch außerhalb von agilen Umgebungen häufig angezweifelt wird.

Dokumentation

Agilen Prozessen wird häufig unterstellt, dass sie jegliche Art von Dokumentation als bösartig betrachten würden. Dies mag am Wertesystem des *Agilen Manifests* liegen, in dem *Funktionierende Software mehr als umfassende Dokumentation* geschätzt wird. Die Wahrheit ist, dass mit Dokumentation insbesondere im Vergleich mit eher dokumentenorientierten Vorgehensmodellen sehr vorsichtig umgegangen wird. Die jeweilige Dokumentation wird dabei vor allem sorgfältig hinterfragt.

Die Dokumentation, die ich in Projekten meistens antreffe, ist Dokumentation, die nur geschrieben, nicht aber gelesen wird (»write-only documentation«). Derartige Dokumentation kann man leicht erkennen: Sie schaut sehr akkurat aus, steht im Bücherregal und hat auf keiner Seite einen Kaffeefleck. Das ist ein sicheres Zeichen, dass niemand dieser Dokumentation wirklich traut (oder, dass niemand diese Dokumentation benötigt). Die Gründe dafür liegen auf der Hand: Es ist so gut wie unmöglich, Dokumentation zu testen. Insofern kann man nie wissen, ob die Dokumentation wirklich die Dinge so beschreibt, wie sie sind.

Doch warum wird dann oft so viel Dokumentation geschrieben? Es gibt eine weitverbreitete Angst davor, keine Dokumentation zu haben, was wiederum mit den Erwartungen der Menschen in Bezug auf Dokumentation zu tun hat. Die entscheidende Frage ist, welches Problem mit Dokumentation eigentlich gelöst werden soll. Die Antwort ist einfach: Es geht im Wesentlichen um Wissenstransfer. Und die Befürchtung ist groß, dass Wissen auf dem langen Weg zum lauffähigen System verloren geht. Genau genommen wird erwartet, dass Dokumentation den Wissenstransfer auf folgenden Ebenen sicherstellt:

- **Wissenstransfer zwischen Kunden und Entwicklern:** Die dazugehörige Dokumentation wird auch Anforderungsdokumentation genannt.

  Nach James Highsmith ist Anforderungsdokumentation allerdings im Durchschnitt nur bis zu fünfzehn Prozent komplett und nur bis zu sieben Prozent korrekt.[7] Damit entspricht Anforderungsdokumentation in keiner Weise den Erwartungen. Erstaunlich ist, dass trotzdem nach wie vor viel Wert auf die Anforderungsdokumentation gelegt wird. Bemerkenswert ist aber auch, dass bei all diesen Unzulänglichkeiten bei der Anforderungsdokumentation (zumindest manchmal) immer noch lauffähige Software herauskommt. Wie kann das angehen? Es scheint also noch eine andere Art Wissenstransfer zwischen Kunden und Entwicklern zu geben, die nicht auf Dokumentation beruht.

- **Wissenstransfer zwischen erfahrenen Mitarbeitern und Neueinsteigern:** Diese Dokumentation wird als Design- und Codedokumentation bezeichnet.

  Bei dieser Art Wissenstransfer geht es mehr um Entwicklung und Wartung als um Kundenakzeptanz. Die größte Hoffnung, die an diese Dokumentation geknüpft wird, besteht darin, dass man mit ihr das Wissen der erfahrenen Mitarbeiter auf Neueinsteiger übertragen kann, selbst wenn die Alteingesessenen schon lange nicht mehr dabei sind. Unglücklicherweise hilft die Dokumentation allerdings auch nicht mehr wirklich weiter, wenn alle erfahrenen Mitarbeiter gegangen sind und Neueinsteiger das System verstehen sollen. Das liegt am gleichen Problem wie bei der Anforderungsdokumentation: Design- und Codedokumentation ist in den seltensten Fällen komplett, auf dem aktuellen Stand und leicht zu verstehen.

  Nach Fred Brooks in [*Brooks95*] gibt es dazu nur eine Lösung:

  > »*... die Dateien zu vereinigen, indem die Dokumentation in den Sourcecode eingebaut wird. Dies ist zum einen eine wirksame Investition in gute Wartung und die Absicherung, dass Dokumentation immer in Reichweite desjenigen ist, der mit dem Programm umgeht. Derartige Programme werden als selbstdokumentierend bezeichnet.*«

  Doch auch hier scheint es noch eine andere Art von funktionierendem Wissenstransfer zu geben, denn schließlich ist es nicht ungewöhnlich, dass es neuen Mitarbeitern gelingt, in ein Projekt erfolgreich einzusteigen. Ich werde auf diese Art von erfolgreichem Wissenstransfer später noch eingehen.

Wenn dies alles bekannt ist, bleibt eine Frage offen: Warum bestehen Menschen immer noch auf dieser Art von Dokumentation, wenn sie so weit weg von dem liegt, was man sich davon verspricht? Der Hauptgrund ist sicherlich Angst. Wir haben eine Situation, in der diese Art von Dokumentation zum Kulturgut gehört: Jeder geht davon aus, dass alle anderen Projekte in der Lage sind, gute Dokumentation zum Wissenstransfer zu erstellen, und somit zieht auch niemand das Schreiben derartiger Dokumente in Zweifel. Wenn man allerdings der Erste ist,

[7] James A. Highsmith: *Agile Methodologies: Problems, Principles and Practices.* Eingeladener Vortrag auf der International Conference on eXtreme Programming and Agile Processes in Software-Engineering 2001, Sardinien, Italien.

der versucht, eine bessere Art des Wissenstransfers zu entwickeln, und es nicht funktionieren würde, kann man sicher davon ausgehen, dass man dafür die Schuld zu tragen hätte. (Natürlich würde man keine Schuld bekommen, wenn die traditionelle Dokumentation nicht funktioniert, denn das ist der Normalfall.) Aber niemand hat behauptet, dass Veränderungen einfach sind. Wenn man auf einen agilen Prozess wechselt, kann und sollte man mit der entsprechenden Courage sicherlich darüber nachdenken, die Art des Wissenstransfers zu überarbeiten.

Agile Entwicklung unterstützt alle Arten von Dokumentation, die dazu dienen, das Hauptziel zu erreichen, das immer noch *lauffähige Software* ist. Oder, um es mit den Worten von Alistair Cockburn zu formulieren, der Softwareentwicklung in [*Cockburn06*] als kooperatives Spiel betrachtet:

> »*Der Zweck des Spiels besteht darin, Software auszuliefern. Jede andere Aktivität ist zweitrangig. Wie jedes Gespräch hat auch ein Modell seinen Zweck erfüllt, sobald es der nächsten Person ermöglicht, mit der Arbeit fortzufahren.*«

Aus diesem Grund wird es beim agilen Vorgehen auch jede Art von Dokumentation geben. Dabei wird es sich in den meisten Fällen um Dokumentation handeln, die die Kommunikation unterstützt. Dies ist auch der Grund, weshalb der Wissenstransfer trotz mangelhafter Dokumentation funktioniert. Neueinsteiger ignorieren zum Beispiel sehr häufig die offizielle Dokumentation. Stattdessen tauschen sie sich mit ihren Kollegen aus und schauen sich die Dokumentation an, die immer aktuell ist: den Sourcecode. Oder, wie es Pete McBreen in [*McBreen02*] beobachtete:

> »*Anstatt die Entwickler dazu zu ermutigen, sich gegenseitig in den verschiedenen Ecken eines Programms zu schulen, sodass alle ein gemeinsames umfassendes Verständnis haben, verbreitet die Lehrmeinung von Software-Engineering den Mythos, dass man einfach nur gute Dokumentation benötigt. Auch wenn Dokumentation gut dazu geeignet ist, Entscheidungen und Vereinbarungen festzuhalten, ist sie unglücklicherweise alles andere als hilfreich, um detailliertes Wissen über die Arbeitsweise eines Programms zu erhalten oder zu kommunizieren.*«

Über die Zeit habe ich gelernt, den vermehrten Wunsch nach (umfangreicher) Dokumentation als ein Zeichen von Misstrauen zu werten. Üblicherweise versuchen sich unterschiedliche Bereiche im Unternehmen durch einen hohen Dokumentationsumfang abzusichern, womit meist insofern der gegenteilige Effekt entsteht, als dadurch das Misstrauen und nicht das Vertrauen erhöht wird. Das heißt, mit dem Wunsch nach (unnötiger) Dokumentation wird das Symptom angegangen, das Problem wird jedoch verstärkt.

Man muss also die notwendige Courage finden und die traditionellen Dokumente eliminieren, die nur zum Selbstzweck erstellt werden und in keinerlei

Hinsicht zum Erreichen des Hauptziels beitragen. Stattdessen – und hier kommt der schwierige Teil – muss man andere Arten der Kommunikation fördern, um den Wissenstransfer sicherzustellen. In agilen Prozessen wird man schwerlich »tote« Dokumente finden. Dafür gibt es viel »lebendige« Dokumentation, wozu nicht nur Tests gehören, sondern auch Fotos von Besprechungsergebnissen (ursprünglich festgehalten auf dem Flipchart oder Whiteboard). Diese Dokumentation mag gestalterisch nicht so hübsch wie traditionelle Dokumentation aussehen, aber die Wahrscheinlichkeit, dass sie aktuell ist, ist unvergleichlich viel höher.

Zu guter Letzt möchte ich noch darauf hinweisen, dass kein agiles Team irgendein Problem damit haben wird, eine notwendige Dokumentation zu erstellen. Die unterschiedlichsten Gründe wie z.B. die Zertifizierung nach SPICE, um nur einen zu nennen, können dabei zu dieser Notwendigkeit geführt haben.

Design

Manchmal gibt es die Befürchtung, dass ein System keinem Design unterliegt, wenn es im Rahmen eines agilen Prozesses erstellt wurde. Diese Befürchtung ist allerdings unbegründet. Das Design wird beim agilen Vorgehen nur etwas anders ausgedrückt, als man es erwartet.

Im Allgemeinen gibt es verschiedene Sichten auf das Design, die mit unterschiedlichen Notationen erstellt werden. Die meisten Sichten werden dabei entweder direkt im Sourcecode, über Tests oder mit UML ausgedrückt. Da es sich dabei nur um unterschiedliche Sichten auf die gleiche Sache handelt, wird Design und Modellierung in diesem Buch nur selten explizit erwähnt. Wenn etwas implementiert wird, impliziert das, dass es designt wurde, was wiederum bedeutet, dass es in irgendeiner Form modelliert und codiert wurde. Code wird zum Beispiel oft erst dann erzeugt, wenn das Design beispielsweise mit UML als Modellierungsnotation modelliert wurde. Auch wenn das Design auf verschiedenen Ebenen modelliert und mit verschiedenen Notationen ausgedrückt wurde, hat dies weder Auswirkungen auf das Gesamtbild noch auf den Fortschritt oder den Erfolg des Projekts. Das Hauptziel ist nämlich immer noch das gleiche: die Produktion von lauffähiger Software und nicht von Dokumentation.

UML-Dokumentation unterliegt oft demselben Problem, dem alle Dokumente unterliegen: Sie sind selten komplett und kaum aktuell. Ob dies wirklich ein Problem ist, kann sich jeder selbst beantworten: Hat das UML-Dokument seinen Zweck erfüllt und geholfen, das System angemessen zu entwerfen? Man stelle sich vor, dass das Design später geändert wurde, um auf eine Anforderung angemessen zu reagieren und man stelle sich weiter vor, dass die Änderung nur im Sourcecode und nicht in den UML-Dokumenten erfolgte: Das sollte kein Problem darstellen, denn das UML-Dokument hat bereits seinen Zweck erfüllt und trägt inzwischen nichts mehr dazu bei, das Ziel (lauffähige Software) zu erreichen. Oder, um es mit Scott Amblers Worten in [*Ambler02*] zu formulieren:

> »*Wenn ein Modell seine Ziele erreicht hat, solltest du aufhören, daran zu arbeiten. – Du bist fertig!*«

Später fährt er fort:

> »*Man sollte einen Liefergegenstand wie ein Modell oder ein Dokument nur dann anpassen, wenn dies unbedingt notwendig ist, wenn also keine Anpassung des Modells schmerzlicher ist als der Aufwand, es nicht anzupassen.*«

Falls aber aus welchem Grund auch immer (die Forderung eines Kunden oder Standards können solch ein Grund sein) ein UML-Dokument notwendig ist, das auf dem aktuellen Stand ist, sollten Sie Folgendes beachten:

- Bestehen Sie nicht darauf, *alle* UML-Dokumente die ganze Zeit anzupassen. Es ist nämlich schwierig, Menschen dazu zu motivieren, wenn damit kein Nutzen mehr verbunden ist und es nicht zu lauffähiger Software beiträgt.
- Sehen Sie sich stattdessen nach einem Werkzeug (oder einem Skript) um, das aus dem existierenden Code immer ein aktuelles UML-Dokument generieren kann. Dies liefert dann jeweils eine grafische Sicht auf das aktuelle Design.

Testen

Menschen äußern oft die Sorge, dass Testen die Entwicklung verlangsamt. Das stimmt zunächst auch. Doch Testen ist eine Investition. Wenn man Tests hat, beschleunigt dies die spätere Entwicklung. Dies gilt insbesondere dann, wenn das System Änderungen unterliegt.

Agile Methoden legen großen Wert darauf, dass von Anfang an getestet wird. Tests werden als Sicherheitsnetz für Funktionalität und Stabilität betrachtet. Dieses Sicherheitsnetz erfüllt vor allem während der Entwicklung seinen Zweck. Wenn Tests erst am Ende der Entwicklung geschrieben werden, braucht man sie eigentlich nicht mehr. Das ist ein Grund, weshalb viele Leute Tests nicht mögen: Am Ende der Entwicklung erstellt, kann man keinen guten Grund zum Testen mehr erkennen. Wenn die Tests dagegen frühzeitig existieren, werden vor allem Änderungen erleichtert oder sogar erst ermöglicht. Tests zeigen, ob und inwiefern eine Änderung das bisherige Verhalten des Systems verändert hat.

Natürlich muss man darauf achten, dass Tests auch nach jeder Änderung durchgeführt werden. Außerdem muss auch das Bedürfnis bestehen, dass Tests immer erfolgreich durchlaufen werden. Wer anfängt zu akzeptieren, dass Tests fehlschlagen, fängt an, Löcher in das Sicherheitsnetz zu reißen.

Tests ...

Funktionale oder Akzeptanztests

Diese Tests werden oft auch als «Blackbox«-Tests bezeichnet. Akzeptanztests[8] stellen die Funktionalität des Systems sicher. Sie werden typischerweise auf Basis der Anforderungen entwickelt. Das bedeutet, dass diese häufig parallel zum oder sogar vor dem Code geschrieben werden können. Man sollte darauf achten, dass entweder der Kunde selbst diese Tests erstellt oder zumindest daran mitwirkt, indem er entweder direkt oder über die fachlichen Experten eng mit den Testern zusammenarbeitet. Akzeptanztests sind auch nach der Integration noch sehr wichtig, da sie sicherstellen, dass das System immer noch wie gewünscht funktioniert und die verschiedenen Subsysteme keine unerwünschten Seiteneffekte aufeinander haben. Der Hauptzweck dieser Tests ist aber die Abdeckung der Anforderungen. Insofern kann man diese Tests auch als eine andere (und häufig sehr viel genauere) Art betrachten, Anforderungen zu formulieren. Werden die Akzeptanztests wie empfohlen vor der eigentlichen Codierung erstellt, werden sie so zu einer ausführbaren Anforderungsspezifikation. Dies ist einer der Gründe, weshalb es sich wirklich lohnt, sie entweder direkt vom Kunden erstellen zu lassen oder sie zumindest mithilfe der Kunden zu formulieren.

[8] Akzeptanztests werden manchmal auch als Systemtests bezeichnet. Die offizielle Bedeutung von Systemtests sind jedoch Integrationstests.

Unit Tests

Unit Tests werden in erster Linie von Entwicklern erstellt. Sie bilden das Hauptsicherheitsnetz für Refactorings und den Einbau neuer Features. Einige agile Prozesse (vor allem *Extreme Programming*) legen Wert darauf, dass Unit Tests sogar vor dem Code erstellt werden (englisch: test first). Dies hilft, die Schnittstelle, die erwartete Funktionalität und Codebeschränkungen im Vorfeld zu verstehen. Der »Test-First«-Ansatz wird mehr als Design denn als Entwicklungstechnik betrachtet. Unit Tests können somit auch beim Design von Code helfen, was wiederum spätere Erweiterungen am Code vereinfacht.

Für was sollte man alles Tests entwickeln?

- Generell wird ein Unit Test für jede Einheit (englisch: unit) entwickelt. Eine typische derartige Einheit ist eine Klasse.
- Für jeden Fehler sollte man ebenfalls einen Test erstellen. Dabei sollte zunächst der Test geschrieben werden, der den Fehler erzeugt, und dann dieser Fehler entfernt werden. Der Test stellt sicher, dass der Fehler wirklich entfernt wurde und auch in Zukunft nicht wieder auftritt.
- Tests bieten sich auch an, wenn etwas schwer zu verstehen ist (eine unklare Schnittstelle, eine schwierige Implementierung, ungewöhnliche Argumente oder Randbedingungen und so weiter). Ein Unit Test verdeutlicht die Verwendung und hilft so, den Code zu verstehen.

Man sollte aber nicht darauf bestehen, Tests für Trivialitäten zu entwickeln. Ansonsten werden die Entwickler aufhören, Tests zu schreiben. Ich kenne allerdings Kollegen, die auch bei trivialen Methoden auf Tests bestehen, da man so Diskussionen darüber vermeidet, was eine triviale Methode ist und was nicht.

Auf eines sollte darüber hinaus noch hingewiesen werden: Tests sind die beste Art der Dokumentation von Sourcecode. Im Gegensatz zu jeder anderen Form der Dokumentation sind Tests immer auf dem aktuellen Stand (es sei denn, sie werden nicht durchgeführt oder man ignoriert es, wenn sie fehlschlagen).

Automatisierung von Tests

Unabhängig von der Frage, um welche Art von Tests es geht, ist es immer wichtig, dass so viele Tests wie möglich, automatisch durchgeführt werden. Ansonsten besteht ein hohes Risiko, dass

- man mangels Zeit nicht ausreichend testet (wer führt schon nach jeder Änderung viele manuelle Tests durch?) und dass
- die Tests nicht wirklich sauber und in ausreichender Qualität durchgeführt werden.

Zum Automatisieren von Tests gibt es viele Möglichkeiten: Skripte, Testframeworks und Testwerkzeuge. Für fast alle Programmiersprachen stehen frei verfügbare Werkzeuge bereit, die sowohl Unit Tests als auch Akzeptanztests unterstützen (siehe z.B. für Unit Tests: [*UnitTestTools*] und [*JUnit*] und für Akzeptanztests: [*FIT*], [*FitNesse*] und [*Cucumber*]). Auch wenn es wünschenswert wäre, so habe ich noch kein Projekt erlebt, in dem wir ganz ohne manuelle Tests ausgekommen wären. Die Anzahl der manuellen Tests so niedrig wie möglich zu halten, ist jedoch meist ein Schlüssel für den Projekterfolg.

Refactoring

Refactoring wird am besten durch ein Zitat von Martin Fowler definiert (siehe hierzu [*Fowler99*] und [*Refactoring*]:

> *»Refactoring ist der Prozess, bei dem Software so verändert wird, dass sich das Verhalten nach außen nicht verändert, sich die interne Struktur des Codes jedoch verbessert. Es handelt sich um eine disziplinierte Art von Code-Aufräumen, die die Möglichkeiten, neue Fehler einzufügen, minimiert. Im Endeffekt verbessert Refactoring das Design von Code, nachdem er geschrieben wurde.«*

Das bedeutet, dass Refactoring beginnen kann, sobald Code geschrieben wird. Wenn nicht nur Computer, sondern auch Menschen Code verstehen sollen, kommt man um Refactoring nicht herum. Einige Personen haben mir allerdings von ihrer Sorge berichtet, dass Refactoring den Entwicklungs- und Testaufwand und damit auch die Gesamtkosten und Gesamtdauer eines Projekts erhöht.

Refactoring ist typischerweise eine ständige Aufgabe, die von allen Teammitgliedern durchgeführt wird. Man sollte aber darauf achten, dass man entweder ein Refactoring durchführt oder ein neues Feature einbaut. Wenn man beides auf einmal macht, besteht die Gefahr, dass man nicht erkennt, ob das Refactoring wirklich nur die interne Struktur und nicht das externe Verhalten geändert hat. Damit entsteht ein erhöhtes Risiko, dass das System sich danach nicht mehr so verhält, wie es vorher der Fall war.

Warum ist Refactoring so wichtig?

- ❑ Es hilft zu vermeiden, dass Software nicht mehr wartbar und verwendbar ist.
- ❑ Es ist eine Grundvoraussetzung für jeden evolutionären Entwicklungsprozess. Sobald man inkrementell entwickelt, muss es eine definierte Art und Weise geben, existierenden Code zu verändern.
- ❑ Agile Entwicklung fördert, dass man sich beim Entwickeln verbessert und dazulernt. Refactoring ermöglicht es, neu gewonnenes Wissen in ein existierendes System einzubauen.
- ❑ Refactoring hilft, Fehler zu finden.

Refactoring ist erheblich einfacher, wenn es durch ein entsprechendes Werkzeug unterstützt wird. Außerdem ist es wichtig, dass es ein Sicherheitsnetz aus Unit Tests gibt. Damit wird sichergestellt, dass sich tatsächlich nur die interne Struktur des Systems und nicht das Verhalten nach außen durch das Refactoring verändert hat.

Wann (wenn nicht ständig) gibt es besonderen Anlass zum Refactoring?

- Wenn die Art und Struktur des Codes auf Probleme hinweist.
- Wenn das Einfügen einer neuen Funktionalität schwierig ist.
- Wenn beim Codereview Probleme gefunden wurden.
- Das Entfernen von Fehlern macht häufig deutlich, wo Refactoring notwendig ist.

Generell kann man sagen, dass Refactoring immer dann notwendig ist, wenn der existierende Code auf Probleme hinweist. Im Englischen bezeichnet man das als «code smells« («übel riechender Code«). Mit zunehmender Erfahrung kann man diesen besser erkennen, aber es gibt immer einige einfache Hinweise (lange Funktionen/Prozeduren, tiefe Schachtelungen oder einfach die Schwierigkeit, den Code zu verstehen). Codereviews, paarweises Programmieren und die (Schwierigkeit mit der) Erstellung von Tests helfen, derartige *Smells* zu finden. Ein anderes Kennzeichen ist, dass das Einfügen einer neuen Funktionalität schwierig ist. Anstatt diese dann sofort einzubauen, sollte man den Code erst auf den Einbau strukturell vorbereiten. Ein weiterer Hinweis sind Fehler, die immer wieder an den gleichen Stellen im System auftreten. Dies ist ein eindeutiges Zeichen dafür, dass diese Stellen dringend einem Refactoring unterzogen werden müssen.

Refactoring ist allerdings mitunter nicht ganz einfach. Das Refactoring eines Datenbankschemas kann zum Beispiel relativ aufwendig sein, ist aber machbar (siehe [*AmblerSadalage11*]). Wichtig ist, dass dies keine Auswirkung auf alle Stellen im System hat; weshalb man seine Architektur üblicherweise in verschiedene Ebenen oder Schichten aufteilt. Refactoring ist zum Beispiel auch schwierig, wenn es Schnittstellen betrifft. Wenn der Code, der die Schnittstelle verwendet, zugreifbar ist, ist das kein Problem. Ansonsten gibt es das leidige Thema der Rückwärtskompatibilität. Das bedeutet nicht, dass kein Refactoring möglich ist. Man muss dann nur die alte Schnittstelle noch eine Weile vorhalten und am besten als »überholt« (englisch: deprecated) kennzeichnen, damit man merkt, dass man auf etwas Veraltetes zugreift.

Zusammenfassung

Das *Agile Manifest* formuliert ein Wertesystem für Softwareentwickler. Auch wenn dieses Wertesystem von fundamentaler Bedeutung ist, ist es nicht sehr explizit und lässt Raum für Interpretationen. Das birgt die Gefahr in sich, dass alle Arten von Prozessen als agil verkauft werden, selbst wenn sie schwergewichtig sind. Der kulturelle Wechsel und die Möglichkeit zur laufenden Anpassung sind einige der wichtigsten Kennzeichen agiler Prozesse.

Der Wechsel auf agile Entwicklung kann Ängste auslösen, die ein mögliches Misstrauen in Bezug auf den Ansatz fördern. Manche Liefergegenstände und Werkzeuge versprechen eine vermeintliche Sicherheit zur Projektkontrolle und -steuerung, doch diese Sicherheit existiert eben nicht wirklich. Viel entscheidender ist die Schaffung einer Umgebung des Vertrauens, die es ermöglicht, offen und ehrlich zu kommunizieren – selbst dann, wenn es signifikante Probleme gibt. Vertrauen kann nur durch Transparenz, Konsistenz und Integrität entstehen.

Um ein System zu entwickeln, das den höchsten Geschäftswert darstellt, muss man bei der Entwicklung sehr eng mit dem Kunden zusammenarbeiten. Dabei fließen Informationen in beide Richtungen: Zum einen versteht der Entwickler dadurch die Anforderungen besser. Zum anderen findet der Kunde frühzeitig heraus, welche Art von Lösung seine Vorstellungen am besten erfüllt.

3 Umgang mit großen Teams

Vertrauen ist die Schwester der Verantwortung.
— Asiatisches Sprichwort

Es gibt viele verschiedene Gründe, ein System mit einem großen Team zu implementieren. Der häufigste Grund ist der Umfang des Projekts, der so groß ist, dass er nur schwerlich von einem kleinen Team bewerkstelligt werden kann. Manchmal wäre das Projekt aber dennoch besser dran, wenn es von einem kleinen Team durchgeführt werden würde. Der Hauptgrund ist der, dass Kommunikation in einem kleinen Team immer einfacher funktioniert, in einem großen dagegen koordiniert werden muss, was nicht selten misslingt und was sich nahezu immer auf die Produktivität niederschlägt.

Große Teams können aber auch politisch motiviert sein. Zum Beispiel spiegelt die Teamgröße mitunter die Wichtigkeit des Projekts und damit des Projektmanagements wider. Das alleine kann schon dazu führen, ein großes Team zu verwenden. Tom DeMarco wies bei einem eingeladenen Vortrag auf der OOPSLA 2001 in diesem Zusammenhang darauf hin, dass erstaunlich oft ein Manager eines großen, aber fehlgeschlagenen Projekts höher bewertet wird als ein Manager eines kleinen erfolgreichen Projekts.

Ein weiterer Grund ist der, dass das Team bereits mit einer gewissen Größe existiert, bevor ihm das Projekt zugeordnet wird. Ich habe Organisationen gesehen, in denen viele Mitarbeiter rumsaßen und auf den Beginn des Projekts warteten. Keiner hat hinterfragt, ob diese Menge an Personen wirklich für das Projekt benötigt wird. Stattdessen versuchte man das Projekt so aufzustellen, dass alle irgendetwas zu tun haben. Das liegt natürlich auch daran, dass es in manchen Firmen (in manchen Ländern) leichter ist, ein Projekt an eine Teamgröße anzupassen, als die Angestellten zu entlassen.

Es ist auf jeden Fall immer richtig, die Gründe für ein großes Team zu hinterfragen. Doch ist dies nicht das eigentliche Thema dieses Buchs. Hier geht es um die Frage, wie auch ein großes Team von einem agilen Vorgehen profitiert. Der Wechsel auf ein agiles Vorgehen bei großen Teams muss sich dabei mit Themen wie Menschen, Gruppierung, Zusammenarbeit und Kommunikation auseinandersetzen.

Dieses Kapitel beschäftigt sich deshalb mit den Aspekten agiler Prozesse, die nach meiner Erfahrung in großen Teams anders als in kleinen Teams sind. Dabei gehen wir zunächst darauf ein, wie und wann Entscheidungen getroffen werden und welche Konsequenzen es gibt, wenn niemand die Verantwortung für das Treffen von Entscheidungen übernehmen möchte. Wir betrachten, wie Verantwortungsübernahme in einem großen Team funktionieren kann und welche Auswirkung Respekt, Anerkennung und Vertrauen auf die erfolgreiche Zusammenarbeit im Projekt hat. Anschließend diskutieren wir, wie ein großes Team in mehrere Teilteams aufgeteilt werden kann und welche Teamrollen dabei zu besetzen sind. Im Abschnitt Interaktions- und Kommunikationsstrukturen geht es hauptsächlich darum, wie die Kommunikation gerade in einem großen Team gefördert werden kann und welche Einflussfaktoren dabei berücksichtigt werden müssen. Im darauf folgenden Abschnitt, Problembehandlung, stelle ich immer wiederkehrende auftretende Teamprobleme und deren Lösungsmöglichkeiten vor. Abschließend betrachten wir noch die Problematik, die bei Teams auftreten können, die über mehrere Standorte verteilt entwickeln.

Entscheidungen

Größe spielt immer eine Rolle. Die Größe eines Teams an sich kann schon ein spezielles Projektrisiko darstellen, da zu viele Mitarbeiter sich gegenseitig behindern können. Die Qualität von Entscheidungen leidet typischerweise in Relation zur Teamgröße. Je größer ein Team ist, desto öfter wird man feststellen, dass Entscheidungen unklar sind oder verschoben werden. Dies liegt vor allem daran, dass Teammitglieder bei zunehmender Teamgröße immer weniger gewillt sind, Verantwortung zu übernehmen. Jeder geht davon aus, dass da schon jemand anderes sein wird, der die Verantwortung übernimmt und eine Entscheidung trifft. Die Verantwortung für Entscheidungen wird oft weitergereicht.

Unklare oder nicht getroffene Entscheidungen haben den Effekt, dass das Team nicht mehr weiß, in welche Richtung es gehen soll. Dies führt entweder zu einer Paralysierung des Teams, weil niemand ohne eine Entscheidung weitermacht, oder dazu, dass nach Gutdünken viele individuelle Entscheidungen getroffen werden. Diese vielen Einzelentscheidungen widersprechen sich dann oft, was zwar nicht direkt zu einer Lähmung, aber zu einer Stagnation des Projekts führt. Stagnation ist dabei nicht so offensichtlich, da gegenläufige Entwicklungen ständig zu neuen Aufgaben und Problemen führen, sodass das Projekt auf den ersten Blick als sehr betriebsam erscheint. Beide Symptome sind für ein Team aber sehr frustrierend. Als ich als Berater in ein Projekt geholt wurde, das nach einem Fehlschlag neu aufgesetzt wurde, und das Team danach gefragt habe, in welche Falle man mit großer Wahrscheinlichkeit wieder tappen könnte, nannten die meisten Personen den Mangel an Entscheidungsfreudigkeit als größtes Risiko. Dieser Mangel an Entscheidungsfreudigkeit ist meist darin begründet, dass vor allem Angst vor großen Entscheidungen vorherrscht, da diese meist mit großen Kosten verbunden sind. Wobei üblicherweise außer Acht gelassen wird, dass keine Entscheidung zu treffen noch wesentlich höhere Kosten verursacht.

Es mag im ersten Moment ungewöhnlich erscheinen, aber es ist immer besser, eine klare, aber möglicherweise falsche Entscheidung zu treffen und diese ggf.

später zu korrigieren. Eine falsche Entscheidung gibt die Möglichkeit, aus Fehlern zu lernen; keine Entscheidung ermöglicht dies nicht. Wenn die Entscheidung (ewig) hinausgezögert wird, lässt sich nie feststellen, was die richtige Lösung gewesen wäre. Wenn man zunächst eine falsche Entscheidung trifft, lernt man aus den Konsequenzen dieser Entscheidung und kann diese Entscheidung aufgrund der gewonnenen Erkenntnisse korrigieren.

Sie sollten jetzt nicht den Schluss ziehen, dass überstürzte Entscheidungen das Mittel der Wahl sein sollten. Ganz im Gegenteil: Idealerweise sollten Entscheidungen im letzten verantwortbaren Moment (englisch: last responsible moment) getroffen werden. Dieses Verfahren kommt aus dem Lean Softwareentwicklungswerkzeugkasten und ist dort von Mary und Tom Poppendieck als 8. Tool bekannt geworden, in [*PoppendieckPoppendieck03*] wird dieser ideale Zeitpunkt für eine Entscheidung wie folgt näher beschrieben:

> »*Verpasst man es zu diesem Moment eine Entscheidung zu treffen, schließt man automatisch eine wichtige Alternative aus. Werden notwendige Zusagen über diesen letzten verantwortbaren Zeitpunkt hinausgeschoben, werden Default-Entscheidungen getroffen, was generell nie eine gute Methode zur Entscheidungsfindung ist.*«

In manchen Unternehmen ist das Verpassen des letzten verantwortbaren Moments für eine Entscheidung sogar eine Strategie. In diesem Fall verweist man darauf, dass »alles möglich sein muss« oder man sich »alles offenhalten möchte« und sich von daher der Entscheidungsfindung verweigert. Mit diesem (vermeintlichen) Wunsch nach hoher Flexibilität handelt man sich jedoch nicht nur den Unmut der Verantwortlichen ein, sondern vor allem sehr hohe Kosten, die jedoch meist nicht direkt offensichtlich sind, sondern sich z.B. in der steigenden Unwartbarkeit der Software niederschlagen, weil man sich nicht für eine bestimmte Technologie entscheiden wollte.

Entscheidungen zu treffen ist eine Sache; sicherzustellen, dass eine Entscheidung nicht nur kommuniziert, sondern auch durchgeführt wird, ist eine andere Sache. Eine Entscheidung, die zwar getroffen, aber nicht ausgeführt wird, ist das Gleiche, wie eine nicht getroffene Entscheidung. Nur wenn die Entscheidung wirklich umgesetzt und gelebt wird, wird man herausfinden, ob sie falsch oder richtig war.

Dies mag ganz offensichtlich klingen, man wird dieses Problem aber trotzdem immer und immer wieder antreffen. Man erkennt es daran, dass immer wieder die gleichen Fragen diskutiert werden. Eine immer wieder aufgeworfene Frage ist ein sicheres Zeichen, dass entweder keine Entscheidung getroffen oder diese nicht gelebt wurde. Man muss dies aber davon unterscheiden, dass ein Thema immer wieder neu aufgeworfen wird. Gerade bei falschen Entscheidungen wird dies zu Fragen auf dem gleichen Themengebiet führen. Diese Fragen werden aufgrund zwischenzeitlicher Erfahrungen aber anders lauten bzw. zu dann anderen offensichtlicheren Antworten führen. Das ist im Gegensatz zu immer den gleichen Fragen ein gutes Zeichen für Fortschritt.

Wie schon gesagt, liegt der Mangel an Entscheidungen oft an einem Mangel an Verantwortung. Mangel an Verantwortung hat aber noch andere Konsequenzen. Je mehr Mitarbeiter an einem Projekt arbeiten, desto schwerer ist es, festzustellen, wer für welche Aufgabe die Verantwortung trägt. Es entsteht das Phänomen des *undefinierten Aufgabenbereichs*, der wie folgt gekennzeichnet ist:

- **Mehrfache Aufgabenverantwortung:** In diesem Fall beanspruchen viele Personen die Verantwortung für die gleiche Aufgabe. Dabei ist es typisch, dass keine der Personen weiß, dass auch ein anderer sich für die Aufgabe verantwortlich fühlt. Im besten Fall wird die Aufgabe nur mehrfach durchgeführt. Im schlimmsten Fall wird die Aufgabe zu widersprüchlichen Lösungen führen, die erst recht Probleme schaffen.
- **Nicht existierende Aufgabenverantwortung:** Hier gibt es niemanden, der die Verantwortung für eine Aufgabe übernimmt. Jeder meint, dies sei die Aufgabe von jemand anderem. Dabei kann man oft beobachten, dass jeder jedem vorwirft, dafür nicht die Verantwortung übernommen zu haben.

Man kann sich sicher sein, dass mit jedem weiteren Teammitglied das Risiko von weiteren Problemen aufgrund mangelnder Verantwortung steigt.

Übernahme von Verantwortung

Aufgrund der Aufteilung in einzelne Abteilungen sind es Menschen in großen Organisationen oft nicht gewohnt, die komplette Verantwortung für eine Aufgabe zu übernehmen. Dazu trägt die Erfahrung bei, dass es in der Hierarchie fast immer einen darüber gibt, der die *endgültige* Verantwortung hat. Das gilt vor allem auf der Ebene der Entwickler. Sie betrachten sich selbst häufig nur als Personen, die genau das machen, was man ihnen sagt. Gibt man ihnen dann «versehentlich« die Gesamtverantwortung für eine Aufgabe, fühlen sie sich unsicher, da sie es nicht gewohnt sind und nicht wissen, was alles dazugehört.

Agile Prozesse legen Wert darauf, dass jeder für seine Aufgabe von vorn bis hinten zuständig ist. Dazu gehört auch die Verantwortung für die Auswirkung, die diese Aufgabe auf das ganze Projekt hat. Darüber hinaus trägt auch jeder eine Gesamtverantwortung für das System, das Projekt und sogar für den Prozess, der die Entwicklung steuert. Jedes Teammitglied ist somit in gewisser Weise für alle Aufgaben verantwortlich, auch für die, die anderen Teammitgliedern zugeordnet wurden.

In *Extreme Programming* gibt es zum Beispiel die Praktik der *gemeinsamen Verantwortlichkeit* (englisch: collective ownership). Sie versteht sich als gemeinsame Verantwortung für alle möglichen Dinge, wie Code, die Integration und den Prozess. Am bekanntesten ist dabei sicherlich die gemeinsame *Code-*

Verantwortlichkeit (englisch: collective code ownership), die bedeutet, dass jedes Teammitglied das Recht und die Pflicht hat, jedes Stück Code zu verbessern. Dabei spielt es keine Rolle, ob man der ursprüngliche Autor des Codes ist. Jedes Teammitglied trägt also im Prinzip die gleiche Verantwortung für alles, was das Projekt betrifft. Jedem zu erlauben, das Projekt mitzusteuern, ist zugleich eine große Herausforderung und auch eine große Verpflichtung. Letzteres verängstigt manche Projektmitglieder oft eher. Obwohl zum Beispiel jeder Entwickler gern die Verantwortung für die Gestaltung seiner Entwicklungsumgebung übernehmen würde, kann es passieren, dass die gleiche Person sich nicht traut, diese Aufgabe dann tatsächlich zu übernehmen. Die Angst, möglicherweise eine falsche Entscheidung zu treffen, ist dann meist zu groß.

Wenn Personen zum ersten Mal eine Aufgabe übernehmen, sind sie es meist nicht gewohnt, die komplette Verantwortung dafür zu tragen. Man muss sie deshalb unbedingt auf dem neuen Weg begleiten. Man kann die Entwickler zum Beispiel fragen, welche Aufgabe sie übernehmen und implementieren möchten und ihnen dann dabei helfen, die Aufgabe bestmöglich einzuschätzen. Es reicht dabei nicht, für Fragen zur Verfügung zu stehen. Wichtig ist, die Entwickler aktiv zu begleiten, indem man zum Beispiel regelmäßig fragt, ob alles in Ordnung ist oder ob Hilfe benötigt wird. Aktives Berichten muss auch erst gelernt werden.

Ich erinnere mich zum Beispiel an ein Projekt, bei dem die Mitarbeiter Probleme hatten, Verantwortung zu übernehmen. Ich habe deshalb alle Teammitglieder regelmäßig «abgeklappert« und gefragt, wie sie mit ihrer Aufgabe zurechtkommen. Es dauerte nicht lange, bis einige begannen sich zu beklagen, dass sie ihre Aufgabe nicht geregelt bekommen. Ich habe natürlich nach den Gründen gefragt und sehr verschiedene Antworten erhalten. Eine der häufigsten Antworten war dabei, dass sie nicht vorwärts kamen, weil sie auf ein anderes Team warteten, von dem sie abhängig waren. Das andere Team hatte zum Beispiel noch keine Schnittstelle bereitgestellt oder die Schnittstelle war anders ausgefallen als erwartet. Das offensichtliche Problem bestand darin, dass diese Personen kein Bewusstsein für das Lösen von Problemen hatten. Stattdessen beklagten sie sich, dass ihre Kollegen schuld an dem Problem waren. Mir wurde klar, dass das eigentliche, aber nicht sofort sichtbare Problem darin bestand, dass sie nicht *wirklich* die Verantwortung übernommen hatten. Ansonsten hätten sie – anstatt sich zu beklagen – damit begonnen, das Problem zu lösen. Sie hätten zum Beispiel mit dem anderen Team gesprochen, um herauszufinden, warum die Schnittstelle nicht fertig oder anders war, und hätten dann angefangen, diese Ursache zu beseitigen.

Sich über ein Problem zu beklagen, anstatt auf die Idee zu kommen, es zu lösen, ist eine typische Reaktion von Menschen, die nicht gewohnt sind, Verantwortung zu übernehmen. Es könnte aber noch schlimmer sein: Sie könnten sich weder beklagen noch die Verantwortung übernehmen, was dazu führen würde, dass man gar nicht mitbekommt, wenn etwas schiefläuft.

Aus diesem Grund muss man Projektmitglieder immer proaktiv über den Status der ihnen zugewiesenen Aufgaben befragen. Nur dann wird man ihre wirklichen Probleme mitbekommen. Damit sind im Übrigen nicht die üblichen Statusberichte gemeint, bei denen die Projektmitglieder nicht proaktiv gefragt werden, sondern von ihnen erwartet wird, dass sie von sich aus berichten. Mein Ansatz besteht hingegen darin, dass man auf die Projektmitglieder aktiv zugeht und sich nach Möglichkeit direkt, das heißt von Angesicht zu Angesicht, mit ihnen über ihre augenblickliche Situation unterhält. Ein Teil der Probleme wird bestimmt auch in der täglichen Synchronisation, dem *Daily Scrum*, angesprochen. Aber ich bin immer wieder erstaunt, wie viel gerade dort auch nicht zur Sprache kommt. Was genau daran liegt, dass die tatsächliche Verantwortungsübernahme eben noch nicht erfolgt ist. Diese proaktive Kommunikation, auch Management durch Herumlaufen (englisch: Management by Walking Around) genannt, stellt die persönlichen Kontakte zwischen den Mitarbeitern im Allgemeinen und zwischen dem Management und den Mitarbeitern im Besonderen sicher. Dadurch kann man die Projektmitarbeiter dazu bringen, ihre Aufgabe als Teil der gesamten Aufgabe zu verstehen, was bedeutet, dass sie mitunter über den Tellerrand hinausschauen und Dinge machen müssen, die nicht direkt zu ihrer eigentlichen Aufgabe gehören (oder sogar überhaupt nichts damit zu tun haben), aber die zum Beispiel die Voraussetzung für die Erfüllung ihrer Aufgabe schaffen.

Wenn man Personen einfach nur Verantwortung zuweist, wird man sie nicht dazu bringen, Verantwortung zu übernehmen. Oder, um es mit den Worten der FastCompany zu formulieren:[1]

> »*Wenn man Personen eine Aufgabe einfach nur mitteilt, gibt es keine Garantie, dass diese Personen genug dabei lernen, in Zukunft von selbst darauf zu kommen. Stattdessen werden sie nur umso mehr glauben, dass sie von dir oder ihren Vorgesetzten abhängig sind. Damit werden sie aufhören, Gelegenheiten zu ergreifen, Dinge zu verbessern und zu lernen.*«

Der entscheidende Punkt dieser Philosophie ist der, dass die Produktivität des gesamten Teams viel wichtiger ist als der Fortschritt des Einzelnen. Man muss deshalb immer wieder darauf hinweisen, dass der Erfolg jedes Einzelnen sich nur über den Erfolg des Projektteams als Ganzes definiert. Ein individueller Erfolg stellt ohne einen Teamerfolg keinen Wert dar. Dies bedeutet unter anderem, dass ein gut funktionierendes Team sich nicht nur auf den offiziellen Manager verlässt. Stattdessen wird es selbst Verantwortung übernehmen, wenn die Situation es erfordert. Kent Beck formuliert das wie folgt:[2]

---

[1] Siehe `http://www.fastcompany.com/online/53/teaching.html`.

[2] Kent Beck, Keynote auf der International Conference on eXtreme Programming and Agile Processes in Software-Engineering 2001, Sardinien, Italien.

»Führungsaufgaben müssen jederzeit übernommen werden, jede Minute, von jedem im Team.«

Als Konsequenz muss eine Organisation von einer Kultur des Managements durch Befehle und Kontrolle zu einer Kultur durch Verantwortung, Vertrauen und Teamwork wechseln.

Vertrauen ist die Grundlage dafür, dass jeder einzelne Verantwortung für das Projekt übernimmt. Das liegt daran, dass man jemandem, der eine Verantwortung übernimmt, zutraut, dass er in der Lage ist, diese Verantwortung zu tragen. Wenn man allerdings zum ersten Mal mit einem agilen Projekt beginnt, muss man dabei berücksichtigen, dass die Organisation eine derartige Kultur von Vertrauen und Verantwortung noch nicht kennt. Damit werden die meisten Projektmitglieder nicht in der Lage sein, Verantwortung zu übernehmen. Sie sind es einfach nicht gewohnt. Eine Möglichkeit, dieses Problem zu lösen, besteht darin, das Übernehmen von Verantwortung vorzuleben. Sie selbst gehen einfach mit gutem Beispiel voran. Eine andere Möglichkeit ist es, die Teammitglieder zu fragen, ob sie Verantwortung übernehmen, selbst wenn sie sich dabei zunächst unsicher fühlen. Tom DeMarco drückt das folgendermaßen aus:[3]

»Vertrauen geht immer voraus. Durch Zutrauen gewinnt man Vertrauen.«

Er untermauerte dies durch ein Erlebnis mit seiner Tochter, die gerade den Führerschein gemacht hatte. Natürlich war er als Vater mächtig stolz, nun solch eine erwachsene Tochter zu haben. Als sie ihn jedoch eines Samstags fragte ob sie denn sein (neues) Auto am Abend haben könnte, da sie mit Freunden ausgehen wollte, war er doch etwas verunsichert. Letztendlich, so erzählte er, biss er sich auf die Zunge und schob den Autoschlüssel über den Tisch. Schon die Frage, ob eine Person die Verantwortung übernehmen möchte, zeugt von Vertrauen bzw. von Zutrauen, auch wenn sie es zu diesem frühen Zeitpunkt noch nicht unbedingt erfüllen kann. Das darf man ihr aber nicht vorwerfen. Schlägt etwas fehl, darf man ihr nicht wie so häufig kein Vertrauen mehr entgegenbringen, denn dann hat sie nie mehr die Chance zu lernen, was es heißt, Verantwortung zu tragen. Entzieht man Personen nach dem ersten Fehlschlag das Vertrauen, wird man nur deren Misstrauen in die eigenen Fähigkeiten fördern. Wichtig ist deshalb, ihnen wieder die Chance zu geben, das Übernehmen von Verantwortung zu lernen und sich an diese Situation zu gewöhnen. So, wie es Ulrich Sollmann und Roderich Heinze in [*SollmannHeinze94*] formulierten:

»Je öfter man sich in einer unsicheren Situation befindet, desto besser kann man mit dieser Situation umgehen bzw. desto länger dauert es, bis man sich wieder unsicher fühlt.«

[3]Tom DeMarco, Keynote auf der OOP-Konferenz 2011 in München.

Wer will, dass Teammitglieder lernen, Verantwortung zu übernehmen, muss sich darüber im Klaren sein, dass dies eine Investition in die Zukunft darstellt. Dabei darf ein Aspekt nicht vergessen werden: Man muss den Führungskräften auch beibringen, Verantwortung abzugeben und Teammitgliedern zu vertrauen. Am Anfang wird das Zeit kosten und mitunter frustrieren. Aber das ist wie mit allem, was man lernt: Es dauert, bis es sich auszahlt; aber es ist den Aufwand wert.

Respekt und Anerkennung

Ein Entwicklungsteam ist häufig nicht wirklich ein Team, in dem jeder die gleichen Rechte hat. Vor allem in traditionell geführten Projekten findet man eine Organisationsstruktur, die im Prinzip dem Taylorismus entspricht (Taylorismus ist eine Theorie über die arbeitsteilig differenzierte Zerlegung ehemals zusammengehöriger Arbeitsprozesse). Die einzelnen Teammitglieder haben spezifische Rollen und kümmern sich nur um die dazugehörigen Aufgaben. Analytiker, Designer, Implementierer und Tester arbeiten in einem linearen Prozess sogar oft völlig unabhängig voneinander.

Als Folge dieser Aufteilung bildet sich in der Regel eine Hierarchie. Diese Hierarchie mag offiziell nicht existieren, wird aber implizit dadurch definiert, dass einige Rollen als besser betrachtet werden und zu mehr Anerkennung führen als andere. Oft richtet sich diese Anerkennung nach den Stufen der linearen Entwicklung. Analytiker befinden sich dann zum Beispiel am oberen Ende der Akzeptanzskala, während all die Personen, die die »Drecksarbeit« machen (Codierer, Tester und »noch schlimmer« Personen im Support), sich am unteren Ende der Akzeptanzskala befinden. Dies ist nur eines (wenn auch recht häufig anzutreffendes) von vielen Beispielen für Akzeptanzebenen. Die Ebenen können aber auch ganz anders aussehen oder sogar genau umgekehrt sein.

Das Problem mit den Akzeptanzebenen besteht darin, dass niemand zur untersten Ebene gehören will. Das führt dann dazu, dass jeder versucht, die Leiter hinaufzusteigen (im obigen Beispiel vom Supporter zum Designer oder sogar zum Analytiker). Oder umgekehrt betrachtet, führt das dazu, dass Anfänger vor allem in der Wartung und im Support anzutreffen sind. Es ist aber immer problematisch, wenn Anfänger nicht gleichmäßig auf alle Ebenen aufgeteilt sind (man denke nur an die Konsequenzen, wenn fast alle Codierer Anfänger sind).

Agile Prozesse benötigen Teams, bei denen das Wissen und die Fähigkeiten gleichmäßig verteilt sind. Das bedeutet, dass das Wissen keine Hierarchie bildet. Der erste Schritt in Richtung agiles Team besteht deshalb darin, die tayloristische Aufteilung aufzulösen. Man muss Teams zusammenstellen, die das gesamte Problemumfeld abdecken und in denen jedes Mitglied den Gesamtzusammenhang (englisch: big picture) kennt oder kennenlernt und mit seinem Anteil an Verantwortung zum Erfolg des gesamten Teams beiträgt. Als Konsequenz definiert sich die Rolle jedes Einzelnen auf diese Weise nicht mehr über das individuelle Wissen, sondern mehr über den Beitrag zum Erfolg des gesamten Teams. Leistung und nicht Rollen führen dann zu Anerkennung. Es gibt dabei allerdings einen großen Unterschied zwischen kleinen und großen Teams: In kleinen agilen Teams ist typischerweise jedes Teammitglied ein Generalist. In großen agilen Teams hingegen deckt jedes Teilteam (siehe Seite 51) und nicht jeder einzelne Teilteammitarbeiter dieses Gesamtwissen ab.

Dies bedeutet, dass in agilen Teams statt Spezialisten eher Personen mit allgemeinem Wissen und dem Blick auf den Gesamtzusammenhang benötigt werden. Jeder Einzelne sollte zumindest willens und in der Lage sein, den Gesamtzusammenhang zu verstehen, und sich nicht nur an einzelnen Details aufhalten, ohne zu berücksichtigen, ob das für das Projekt als Ganzes von Belang ist.

Bei einem agilen Prozess wird man deshalb typischerweise feststellen, dass, wie es Don Wells formulierte,[4]

> *»... jeder für das Projekt den gleichen Wert darstellt.«*

Dies kann aber nur gelingen, wenn jedes Teammitglied auf die gleiche Art und Weise Verantwortung für das Projekt als Ganzes übernimmt. Natürlich hat jedes Teammitglied seine individuellen Fähigkeiten und Kompetenzen; diese werden für das Team und das Projekt aber in etwa gleichwertig sein.

Vertrauen

Es ist natürlich, dass Menschen gegenüber jeder Art von Veränderung skeptisch sind; das ist bei einem Wechsel zu agilen Prozessen nicht anders. Es kann gut sein, dass selbst die Teammitglieder nicht an den Erfolg des neuen Prozesses glauben und genauso wird es wahrscheinlich einer Menge von Personen gehen, die nur partiell in dem Projekt involviert sind. Die Möglichkeit, dass die Teammitglieder den Prozess über die Zeit verändern können, weckt sogar noch mehr Befürchtungen als ein definiertes, aber möglicherweise unverdauliches Rezept.

Das beste Argument gegen dieses Misstrauen ist lauffähige Software. Aus diesem Grund ist es wichtig, dass die erste einfache Version der Software so schnell wie möglich fertig wird. Eine andere Strategie, um Vertrauen aufzubauen, ist Transparenz. Machen Sie alles für jeden transparent, auch für Mitarbeiter, die nur teilweise in dem Projekt eingebunden sind.

Es gibt verschiedene Möglichkeiten, Dinge transparenter zu machen:

- **Gemeinsame Verantwortlichkeit:** Indem man jeden im Team fragt, ob er Verantwortung für alle möglichen Dinge (den Code, den Prozess und so weiter) übernehmen kann, sendet man ein Signal des Vertrauens an die Mitarbeiter.
- **Gemeinsames Wissen:** Das Wissen von Informationen, wie zum Beispiel über das System, wird von einem Teammitglied zum nächsten weitergegeben. Dies trägt dazu bei, dass das System für jeden transparenter und verständlicher wird und hilft, so auch Vertrauen in das System aufzubauen.

[4] Don Wells, Eingeladener Vortrag auf der International Conference on eXtreme Programming and Agile Processes in Software-Engineering 2001, Sardinien, Italien.

- **Gemeinsame Fähigkeiten:** Das Team verfügt über eine Vielzahl von Erfahrungen mit unterschiedlichem Hintergrund und Wissen. Das Wissen liegt dabei nicht bei Einzelpersonen, sondern steht allen Teammitgliedern zur Verfügung. Bei einer anderen Vorgehensweise hat man oftmals den Eindruck, dass Expertenwissen gehütet wird und man sich davor scheut, dieses Wissen transparent allen zu übertragen. Wissen transparent zu machen, sorgt dafür, dass das Team als Ganzes vertrauenswürdiger wird. Zusätzlich erlaubt dies jedem Teammitglied, neue Fähigkeiten zu erlangen.

Es ist wichtig, dass diese Transparenz immer offen und ehrlich ist. Es hat keinen Sinn, negative Informationen zu verbergen, da es immer besser ist, auch über die schlechten Dinge Bescheid zu wissen. Ansonsten kann man nicht angemessen mit ihnen umgehen. Darüber hinaus sollte jeder eingeladen werden, die Information zu kommentieren und die Situation zu verbessern. Transparenz bedeutet deshalb auch die Einbeziehung von Controllern und Auditierern und natürlich auch von Kunden. Gerade Letzteres ist sehr wichtig.

Ich habe schon manche Projekte erlebt, bei denen man meinte, Transparenz höre beim Kunden auf. Ich musste zum Beispiel manchmal lange Diskussionen über die Frage führen, ob man das Wiki des Projekts für den Kunden zugänglich machen sollte.[5] Eine typische Befürchtung von Transparenz zum Kunden besteht darin, dass der Kunde dann auch alle Probleme des Projekts mitbekommt. Mein Ansatz ist der, dass der Kunde immer über Probleme informiert sein sollte, denn schließlich ist es sein Geld, das ausgegeben wird. Diese Argumente treten immer auch in Diskussionen auf, bei denen es um die Frage geht, ob der Kunde in das Projekt geholt werden soll. Sobald der Kunde quasi ein Teil des Teams wird, verschwinden diese Sorgen aber meist sehr schnell. Aus Sicht des Projekts stellt man fest, dass der Kunde eine reale Person ist, mit der man sogar reden kann. Und der Kunde beginnt die Schwierigkeiten zu verstehen, mit denen sich die Projektmitarbeiter herumplagen müssen.

Dies erinnert mich an die Zeit, bevor ich mit Tauchen begann: Als Schwimmer mochte ich es, auch im offenen Meer zu schwimmen; jedoch flößten mir die Kreaturen unter mir immer auch ein wenig Angst ein und ich war mir sicher, dass mich früher oder später eine dieser Kreaturen beißen würde. In dem Moment, in dem ich mit dem Tauchen begann, legte ich meine Angst selbst vor relativ großen Tieren wie Haien ab. Indem ich ihnen näher kam, bekam ich das Gefühl, Teil des lebendigen Meeres anstatt nur Zuschauer zu sein.

---

[5] Ein Wiki ist eine webbasierte Plattform zur Zusammenarbeit, auf der man alle möglichen Informationen als HTML-Dokumente einfach ablegen und gemeinsam bearbeiten kann. Es kann sich um Ideen, Konzepte, Fragen, Aufgaben, Testdaten, Modelle oder jede andere Art von Information handeln. Entscheidend ist der gemeinsame Schreibzugriff für alle am Projekt beteiligten Personen. Wikis wurden ursprünglich von Ward Cunningham entwickelt (siehe auch Seite 67 und [*LeufCunningham01*]).

Teambildung

Ein großes Team ist als Ganzes schwierig zu managen. Aus diesem Grund wird es üblicherweise in Teilteams (englisch: subteams) aufgeteilt. Um flexibel zu sein, sollten diese Teams eher klein sein. Als Faustregel sollte sich die Größe der Teilteams an der Miller-Regel von sieben plus minus zwei (Teammitgliedern) ausrichten.

Die Aufteilung großer Teams (und großer Firmen) geschieht üblicherweise gemäß Taylors Theorie anhand der Fähigkeiten der einzelnen Personen. Es wird ein Team der Analytiker, ein Team der Designer, ein Testteam und so weiter geschaffen. Die Entwickler werden dabei typischerweise noch weiter unterteilt in Teilteams für Präsentation, Datenbank, Netzwerkdienste und so weiter. Diese tayloristische Aufteilung wird auch als *horizontale* Teamaufteilung bezeichnet.

Der Taylorismus funktioniert recht gut bei immer wiederkehrenden Tätigkeiten. Er funktioniert dagegen nicht so gut, wenn es um kreatives und ganzheitliches Denken geht. Dafür werden *vertikale* Teams geschaffen, die sich gemeinsam um eine fachliche Funktionalität kümmern. Diese Teams werden üblicherweise Featureteams oder auch Fachteams genannt (begrifflich eingeführt von Peter Coad in der Prozessbeschreibung von *Feature Driven Development*, [*FeatureDrivenDevelopment*]). Teilt man seine Teams vertikal auf, trifft man allerdings auf das Problem, dass nicht in jedem Team ausreichend gute Kenntnisse vorhanden sind, oder schlimmer noch, dass ein Problem, das alle Teams haben, in jedem Teilteam individuell gelöst wird.

Aus diesem Grund gibt es nur eine Lösung: Statt *Entweder-oder* muss es ein *Sowohl-als-auch* geben. Wenn man zum Beispiel mit einem kleinen Team startet und es langsam wachsen lässt, stattet man das Team zunächst mit einer Kombination aus fachlich-versierten Entwicklern und guten Architekten aus. Dieses Team definiert die erste Architektur und stellt sicher, dass das System prinzipiell realisiert werden kann. Dieses Team kann dann als Vorbild für die Bildung der anderen Teams dienen. Wobei dann diese neuen (vertikalen) Featureteams durch querschnittliche (horizontale) und eher technisch ausgerichtete Teilteams (oder auch technische Serviceteams) unterstützt werden sollten.

Teilteams als Featureteams und technische Serviceteams

Die Aufteilung eines Teams in einzelne Teilteams sollte also keine Entscheidung zwischen vertikal *oder* horizontal, sondern eine Kombination aus beidem sein.

Um Featureteams zu unterstützen, können entweder virtuelle oder reale technische Serviceteams gebildet werden. Bei den virtuellen Teams sind deren Mitglieder reguläre Mitarbeiter eines Featureteams. Bei realen Teams gibt es dagegen weniger Bindung zu den Featureteams. In einem meiner Projekte haben wir zum Beispiel Featureteams zusammengestellt, die jeweils für einen (bank-) fachlichen Bereich der Anwendung zuständig waren (ein Team für die Kunden-

Subteams ...

verwaltung, eins für die Konten und so weiter). Jedes dieser Teams benötigte das Wissen, um alle Aspekte dieses Bereichs implementieren zu können (Programmieren der grafischen Oberfläche, Host-Anbindung, Business-Logik und so weiter). Wenn zum Beispiel das Kontoteam zur Implementierung eines Features eine Funktionalität vom Kundenteam benötigte, dann haben diese Teams die Dinge einfach bilateral untereinander geklärt. Das Kontoteam hat dem Kundenteam die Anforderungen mitgeteilt und das Kundenteam hat dann in einem der nächsten Entwicklungszyklen die entsprechende Funktionalität als Service bereitgestellt.

In diesem Fall hatten wir zusätzliche reale (nicht virtuelle) technische Serviceteams etabliert, deren Aufgabe es war, die Featureteams durch Basisfunktionalitäten möglichst gut zu unterstützen. So gab es zum Beispiel ein Architekturteam für die Business-Logik und ein Präsentationsteam für die Aspekte der grafischen Oberfläche (siehe Seite 142). Diese technischen Serviceteams waren angehalten, die Featureteams regelmäßig zu besuchen, um aktiv herauszubekommen, wo Hilfe benötigt wird. Auf Anfrage haben Mitglieder der technischen Serviceteams die Featureteams auch eine bestimmte Zeit als reguläre Teammitglieder unterstützt.

Technische Serviceteams sollten sich selbst immer als reine Dienstleister der Featureteams betrachten. Das technische Serviceteam, das zum Beispiel für die Architektur verantwortlich ist, sollte diese Architektur immer an den Bedürfnissen der Featureteams ausrichten. Leider ist es fast immer (in nicht agilen Projekten) umgekehrt der Fall, dass Featureteams einfach das verwenden müssen, was ihnen von den technischen Teams vorgesetzt wird.

Je nach Projektgröße wird man entweder virtuelle oder reale technische Serviceteams bilden. Da die realen Teams weniger Bindung zu den Featureteams aufweisen, muss unbedingt darauf geachtet werden, dass diese technischen Serviceteams *nicht die beste* Architektur entwickeln, sondern die *angemessenste*. Man muss vermeiden, dass die Teammitglieder technische Features nur deshalb einbauen, weil sie *meinen*, sie werden benötigt. Technische Serviceteams müssen sich selbst als Dienstleister begreifen, deren *Kunden* die Featureteams sind. Durch diese Sichtweise verfügt die Architektur nur über Features, die wirklich benötigt werden. Dies macht die Architektur billiger und besser wartbar. Außerdem eliminiert diese Betrachtungsweise eine oft zu beobachtende soziale Diskrepanz zwischen technischen und fachlichen Teams. Außenstehende können oft den Eindruck bekommen, dass diese Teams in unterschiedlichen Projekten arbeiten (dies kann man zumindest aus der Art schließen, wie sie übereinander reden). Diese Beobachtung ist leider selten falsch, was an den an sich unterschiedlichen Zielen dieser beiden Teams liegt. Technische Teams bevorzugen es, aus einer bestimmten Technologie das Beste herauszuholen und perfekte Frameworks zu entwickeln, die in dieser Form gar nicht benötigt werden. Featureteams haben ein fachliches Problem zu implementieren. Dabei spielt es zunächst keine Rolle, ob sie von anderen (Personen oder auch technischen Frameworks) lernen oder profitieren können.

Doch wie finden die technischen Serviceteams heraus, welche Features benötigt werden und vor allem welche Dienstleistung die höchste Priorität hat? Das Team kann nicht einfach jede Anforderung von jedem einzelnen Featureteam implementieren. Die Anforderungen können sich widersprechen oder Kleinigkeiten können so viel Zeit in Anspruch nehmen, dass die wirklich wichtigen Anforderungen nicht mehr erfüllt werden können.

Wie bei echten Kunden auch muss deshalb dafür gesorgt werden, dass die Kundenwünsche der verschiedenen Featureteams zu einem gemeinsamen Kundenwunsch werden. Gemeinsame Projektteamretrospektiven[6] könnten dabei als Forum dienen, um gemeinsam über neue oder geänderte Anforderungen an Frameworks zu entscheiden. Der Vorteil ist, dass alle Teilteams (oder vielmehr Vertreter derselben) anwesend sind und es bei einer Projektteamretrospektive ohnehin um den Status und den Projektfortschritt geht. Wenn ein Team feststellt, dass es ohne ein bestimmtes technisches Feature nicht weiterkommt, können alle Featureteams zusammen entscheiden, ob sie diese Anforderung unterstützen und

[6] Retrospektive: Reflektion am Ende eines Entwicklungszyklus (siehe Seite 113).

somit gemeinsam vom technischen Serviceteam anfordern. Das heißt, die Anforderungen der Featureteams an die technischen Serviceteams landen in dessen *Product Backlog*[7] und werden von den Featureteams priorisiert. Unterstützen nicht alle Featureteams diese neue Anforderung, so muss das Team, das dieses Feature benötigt, dieses eben selbst implementieren.

Die Anforderungen an die technischen Serviceteams werden genauso wie die Anforderungen an die Featureteams behandelt. Ich empfehle den Featureteams immer, sich für eine Person aus den eigenen Reihen zu entscheiden, der die Rolle des *Product Owner*[8] übernimmt. Diese Person stellt die Priorisierung der Anforderungen sicher und gilt als Hauptansprechpartner für die technischen Serviceteams.

Die technischen Serviceteams erfüllen die Anforderungen mit der höchsten Priorität zuerst und versprechen nicht mehr, als sie im Rahmen des nächsten Entwicklungszyklus schaffen können. Es kann, gerade am Anfang eines Projekts, Phasen geben, in denen in den technischen Serviceteams viel Arbeit anfällt, während es genauso Phasen geben kann, in denen ein Framework, so wie es ist, unverändert genutzt werden kann. In den »heißen Phasen« muss darauf geachtet werden, dass sich das technische Serviceteam nicht zu viel vornimmt. In den Phasen, zu denen nicht so viel anliegt, ist es dagegen sinnvoll, die Featureteams in ihrer täglichen Arbeit zu unterstützen, anstatt unnötige zusätzliche technische Features einzubauen.

Multiteamprojekte und Anforderungskanäle
von Stefan Roock

Um das Jahr 2001/2002 herum sollte in einem Projekt ein mehrkanalfähiges System entwickelt werden, das über verschiedene Frontend-Technologien (Desktop, Web, Laptop) ganz unterschiedliche Nutzergruppen unterstützen sollte. Am Anfang umfasste unser Projektteam fünf Personen der Entwicklungsfirma und zwei Berater. Mit sieben Personen hatte es die typische Größe für ein agiles Entwicklungsteam. Wir lebten alle Praktiken von *Extreme Programming*, als das Projekt zusätzliches Personal, hauptsächlich Entwickler, benötigte. Das Ziel war, das Projekt auf etwa 25 Personen aufzustocken.

Es wurde schnell klar, dass wir nicht alle 25 Personen in *ein* großes Projektteam integrieren konnten. Also wollten wir mehrere Teams bilden. Doch nach welchen Kriterien sollten wir diese Teams zusammenstellen?

[7] Product Backlog: Anforderungskatalog.

[8] Product Owner: Person, die gegenüber dem Team die Rolle des Kundenvertreters einnimmt.

Richten wir uns nach der Architektur und ordnen jedes Team einem Subsystem zu (siehe erste Abbildung) oder richten wir uns nach den fachlichen Themen und ordnen jedes Team einem Anforderungskanal zu (siehe zweite Abbildung)? Orientiert sich die Teamstruktur an der technischen Systemarchitektur, spricht man heute von *Komponententeams*. Orientiert sie sich an fachlichen Features spricht man von *Featureteams*. Bei Komponententeams muss jeder Anforderungskanal mit jedem Team kommunizieren. Bei Featureteams muss jedes Team potenziell Quellcode im gesamten System modifizieren.

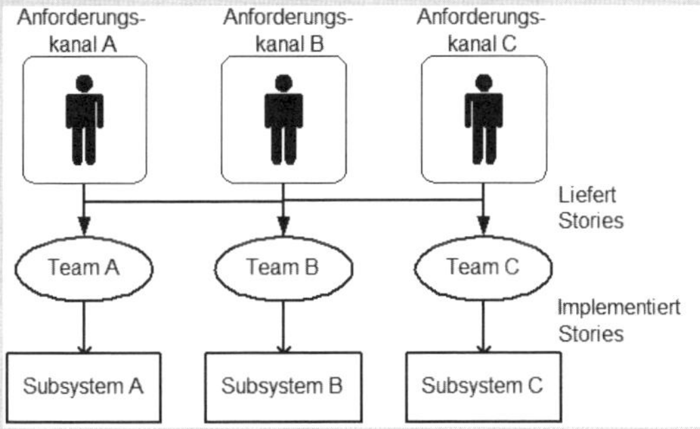

Komponententeams

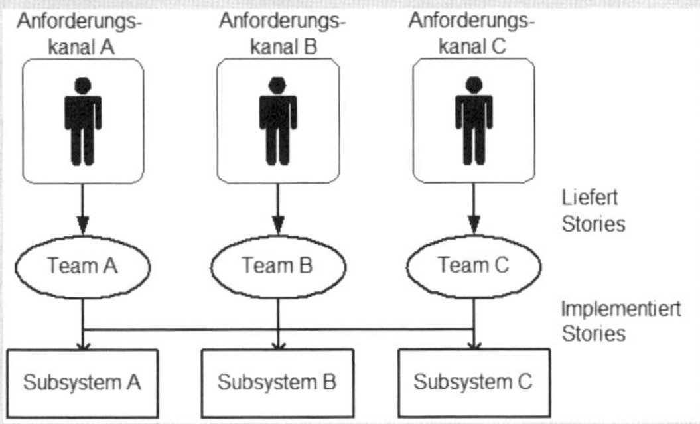

Featureteams

Da die Iterationsplanung (*Planungsspiel* bei XP, *Sprint-Planung* bei Scrum) zu komplex für den Ansatz mit Komponententeams erschien, entschieden wir uns für Featureteams. Wir schufen drei Teams für drei Anforderungskanäle und ein technologisches Supportteam. Die Teams waren recht klein (vier Personen), was dazu beitrug, dass wirklich Verantwortung übernommen wurde.

> Wir stellten sehr schnell fest, dass die Reorganisation von Teams mehr Zeit kosten würde, als wir ursprünglich gedacht hatten. Nach dem Wechseln der Organisationsstruktur benötigten die Entwickler einige Wochen, um sich an die neue Struktur zu gewöhnen und wieder ihre ursprüngliche Entwicklungsgeschwindigkeit zu erreichen.
>
> Durch die Tatsache, dass die Teams nicht einzelnen Subsystemen zugeordnet wurden, konnte jeder Entwickler jeden Teil des Systems verändern. Am Anfang (wir hatten etwa 1.200 Klassen) war dies kein Problem, da die Entwickler die Codebasis im Griff hatten.
>
> Mit der Zeit kamen dann immer mehr Entwickler hinzu und die Codebasis wuchs und wuchs. Am Ende hatten wir etwa 30 Entwickler mit unterschiedlichen Programmierkenntnissen. Zu diesem Zeitpunkt konnten nicht mehr alle Entwickler jeden Teil des Systems modifizieren, ohne die Lauffähigkeit des Systems einzuschränken.
>
> In einem ersten Schritt entschieden wir uns dazu, Kernklassen und sehr komplizierte Teile des Codes als »Expertencode« zu markieren, der nur von einem sogenannten Systemexperten modifiziert werden durfte. Das löste zwar erst einmal das Problem, schien uns aber keine besonders gute Lösung zu sein. Tatsächlich wurden die »Experten« schnell zum Flaschenhals. Das Projekt wurde letztlich dennoch erfolgreich abgeschlossen.
>
> Rückblickend haben wir aus meiner Sicht seinerzeit nicht die optimale Lösung gefunden. Zusätzlich zur Flaschenhals-Situation haben wir uns mit der von außen gesetzten Vorschrift, dass bestimmte Systemteile nur durch »Experten« geändert werden *dürfen*, ein gutes Stück vom agilen Wertesystem entfernt. Positiv war an der Lösung, dass kein reines »Expertenteam« gebildet wurde und die »Experten« weiter in den Featureteams mitgearbeitet haben. So wurde der kontinuierliche Austausch zwischen »Experten« und den restlichen Entwicklern sichergestellt.

Teamrollen

Grundsätzlich sollte in einem agilen Team das gesamte notwendige Know-how für die Aufgabe des Teams vorhanden sein. Aus diesem Grund spricht man auch gerne von cross-funktionalen Teams. So setzt sich ein agiles Team typischerweise aus Personen zusammen, die unterschiedliche Schwerpunkte und Fähigkeiten haben. In linearen Vorgehensweisen werden die Teamgrenzen meist genau an den unterschiedlichen Fähigkeiten bzw. am Wissen gezogen. Dadurch entstehen dann z.B. Testteams, Teams, die aus Fachexperten, aus Designern oder aus Entwicklern bestehen. Eventuell ist die Untergliederung sogar noch feiner und es gibt ein Team, das sich mit Benutzungsoberflächen auskennt, ein anderes mit Datenbanken und ein drittes mit der Middleware. Bei solch einer Aufsplittung besteht immer das Problem, dass kein Team die Verantwortung für eine Funktionalität übernehmen kann, da es immer nur einen kleinen Teil zu solch einer Funktionalität beisteuert. Daraus ergibt sich üblicherweise das *Schwarze-Peter-Spiel*, in dem jedes Team einem anderen die Schuld zuweist, wenn das System nicht funktioniert. Um diesem *Spiel* die Grundlage zu entziehen, werden bei einer agilen Vorgehensweise die Teams so zusammengestellt, dass sie die Gesamtverantwortung für fachliche Anforderungen, sprich Features, übernehmen können. Diese Zusammenstellung ist im Übrigen auch die Grundvoraussetzung für ein selbstorganisierendes Team. Denn nur wenn ein Team die Verantwortung für etwas übernehmen kann, kann es sich auch selbst organisieren. Zur Realisierung einer bestimmten fachlichen Anforderung besteht ein Team zum Beispiel aus Fachtechnikern, Datenbankexperten und Fachleuten für die Erstellung der grafischen Bedienoberfläche.

Dies bedeutet aber nicht, dass die einzelnen Personen sich nur auf ihr Expertentum beschränken. Grundsätzlich ist es vielmehr das Ziel, Spezialwissen zu Allgemeinwissen zu machen, ohne dabei auf Experten zu verzichten.

Dies geht nur dann, wenn Personen unterschiedliche Rollen einnehmen. Es ist deshalb typisch, dass zum Beispiel ein Datenbankentwickler vom Spezialisten für die grafische Oberfläche lernt, wie man seine fachlichen Inhalte präsentiert, um danach auch selbst zur Erstellung der Oberfläche beitragen zu können. Und es spricht nichts dagegen, dass eine Person, die für Integration und Konfiguration zuständig ist, gleichzeitig auch fachlicher Experte ist. Meist hat ein Teammitarbeiter einen Wissensschwerpunkt, aber er konzentriert sich nicht nur auf diesen.

Dies soll nicht zu einer »Gleichmacherei« aller Teammitglieder führen. Bei den verschiedenen Aufgaben sollen nach wie vor die unterschiedlichen Fähigkeiten und Erfahrungen berücksichtigt werden. Es geht vielmehr um die generelle Tendenz, Kopfmonopole zu vermeiden und Wissen und Fähigkeiten auf mehrere Schultern zu verteilen.

Jedes agile Team verfügt auch über das notwendige Wissen für administrative Aufgaben wie Integration und Konfigurationsmanagement. Auch wenn es dabei vor allem um die Umsetzung dieser Themen innerhalb des Teams geht, sollten diese Personen auch als Ansprechpartner nach außen zur Verfügung stehen. Das Wissen über die Architektur wird in Abhängigkeit von der Projektkomplexität entweder durch einen Architekten im Team abgebildet, durch ein Architekturteam, das als technisches Serviceteam zur Verfügung steht, oder durch den Chefarchitekten (siehe hierzu siehe Seite 138).

Darüber hinaus sollte in jedem Teilteam die Rolle des Teamsprechers, des Coaches (Scrum-Terminologie: *ScrumMaster*) besetzt sein. Diese Person dient u.a. als Kontaktperson zum Teilteam. Das bedeutet nicht, dass sie das Team immer nach außen vertritt. Der Coach koordiniert aber, wer an einem spezifischen Meeting (zum Beispiel an einer teilteamübergreifenden Retrospektive) teilnimmt. Darüber hinaus stellt der Coach sicher, dass das Team arbeitsfähig ist und bleibt bzw. produktiv sein kann. Dazu gehört, dass er wenn nötig an (teaminterne oder teamübergreifende) Abmachungen erinnert, die Lösung von Problemen sicherstellt und »unlösbare« Probleme eskaliert (siehe Seite 67). Da in einem funktionierenden selbstorganisierenden Team jedes Teammitglied in der Lage sein sollte, diese Aufgaben zu übernehmen, motiviere ich die Mitarbeiter eines Teams häufig dazu, dass sie in der Rolle rotieren, d.h., dass sie reihum die Rolle des Coachs übernehmen und so in die Verantwortung hineinwachsen.

Jedes Teilteam, sowohl technisches Serviceteam als auch Featureteam, sollte von einem Kundenvertreter, einem *Product Owner*, aus gesteuert werden. Diese Person priorisiert die Features unter Berücksichtigung von technischen und fachlichen Abhängigkeiten (auch mit anderen Teilteams) und sorgt nach Fertigstellung für deren Abnahme. Für das Teilteam ist der Product Owner das Gesicht des Kunden, unabhängig davon, ob er tatsächlich ein Kunde ist oder diesen lediglich repräsentiert (siehe Seite 188).

Alle genannten Rollen sollten in jedem Teilteam vertreten sein. Dadurch lassen sich auch hervorragende Kommunikationsstrukturen ableiten. So treffen sich üblicherweise alle Product Owner zu der Featureabstimmung oder die Coaches versuchen, teamübergreifende Probleme gemeinsam zu lösen. Diese Strukturen tragen zur gemeinsamen Zielverfolgung und zu projektweiten Synergien bei.

Projektrollen

Die meisten Projektrollen werden eher von den Gemeinschaften der unterschiedlichen Teamrollen wahrgenommen. So ist das Kommunikationsteam, oder auch die Gemeinschaft der Coaches, verantwortlich für die Einhaltung und Etablierung der gemeinsamen Projektkultur. Die Gemeinschaft der Product Owner stellt hingegen die kohärente fachliche Ausrichtung sicher, während der (oder die) Architekt(en) die technische Integrität gewährleistet.

Meist empfiehlt es sich, für diese Gemeinschaften eine Person zu bestimmen, in deren Hand die Leitung der jeweiligen Gemeinschaft liegt. So haben wir durchweg gute Erfahrungen damit gemacht, einen Chefarchitekten zu etablieren (siehe Seite 138). Bei der Gemeinschaft der Product Owner ist es oft hilfreich, einen Haupt-Product-Owner zu etablieren, der den Hauptkontakt zum Kunden und allen Interessenvertretern hält und die *gemeinsame* fachliche Ausrichtung der Product Owner sicherstellt. Auch im Kommunikationsteam besteht manchmal der Wunsch, dass einer der Coaches die Führung übernimmt. Da die Personen im Kommunikationsteam auch wechseln können, wechselt entsprechend auch die Führung dieses Teams. Auch wenn wir in jedem Projekt sowohl einen Chefarchitekten als auch einen Haupt-Product-Owner hatten, so bestand selten die Notwendigkeit für eine Führung im Kommunikationsteam.

Darüber hinaus ist in einem Großprojekt (anders als in kleinen agilen Teams) immer auch die Rolle der Projektleitung besetzt. Diese übernimmt alle organisatorischen Aufgaben, wobei das Wichtigste dabei der Umgang mit der (firmeneigenen) Politik ist. Da Großprojekte meist auch hochpolitisch sind, braucht es eine (oder auch mehrere) Personen, die sich um diese Thematik kümmern und dadurch dem Rest des Teams den Rücken frei halten. Dadurch wird auch deutlich, dass der Führungsstil der Projektleitung kein auoritärer sein kann, sondern ein kooperierender sein muss. Andernfalls sorgt die Projektleitung in der Vorreiterrolle gleich dafür, dass Vertrauen und gegenseitiger Respekt im Team sich nicht als Basis für die Zusammenarbeit durchsetzen können.

Es gibt weitere Teams und Gremien, die ebenfalls projektweite Aufgaben übernehmen. Dazu gehört das Integrationsteam, das für ein lauffähiges Gesamtsystem sorgt und damit die teilteamübergreifende Integration gewährleistet (siehe Seite 108). Darüber hinaus konzentriert sich die Projektteamretrospektive projektweit auf die ständige Verbesserung und auf die Erzielung einer höheren Effektivität.

Alle diese Projektrollen haben die Aufgabe, teilteamübergreifende Abhängigkeiten zu erkennen und damit umzugehen und vor allemdafür zu sorgen, dass teilteamübergreifendes Lernen in den unterschiedlichen Bereichen (Fachlichkeit, Architektur, Prozess und Organisation) stattfinden kann.

Teamgeist

In jedem Team ist es wichtig, dass alle an einem Strang ziehen, dass man ehrlich und aufrichtig miteinander umgeht und jeder die gleiche Vorstellung von der Aufgabe als Ganzes hat. Tom DeMarco führt in [*DeMarco97*] ein eigenes Wort dafür ein: »Team jelling«, was so viel bedeutet wie, dass die Chemie im Team stimmen muss.[9] Speziell das »an einem Strang ziehen« muss so gefördert werden, dass es zu einem natürlichen Verhalten wird. Neben den dafür üblichen offiziellen Strategien wie Retrospektiven, regelmäßigen Team- und Projektmeetings muss man auch etwas subtilere Maßnahmen ergreifen:

- **Essen:** Wer etwas zu essen (Naschwerk, aber auch Gesünderes ist erlaubt) bereitlegt, wird feststellen, dass Menschen häufiger vorbeikommen und, da sie ja nun schon einmal da sind, anfangen zu plaudern. Eine ständig gefüllte Schale mit Gummibärchen ist deshalb ein gutes Mittel, gute und schlechte Nachrichten als Erster zu erfahren.

  Manchmal bietet es sich auch an, zusammen mit dem Team essen zu gehen. Das sollte aber nicht dazu führen, dass die Essenszeit in Arbeitszeit ausartet; es geht schließlich darum, sich von der Arbeit zu erholen und einmal abzuschalten. Doch auch wenn es nicht um die Arbeit geht, stärkt gemeinsames Essen den Teamgeist.

  Mary Lynn Manns und Linda Rising stellen in [*MannsRising05*] die Bedeutung von Essen mit zwei verschiedenen Patterns heraus. Einmal *Brown*

[9] Das englische Wort »jelly« bedeutet eigentlich Marmelade oder Gelee. Ich weiß auch nicht, wieso daraus im Deutschen in diesem Zusammenhang Chemie wird.

Bag, wo das Mittagessen u.a. dazu genutzt wird, neue oder auch »abwegige« Ideen zu besprechen. Und zum anderen *Do Food*, das untermauert, dass jede Besprechung durch die Bereitstellung von etwas Essbarem lockerer, entspannter und auch effektiver wird.

- **Feiern:** In gewissen Abständen (zum Beispiel nach Abschluss eines Release) sollte man entsprechende Feste feiern. Auch dies betonen Manns und Rising mit ihrem Pattern *Small Successes*, das darauf hinweist, dass man sich allzu häufig von den Anforderungen überwältigt fühlt, sodass es umso wichtiger ist, auch kleine Erfolge zu feiern. Nur dadurch wird deutlich, dass und wie man vorankommt. Es muss sich dabei nicht um ein großes abendfüllendes Ereignis handeln. Es reicht eine ein- bis zweistündige Veranstaltung mit Snacks und Getränken. Dies hilft auch dabei, mit Personen, die sonst nicht so viel miteinander zu tun haben, ins Gespräch zu kommen und zum Beispiel auch mal private Gemeinsamkeiten zu entdecken.
- **Sport:** Mehr oder weniger sportliche Aktivitäten, wie Volleyball-Matches, Kegelabende, Spieleabende, Kart-Rennen und so weiter, tragen zum Teamgeist bei. Etwas, was Spaß macht, gemeinsam mit anderen zu tun (speziell wenn Teams mit Personen gebildet werden, die bisher nicht zusammengearbeitet haben), wird die Kommunikation unter den Teammitgliedern und somit Anerkennung und Respekt untereinander fördern. Dabei sollte darauf geachtet werden, dass auch alle Teammitglieder dabei sein können (indem man zum Beispiel Behinderungen berücksichtigt).
- **Projektidentität:** Versuchen Sie, dass sich die einzelnen Personen mit dem Projekt mehr oder weniger sichtbar identifizieren. Die Wichtigkeit der Gruppenidentität stellen Mary Lynn Manns und Linda Rising ebenfalls mit einem eigenen Pattern, *Group Identity*, heraus. T-Shirts, projektspezifisches Essen und Getränke oder auch spezielle projektspezifische Sprüche und Redewendungen können dazu beitragen, eine eigene Projektkultur zu entwickeln. In einem Projekt hat sich zum Beispiel ein bestimmter Cocktail zum Kultgetränk etabliert, der dann auch prompt auf der Weihnachtsfeier als Aperitif serviert wurde. Dies darf natürlich nicht dazu führen, dass sich das Projekt als Ganzes nach außen abschottet, sondern es sollte es im Gegenteil einfacher machen, sich mit dem Projekt zu identifizieren.
- **Regeneration:** Man sollte unbedingt sicherstellen, dass Projektmitglieder Zeit zur Erholung haben. Selbst bei großem Druck muss darauf geachtet werden, dass Urlaub genommen wird und nicht regelmäßig Überstunden gemacht werden. Die Entwicklungsgeschwindigkeit (englisch: velocity)[10] ei-

[10]Velocity: Am Ende jeder Iteration misst jedes Team, wie viel es tatsächlich von den geplanten Aufgaben fertiggestellt hat. Dieses Wissen sollte sowohl für die Planung der nächsten Iteration als auch für die Aktualisierung des Release- oder Projektplans verwendet werden. Siehe hierzu Seite 94.

Feierabend ...

nes (Teil-)Teams sollte nicht nur gemessen werden, sondern auch dazu genutzt werden, dass nicht mehr geplant und versprochen wird, als die Teams tatsächlich leisten können. Nur so kann sichergestellt werden, dass die Mitarbeiter das Entwicklungstempo auch nachhaltig beibehalten können. Ein Projekt ist eher mit einem Marathon denn mit einem Sprint vergleichbar.

- **Kommuniziere und visualisiere Ergebnisse:** Es kann gar nicht genug herausgestellt werden, wie viel Wert sichtbarer Erfolg hat. Wenn man sehen kann, wie ein System wächst, wenn man vom Kunden positives Feedback über ein laufendes Stück Software erhält, motiviert das ungemein. Man sollte deshalb alles tun, damit derartige Erfolgsmeldungen auch alle erreichen.

Alle hier vorgeschlagenen Maßnahmen (die nur einen Ausschnitt der Möglichkeiten darstellen) dienen vor allem dazu, die Kommunikation zu verbessern. Teammitglieder werden sich besser kennenlernen und dadurch mehr respektieren. Dazu gehört auch, dass Menschen, die eigentlich in verschiedenen Teilteams sind, in Kontakt kommen. Dies kann durch entsprechende Vorgaben (etwa, dass in einem Sportteam nicht mehr als 2 Mitglieder aus einem Teilteam sein dürfen) gefördert werden. Es ist unglaublich, wie viel derartige Maßnahmen dazu beitragen, dass ein Projekt reibungsloser läuft und die Menschen sich wirklich mit dem *gleichen* Projekt identifizieren.

Manche Maßnahmen sind für Unternehmen nicht unbedingt selbstverständlich. So kann die Ausrichtung einer Feier, die von einer Firma oder dem Projekt zeitlich und finanziell unterstützt wird, durchaus ein Problem sein. Dies ist ein Zeichen dafür, dass der Wert von Kommunikation immer wieder unterschätzt und infrage gestellt wird. Hier gilt es, die notwendige Überzeugungsarbeit zu leisten. Sie ist es wert.

Interaktions- und Kommunikationsstrukturen

Kommunikation ist der wichtigste Faktor, der über Erfolg oder Misserfolg eines Projekts entscheidet. Kommunikation kann schon schwierig werden, wenn nur ein paar Personen beteiligt sind; mit einer zunehmenden Anzahl von Personen steigen diese Schwierigkeiten exponentiell an. Wenn man Kommunikationsstrukturen für ein großes Team aufsetzt, muss man daher Folgendes berücksichtigen:

- **Direkte Kommunikation:** Direkte Kommunikation ist die sicherste Art und Weise, Informationen so zu transportieren, dass der Sinn erhalten bleibt. Man kann die Information mit zusätzlichen Mimiken und Gesten unterstützen und merkt sofort, ob die Information verstanden wird. Mit mehreren Personen wird das natürlich schwieriger. Ein Grund ist, dass einfach die Zeit nicht mehr reicht, um alle Personen aktiv in eine Diskussion einzubinden. Außerdem führen in größeren Gruppen vornehmlich die Extrovertierteren das Gespräch und die Introvertierteren nehmen nur das Ergebnis hin.
- **Unterschiedliche Arten von Sensoren:** Jede Person hat ihre eigene Art, Informationen aufzunehmen. Die Visualisten zum Beispiel lernen durch Beobachtung, die Auditiven durch Zuhören und die Kinesthetiker durch Aktion.
- **Überdosierung von Kommunikationsmedien:** Es scheint eine Art Gesetz zu sein, dass ein Kommunikationskanal, der gut funktioniert, missbraucht wird, sodass er früher oder später nicht mehr funktioniert. Wenn man zum Beispiel Informationen per E-Mail austauscht, wird man E-Mails so lange lesen und beantworten, bis die Anzahl von E-Mails, die man täglich bekommt, nicht mehr zu bewältigen ist. Dies führt dann dazu, dass man E-Mails ignoriert oder nur noch selektiv liest. In beiden Fällen besteht die Gefahr, dass der Sender einer E-Mail davon ausgeht, dass seine E-Mail gelesen wurde, obwohl dies gar nicht der Fall ist, und falsche Schlüsse aus der Tatsache zieht, dass diese E-Mail nicht beantwortet oder nicht entsprechend auf sie reagiert wurde.

Aus diesen Beobachtungen folgt, dass man auch bei der Kommunikation agil und flexibel sein muss. Verwenden Sie verschiedene Kommunikationsmedien, die Menschen unterschiedlich ansprechen und ihre unterschiedliche sensorische Infor-

Wechselnde Kommunikationsformen ...

mationsaufnahme berücksichtigen. Wechseln Sie auch von Zeit zu Zeit die Kommunikationskanäle. Grundsätzlich wird ein agiles Projekt immer auf möglichst viel direkter Kommunikation bestehen.

Großraumbüros

Im Idealfall sitzt das ganze Team mit dem Kunden in einem Raum, denn Craig Larman sagt in [*Larman98*] richtigerweise:

> »*Ein Team in einer anderen Etage des gleichen Gebäudes zu haben, hat genauso große Auswirkungen, wie es in einem ganz anderen Ort zu haben.*«

Großraumbüros
von Nicolai Josuttis

Ich weiß nicht wie es anderen geht, aber zu Beginn meines Berufslebens hatten Großraumbüros bei mir einen denkbar schlechten Ruf. Sie spiegelten die Idee wider, Menschen als Maschinen zu betrachten, die man alle zusammen in eine große Halle steckt, um Kosten für Wände zu sparen. Und in der Tat, in einer Arbeitswelt, die einem einzelnen Mitarbeiter eine stupide weitgehend kommunikationsarme Tätigkeit gibt, spricht vieles dagegen, alle diese Mitarbeiter wie bei einer Legebatterie in einen großen Raum zusammenzupferchen. Vor allem dann, wenn die Telefonate des anderen nur nerven und jeder Quadratmeter Individualität mühsam erstritten werden muss.

Doch seit meinem ersten großen agilen Projekt sehe ich das mit anderen Augen. Die Sachlage ändert sich nämlich völlig, wenn es bei der Tätigkeit darum geht, möglichst gut mit anderen *zusammen*zuarbeiten; wenn mehrere Personen *zusammen* etwas erschaffen. Plötzlich wird der Gang in einen anderen Raum etwas Mühsames, plötzlich wird es wichtig, mitzubekommen, was andere gerade tun. Plötzlich wird es wichtig, auch räumlich *zusammen*zuarbeiten. Der Wert, der durch diese Kommunikation geschaffen wird, kann gar nicht hoch genug eingeschätzt werden.

Dies bedeutet aber nicht, dass man in einem agilen Projekt besser alle Projektmitglieder einfach in ein trostloses Großraumbüro packt. Wichtig sind nämlich noch einige andere Dinge: So muss es möglich sein, Meetings abzuhalten, ohne die anderen zu stören. Ausreichend schallisolierte Besprechungsecken oder -räume sind ein Muss. Auch einzelne kleine Arbeitsplätze für Personen, die mal in Ruhe ungestört nachdenken, entwerfen oder telefonieren müssen, sind wichtig. Die beste Erfahrung habe ich dabei mit Glas gemacht. Gläserne Besprechungsecken, einzelne gläserne Arbeitsecken oder auch Trennwände zwischen Teams aus Glas ermöglichen die notwendige Transparenz, ohne dass der Lärmpegel dazu führt, dass man nicht mehr richtig arbeiten kann.

Ein agiler Arbeitsplatz ist also von allem ein bisschen, was wie immer typisch für Agilität ist.

In einem großen Projekt kann dies natürlich nur bis zu einem gewissen Maß sichergestellt werden. Natürlich wäre es auch hier der Idealfall, wenn alle in einem Raum sitzen würden und jeder mit jedem direkt kommunizieren könnte. Es ist nur recht unwahrscheinlich, dass ein Raum zur Verfügung steht, in dem hundert oder mehr Personen ihren Arbeitsplatz haben. Großraumbüros haben sich hier als ausgesprochen wertvoll erwiesen, sofern die Trennwände nicht zwischen einzelnen Personen, sondern zwischen den einzelnen Teilteams stehen können. Solche Büros können bis zu 40 oder 50 Personen aufnehmen. Wenn man dann noch darauf achtet, dass zwei, drei derartige Büros nebeneinander liegen, sitzen die Projektmitglieder auch in großen Projekten so nah wie möglich zusammen.

Natürlich kann man die räumlichen Gegebenheiten oft nur minimal beeinflussen. Doch was immer es an Vorgaben und Einschränkungen gibt, es sollte stets beachtet werden, dass der Abstand zwischen Menschen in unmittelbarem Zusammenhang mit der Qualität der Kommunikation steht und somit einen maßgeblichen Einfluss auf Erfolg oder Misserfolg eines Projekts hat. Man beachte dabei auch, dass Abstände auch auf andere Weise entstehen können.

Wenn Teammitglieder zum Beispiel mit einem Kopfhörer Musik hören, schotten sie sich ab, was einen Abstand schafft, der vorher nicht da war. Achten Sie also unbedingt auf geringe physische Abstände zwischen den Mitarbeitern, indem z.B. alle Teammitglieder möglichst im gleichen Gebäude, in der gleichen Etage und im gleichen Raum sitzen. Jede Maßnahme, die in diese Richtung geht, macht sich bei der Entwicklung mehr als doppelt bezahlt.

Bei diesem Thema wird manchmal argumentiert, dass der Geräuschpegel in einem Großraumbüro zu hoch wird. Dies ist allerdings in der Praxis selten ein Thema, da sich jeder so intensiv auf seine Aufgabe konzentriert, dass er von gelegentlichen Gesprächen anderer im Normalfall nicht abgelenkt wird. Darüber hinaus werden Nebengespräche, die sich um das gleiche Thema ranken, sprich das gleiche Projekt, üblicherweise nicht als Ablenkung, sondern als ergänzende und wertvolle Information wahrgenommen. Es gibt allerdings manchmal Personen, die eine penetrante Stimme haben. Diese Personen müssen sich dann mäßigen oder einen Ort bekommen, wo die Auswirkungen dieser Stimme nicht so drastisch sind (etwa das in der obigen Box angesprochene gläserne Büro). Doch wie gesagt, das habe ich in der Praxis bei agilen Teams nur sehr selten erlebt. Es war immer so, dass der Geräuschpegel akzeptabel war und dass die Teammitglieder den Vorteil, eng beieinander sitzen zu können, sehr viel höher einschätzten als eine absolut ruhige Umgebung.

Flexible Arbeitsplätze

Heutzutage gibt es Unternehmen, die den einzelnen Mitarbeitern keine festen Arbeitsplätze mehr zuweisen. Dieses Konzept wird auch als *Floating-Desks* oder *Desk-Sharing* bezeichnet. Es bedeutet, dass die Mitarbeiter sitzen, wo immer sie gerade Platz finden. Sie haben entsprechend mobile Telefone oder können ihre Nummer umleiten und besitzen typischerweise Rollwagen mit ihrem Bürobedarf, die sie zum aktuellen Arbeitsplatz schieben können. Der Arbeitsplatz selbst ist entweder ein Laptop oder ein Desktop, bei dem sämtliche anwenderspezifische Daten zentral verwaltet werden. Der eigentliche Grund für diese Maßnahme ist Kostenersparnis bei den Arbeitsplätzen. Da statistisch gesehen es immer einige Mitarbeiter gibt, die krank sind, Urlaub haben, außer Haus arbeiten und so weiter, ist eigentlich immer nur ein gewisser Prozentsatz der Mitarbeiter wirklich anwesend.

Das Problem bei diesem Modell ist allerdings, dass man nie so genau weiß, wo wer gerade sitzt. Dies kann durchaus ein Kommunikationsproblem darstellen, denn es macht direkte Kommunikation schwieriger. Darüber hinaus kann es durchaus vorkommen, dass mehr Personen da sind, als man statistisch berechnet hat (keine Messen, keine Urlaubszeit und die Mitarbeiter werden aus Angst vor Arbeitsplatzverlust auch immer weniger krank), und es kann passieren, dass Mitarbeiter nicht wenig Zeit für die Suche nach einem Arbeitsplatz aufbringen müssen. Manchmal spricht sich dies sogar auch außerhalb der Unternehmen herum. Ich habe zum Beispiel erlebt, dass mich der Taxifahrer eines Montagmorgens auf der Fahrt vom Flughafen zum Arbeitsplatz einer Firma mit flexiblen Arbeitsplätzen fragte, ob er lieber etwas schneller fahren soll, damit ich noch einen Arbeitsplatz erwische (seine Angst war in diesem Fall aber unbegründet, da es erst 8 Uhr morgens war).

Prinzipiell kann dieses Modell auch dazu führen, dass einzelne Teams nicht mehr zusammensitzen. Wenn ein Teammitglied immer eher spät anfängt, kann es passieren, dass es in der Nähe der anderen Teammitglieder keinen Platz mehr gibt. Das ist der Punkt, wo das Modell der flexiblen Arbeitsplätze mehr kostet, als es bringt (wobei der Nachweis der Kosten der Kommunikationsnachteile natürlich ungleich schwieriger ist als der Nachweis des Gewinns an Arbeitsplatzkosten), und man es bekämpfen bzw. umgehen sollte. Eine Möglichkeit besteht darin, (flexible) Teamzonen zu definieren. Das kann allerdings dazu führen, dass man Ärger mit der »Möbelpolizei« bekommt. Den Ärger muss man ggf. ausfechten, denn, wie schon gesagt, kann das Problem mangelhafter Kommunikation gar nicht hoch genug bewertet werden. Im Übrigen schafft eine Philosophie der flexiblen Arbeitsplätze zumindest die notwendige Infrastruktur, um Personen und Teams relativ problemlos umsetzen zu können und dadurch Kommunikationsprobleme sehr schnell und einfach zu lösen. Bei einer Firmenphilosophie, die davon ausgeht, dass Mitarbeiter über Jahre den gleichen Arbeitsplatz haben, kann es unglaubliche Widerstände geben, wenn plötzlich Arbeitsplätze flexibel den aktuellen Projekt- und Teameinteilungen angepasst werden.

Kommunikationsförderung

Die wirkliche Herausforderung großer Teams besteht darin, natürliche und einfache Kommunikationsarten zu finden und zu etablieren, wie sie bei kleinen Teams selbstverständlich sind. Nach meiner Erfahrung haben sich die folgenden Schritte als hilfreich herausgestellt:

- Alle Projektmitglieder sollten so nah wie möglich beieinander sitzen.
- Die gemeinsamen Projektteamretrospektiven, die regelmäßig stattfinden, sollten auch als Forum für direkte teamübergreifende Kommunikation ge-

nutzt werden. Typischerweise wird die Optimierung der Raumnutzung und damit die Förderung der direkten Kommunikation bei der täglichen Arbeit so lange ein wiederkehrendes Thema in der Retrospektive sein, bis es zur bestmöglichen Zufriedenheit gelöst ist.

- Regelmäßige Meetings mit *allen* Projektmitgliedern sind wichtig und sollten etwa alle zwei bis vier Wochen stattfinden. Diese Meetings dienen hauptsächlich zur Verbreitung von Informationen. In Abhängigkeit von der tatsächlichen Anzahl der Projektmitarbeiter sind Feedback und intensive Diskussionen dabei oft nicht möglich; von daher bietet es sich an, diese Meetings in Form von Präsentationen zu gestalten. Jedes Projektmitglied sollte dabei jedoch nach und nach die Möglichkeit haben, etwas bei- bzw. vorzutragen. Typische Beispiele wären Vorträge zu einem bestimmten fachlichen oder technischen Thema. Es empfiehlt sich, die Beiträge vorab anzukündigen.
- Installieren Sie ein Wiki (siehe [*LeufCunnigham01*]). Das Wort *wiki* ist hawaiianisch und bedeutet »schnell«. Ein Wiki dient dazu, in einem Intra- oder Internet Webseiten schnell und einfach mit herkömmlichen Browsern erstellen und dadurch alle möglichen Arten von Diskussionen führen und Informationen verbreiten zu können. Dabei gilt das Prinzip der gemeinsamen Verantwortlichkeit: Jeder hat die gleiche Verantwortung für den Inhalt und somit auch Schreibzugriff auf alle Seiten. Dieser Aspekt und die Konsequenz, dass auch unausgegorene Gedanken formuliert und somit kommuniziert werden, schafft Transparenz und Vertrauen. Da kein HTML-Wissen notwendig ist, sondern Informationen direkt als einfacher Text eingegeben werden können, kann jeder (auch ein Nichtprogrammierer) das Tool bedienen. Setzt man das Wiki auch zu Dokumentationszwecken ein, kann man sicher sein, dass die Dokumentation sehr lebendig ist, d.h. auf dem aktuellen Stand ist.
- Schaffen Sie verschiedene E-Mail-Listen, die es ermöglichen, alle Mitarbeiter oder spezielle Gruppen anzusprechen.

Coaches als Kommunikationsteam

Jeder noch so gute Kommunikationskanal ersetzt nicht die Defizite, die durch indirekte Kommunikation entstehen. Um diesem entgegenzuwirken, empfehle ich, ein sogenanntes *Kommunikationsteam* einzusetzen. Üblicherweise wird dieses Kommunikationsteam aus der Gemeinschaft aller Coaches gebildet, die in den unterschiedlichen Teilteams als Teamsprecher (oder auch ScrumMaster) arbeiten. Jeder einzelne Coach hat (natürlich) die Aufgabe, vor allemFeedback in »seinem« Team einzuholen sowie Defizite und (potenzielle) Probleme zu entdecken (und am besten gleich zu lösen). Wichtig ist, dass dies proaktiv geschieht, d.h., der Coach sich nicht ausschließlich auf die regulären Meetings wie die tägliche Synchronisation im *Daily Scrum* oder der Retrospektiven verlässt, sondern auf alle Mitarbeiter aktiv zugeht. Darüber hinaus müssen die Coaches darauf achten, dass Lösungen eines Teilteams aufgrund von Synergieeffekten auch anderen Teilteams bekannt und bewusst werden, d.h., es muss ein regelmäßiger Austausch unter den Coaches stattfinden. Auch wenn das zunächst risikoreicher klingt, so breitet sich das teilteamübergreifende Bewusstsein jedes einzelnen Mitarbeiters schneller aus, wenn die Rolle des Coaches nicht über die gesamte Projektlaufzeit an der gleichen Person hängt, sondern man allen Mitarbeitern über die Zeit die Möglichkeit gibt, diese Rolle zu übernehmen und in diese Verantwortung hineinzuwachsen. Auf diese Weise werden Probleme viel früher erkannt und können meist einfacher gelöst werden, als wenn man darauf wartet, bis sie berichtet werden oder offensichtlich eskalieren.

Typische Themen und Aufgaben des Kommunikationsteams sind:

- **Gemeinsame Projektkultur:** Das Etablieren einer gemeinsamen Kultur betrifft zum Beispiel Aspekte wie Richtlinien, Tests, Patterns, die regelmäßig auf ihre Einhaltung, aber auch ihre Validität überprüft werden müssen.
- **Refactoring:** Durch Aufdeckung von Stellen, die einem Refactoring unterliegen müssten, lernen alle Seiten dazu und sorgen gleichzeitig dafür, dass die Qualität des Codes erhöht wird.
- **Gemeinsames Verständnis:** Es ist sehr wichtig, dass man überprüft, ob alle Arten von Informationen, Entscheidungen und Ankündigungen ankommen und von den Teams umgesetzt werden.
- **Probleme:** Probleme sollten entdeckt und am besten sofort und einfach gelöst werden. Ein Kommunikationsteam hat dabei den Vorteil, dass es über den teilteamübergreifenden Austausch den Bezug zu allen Teilteams hat. Dadurch kann es entsprechende Kontakte vermitteln oder auf Lösungen anderer Teams hinweisen. Wird entdeckt, dass mehrere Teams mit den gleichen Problemen kämpfen, kann dies zu Maßnahmen führen, die das potenzielle Problem grundsätzlich beheben (Erweiterungen/Anpassungen im Framework oder die Schaffung einer Musterlösung bzw. eines Patterns).

Die Coaches als Mitarbeiter des Kommunikationsteams müssen darauf achten, dass sie nicht als Kontrolleure oder Aufseher, sondern als Vertrauenspersonen wahrgenommen werden. Sie sollten gegenüber den Hoffnungen und Ängsten der einzelnen Teammitglieder aufgeschlossen sein und Vorschläge zur Prozessverbesserung sammeln. Um zum Beispiel das oben angesprochene »gemeinsame Verständnis« zu schaffen, kann das bedeuten, Entscheidungen in Einzelgesprächen genauer zu erläutern oder Vorschläge zu sammeln, um diese Entscheidungen noch zu verbessern.

Es ist sehr wichtig, dass es sich beim Kommunikationsteam um Personen handelt, die einen guten Überblick haben, die vertrauenswürdig und geachtet sind und die Dinge in die Hand nehmen können. Etabliert man das Konzept der Rotation der Coaches, besteht natürlich die Gefahr, ab und an eine Person in der Rolle des Coaches zu haben, die dieser nicht gerecht wird. Aber wie immer, wenn es darum geht, Verantwortung zu übernehmen, kann das nur gelernt werden, indem man sich genau dieser Verantwortung stellt. Das heißt, wenn Sie Agilität auch als Personalentwicklung verstehen, müssen Sie genau solche Aufgaben Ihren Mitarbeitern auch zutrauen. Nur über Strategien, wie die Rotation der Coaches, entsteht das Bewusstsein für das große Ganze der gemeinsamen Entwicklung. Daraus folgt, dass sich mit der Zeit auch andere Personen, vor allemdiejenigen, die querschnittliche Aufgaben wahrnehmen, wie beispielsweise der/die Architekt(en) oder auch die Product Owner, verstehen müssen, dass wann immer sie sich mit ihren Kollegen austauschen, es auch immer darum geht, grundsätzlich den teamübergreifenden Kommunikationsfluss sicherzustellen. Das heißt, es ist nicht damit getan, die Kommunikation lediglich den Coaches zu überlassen. In größeren Teams (sagen wir mal bei 50 und mehr Personen) kann es notwendig sein, dass zusätzlich einer Person die Aufgabe übertragen wird, im Vollzeitjob auf das Funktionieren der Kommunikation zu achten.

Die Notwendigkeit dieser Rolle wird im Übrigen in den wenigsten Projektorganisationen erkannt, was es schwierig macht, sie zu etablieren. Ich bezeichne eine derartige Rolle häufig als Kommunikationsvermittler oder auch einfach nur als Katalysator. Es handelt sich im Idealfall um die Personen, über die DeMarco und Lister in [*DeMarcoLister87*] schreiben, dass sie einfach durch ihre Anwesenheit dafür sorgen, dass ein Projekt besser läuft.

Problembehandlung

Es kommt immer wieder vor, dass man in einem Projekt schnell Maßnahmen ergreifen muss. Dies ist zum Beispiel dann der Fall, wenn ein Team völlig gestresst oder überfordert ist, zwei Teams nicht mehr miteinander sprechen, zwei Teams sich gegenseitig Schuldvorwürfe machen oder einfach nicht mehr miteinander arbeiten können. In dem Fall gibt es zwei schwierige Aufgaben: Zum einen muss erst einmal erkannt werden, dass ein Problem existiert und worin genau das Problem besteht, zum anderen muss das Problem dann gelöst werden.

Die erste Aufgabe ist meistens schwieriger, da sie sehr stark von der Teamkultur abhängt. Hier sind einige typische Kennzeichen (englisch: smells), die auf derartige Probleme hinweisen:

- **Zynismus und Sarkasmus:** Im Normalfall ist Humor ein Zeichen dafür, dass alles in Ordnung ist und die beteiligten Personen durchaus Spaß an der Arbeit haben. Wenn der Humor aber nur aus Sarkasmus und Zynismus besteht, ist dies ein sicheres Zeichen, dass etwas im Team nicht in Ordnung ist oder dass das Team nicht mehr glaubt, das Ziel erreichen zu können.
- **Schuldzuweisungen:** Schuldzuweisungen sind offensichtlicher und deshalb leichter zu erkennen und zu behandeln. Die Teams oder Personen, die anderen Schuld zuweisen, haben typischerweise ein tiefer liegendes Problem, sich

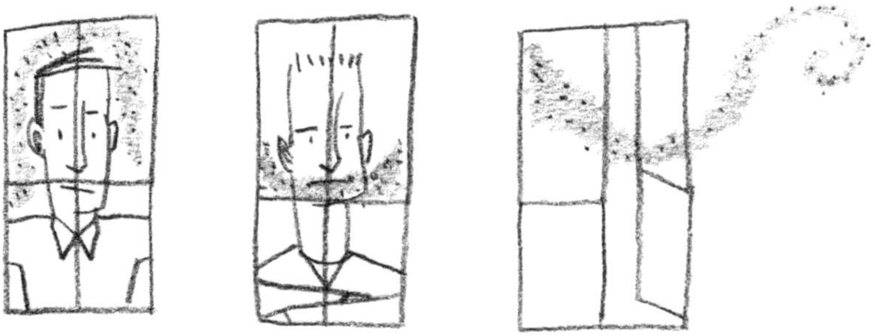

Smells ...

gegenseitig zu verstehen und zu respektieren, oder einfach nur ein allgemeines Kommunikationsproblem.

- **Kein Feedback:** Mangelndes Feedback ist oft ein Zeichen dafür, dass Personen sich innerlich von einem Projekt verabschiedet haben. Sie glauben nicht mehr daran, das Ziel erreichen zu können, haben evtl. Angst vor einer Bestrafung (vor allembei negativem Feedback) und/oder glauben nicht mehr daran, dass sich irgendjemand für ihre Meinung oder ihre Arbeit interessiert.

Was immer die Gründe für ein derartiges Verhalten sind, man kann es weder akzeptieren noch ignorieren. Ansonsten wird sich der Fortschritt des Projekts signifikant verschlechtern. Deshalb sollte man wie folgt reagieren:

- Wenn ein Team gestresst oder überfordert ist und sich beschwert, dass es vor lauter Meetings, ständiger Unterstützung anderer Teams und anderen Dingen zu nichts mehr kommt, sollte man das Team zeitweise abschotten, indem man zum Beispiel sogenannte *Ruhezeiten* einführt (siehe auch Alistair Cockburns Diskussion zu »quiet times« in [*Cockburn06*]). Es kann möglicherweise auch sinnvoll sein, derartige Ruhezeiten grundsätzlich für alle Teams einzuführen. Alistair Cockburn schlägt zum Beispiel vor, jeden Tag die Zeit zwischen zehn und zwölf Uhr zur Ruhezeit zu erklären, was bedeutet, dass in dieser Zeit weder Telefonate noch Meetings erlaubt sind.

  Manchmal sind Ruhezeiten in Form von einzelnen Stunden nicht genug. Dann muss man einen rigoroseren Ansatz fahren, um das Team zurück in ruhiges Fahrwasser zu bringen. So kann es zum Beispiel sinnvoll sein, eine Ruhezeit auf ein oder mehrere Wochen auszudehnen. Um trotzdem noch ansprechbar zu sein, kann man dabei jeden Tag zum Beispiel zweistündige »Sprechstunden« einführen.

  Die extremste Lösung besteht darin, einem Team zu erlauben, für einige Tage in Klausur zu gehen. Dies ist wahrscheinlich die effektivste, aber auch teuerste Lösung. Eine Klausur bietet sich auch in anderen Fällen an: So wird sie oft als Kick-off-Meeting zum Projektstart oder als Post-mortem-Meeting nach einem Projektfehlschlag durchgeführt (siehe [*LarsenNies11*] und [*Kerth00*]).

Man muss allerdings berücksichtigen, dass man für Ruhezeiten auch einen Preis bezahlt: weniger Kommunikation. Insofern sollte man das Mittel wohlüberlegt und im Allgemeinen nur temporär einsetzen.

- ❑ Wenn zwei Teilteams aufhören, miteinander zu sprechen oder zu arbeiten, dann sollte man sie zunächst einmal nebeneinander platzieren. Auf diese Weise schauen die Teams etwas hinter die Kulissen des jeweils anderen Teams und beginnen zu verstehen, warum sich das jeweils andere Team so verhält. Das bedeutet natürlich, dass es prinzipiell möglich sein muss, die räumliche Position von Teams im Laufe eines Projekts zu verändern (siehe Seite 65).

  Eine weitere Maßnahme kann darin bestehen, ein Teammitglied aus dem einen Team für eine Weile mit einem Teammitglied aus dem anderen Team auszutauschen.[11] Diese beiden Teammitglieder sollten jedoch nicht zu dem Austausch gezwungen werden, sondern sich freiwillig dafür gemeldet haben. Beide Maßnahmen helfen, das Verständnis für das jeweils andere Team zu verbessern.

- ❑ Falls sich eine Meeting-Kultur entwickelt, durch die die Personen mehr Zeit in Meetings verbringen als mit der eigentlichen Arbeit (wobei die Grenzen natürlich fließend sind, da Meetings mitunter essenziell für die eigentliche Arbeit sein können), und sich Personen insbesondere beklagen, dass es zu viele unnötige Meetings gibt, sollte man zunächst einmal grundsätzlich alle Meetings infrage stellen, die sich etabliert haben. Dazu gehören vor allem die regelmäßigen Meetings. Außerdem sollte man hinterfragen, ob bei einem Meeting alle Anwesenden auch wirklich gebraucht werden.

  Generell sollte man außerdem das »Recht der zwei Füße« (englisch: law of two feet) etablieren. Gemäß der Open-Space-Technik (siehe [*OpenSpace*]) bedeutet das: Jeder hat jederzeit das Recht, ein Meeting auf seinen zwei Füßen zu verlassen, wenn er meint, dass es sich für ihn um Zeitverschwendung handelt und er weder etwas lernen noch etwas beitragen kann. Eine derartige Kultur kann auch ein Meetingleiter unterstützen: Falls ein Teilnehmer nichts mehr beitragen kann, kann man ihn höflich fragen und dann selbst darüber entscheiden lassen, ob er eventuell außerhalb des Meetings mehr zum Projekterfolg beitragen kann.

  Eine weitere Möglichkeit, Meetings zu reduzieren, ist die Einführung von Ruhezeiten (siehe oben).

  Schließlich kann man noch nach einem Ansatz vorgehen, der von Tom DeMarco in [*DeMarco97*] vorgeschlagen wird: Bei jedem Meeting entbindet

[11] Dank an Mike Cohn für die Weitergabe seiner Erfahrung.

man am Anfang einen der Anwesenden von dem Meeting, der auch von sich aus der Meinung ist, dass er Wichtigeres zu tun hat, als in diesem Meeting rumzusitzen. Dabei sollte man darauf achten, dass es immer verschiedene Personen trifft.

- Falls ein Team nicht gut integriert ist (was dadurch erkennbar ist, dass es schlecht informiert ist oder es oft die Schuld für etwas zugewiesen bekommt), sollte man im Bereich des Teams etwas zu essen (zum Naschen) aufstellen. Es dauert typischerweise nur wenige Stunden, bis sich andere Teams dort einfinden und auf informellem Wege Informationen austauschen.

Globale Teams

Heutzutage ist es immer üblicher, dass Teams nicht mehr physisch zusammenkommen, um an einem Projekt zu arbeiten; immer mehr Teams werden mittels Outsourcing, Off- oder Nearshoring zusammengestellt. Gerade bei großen Projekten ist es immer seltener, dass die Entwicklung tatsächlich nur an einem Standort stattfindet, und sei es nur deshalb, weil an diesem einen Standort die Talente rar gesät sind und man deshalb z.B. mithilfe des Internets sich ad hoc für ein Projekt die benötigten Mitarbeiter zusammensucht. Das führt zu einigen Vorteilen:

- Alle Projektmitglieder, die nicht zum Unternehmen gehören, sind selbst für ihren Arbeitsplatz und ihre Arbeitsumgebung zuständig. Es mag zwar manchmal der Fall sein, dass der Kunde den Aufbau der Ausrüstung unterstützt, meistens werden die einzelnen Mitarbeiter bzw. die outgesourcten Teams sich aber selbst um alles kümmern. Dies erspart dem Kunden viel Geld.
- Man hat sehr viel besseren Zugriff auf verschiedene spezielle Fähigkeiten. Man ist nicht auf regionale oder (oft schlechter) firmenspezifische Einschränkungen angewiesen, sondern man kann weltweit auf die besten Experten zugreifen.
- Man ist nicht langfristig für alle Mitglieder eines Teams verantwortlich. Teammitglieder werden nur bezahlt, solange sie effizient und hilfreich sind. Man hat keine Verpflichtung, ihnen den nächsten Job zu besorgen oder soziale Ausgleichszahlungen zu leisten. Darum muss sich der Mitarbeiter selbst kümmern.
- Wenn das Team über die ganze Welt verstreut ist, hat man außerdem den Vorteil, dass zu jeder Tages- und Nachtzeit jemand an dem Projekt arbeitet. Während die Europäer schlafen, arbeiten die Australier und umgekehrt. Und es gibt nur wenige Feiertage, die weltweit gelten.

- Darüber hinaus hofft man meist, dass man hohe Kosten dadurch sparen könnte, dass man sich Personal aus Ländern dazuholt, in denen die Lohnkosten wesentlich niedriger liegen als im eigenen Land.

Es gibt bei diesem Modell allerdings auch signifikante Nachteile. Das Hauptproblem ist das Fehlen direkter Kommunikation (wir erinnern uns, dass direkte Kommunikation bei Weitem die effektivste Art der Kommunikation darstellt). Oder wie es Erran Carmel und Ritu Agarwal in [*CarmelAgarwal01*] formulieren:

> »*Entfernung beeinflusst Kommunikation negativ, was wiederum die Effektivität der Koordination reduziert.*«

Bei global verteilter Entwicklung ist nicht nur die Kommunikation zum Kunden, sondern auch die Kommunikation innerhalb des Teams ein Problem. Damit wird es sehr schwierig, dafür zu sorgen, dass alle Mitarbeiter das gleiche Verständnis haben und an einem Strang ziehen. Darüber hinaus benötigt man gute Tools, um die Entwicklung in verteilten Arbeitsumgebungen zu unterstützen.

Auf irgendeine Art und Weise sind große Teams immer verteilt. Sie sind einfach zu groß, um alle Mitarbeiter in einem Raum unterzubringen. Global verteilte Entwicklung ist aber mehr als das. Es geht darum, dass Projektmitglieder auf viele Standorte verteilt sind und das Projekt verstreut entwickeln. Outsourcing (siehe Seite 201) ist ein typisches Beispiel für das Arbeiten mit verteilten Teams.

Ein Problem bei verteilten Teams besteht darin, sicherzustellen, dass alle an einem Strang ziehen (siehe [*Eckstein09*]). In verteilten Projekten kann man oft beobachten, dass sich Personen nur aufgrund von kulturellen Unterschieden die Schuld zuschieben und weil sie sich nicht kennen und sich somit nicht vertrauen. Hinzu kommt, dass Versions- und Konfigurationsmanagement sowie Integration komplizierter werden. Es gibt zwar Tools, die dabei helfen, doch ändert dies nichts an der Tatsache, dass die Schwierigkeiten gegenüber Teams, die zusammensitzen, deutlich steigen.

Einige technische Möglichkeiten haben inzwischen dazu geführt, dass gewisse Dinge von verteilten Teams tatsächlich zusammen erarbeitet werden können. Neben den üblichen Internettools (E-Mails, Diskussionsgruppen (englisch: chat rooms), Wikis) helfen zum Beispiel Videokonferenzen. Doch es führt kein Weg an gelegentlicher direkter Kommunikation vorbei. Kommunikation über E-Mails und Videokonferenzen funktioniert nur, wenn man im Kern bereits eine Grundlage für Vertrauen geschaffen hat. Dies geht allerdings nur mittels direkter Kommunikation.

Verteilte und verstreute Teams

Verteilte Entwicklung bedeutet grundsätzlich, dass die Mitarbeiter über mehrere Standorte verteilt sind. Diese Verteilung kann jedoch unterschiedlich erfolgen. Man unterscheidet zwischen *verteilten* Teams und *verstreuten* Teams. Wie ich in [*Eckstein09*] definiert habe, sitzen bei verteilten Teams, verschiedene Teilteams (nicht Teammitglieder) an verschiedenen Standorten, wobei alle Teilteams zusammen am gleichen Projekt oder Produkt arbeiten. Von einem verstreuten Team spricht man, wenn die Mitarbeiter eines (Teil-)Teams an unterschiedlichen Standorten sitzen.

Diese unterschiedlichen Teamstrukturen bergen verschiedene Vor- und Nachteile. Auf der Hand liegt, dass man bei verteilten Teams den Vorteil genießt, dass sich die Mitarbeiter eines Teilteams physisch nah sind und von daher die teilteaminterne Kommunikation einfach erfolgen kann. Andererseits ist es unglaublich schwer, in dieser Konstellation die teamübergreifende Kommunikation sicherzustellen. Die Aufgabe des Kommunikationsteams ist ungleich schwieriger. Findet die verteilte Entwicklung mit verstreuten Teams statt, so erzwingt diese bereits die team- bzw. standortübergreifende Kommunikation. Vor allem ist die Gefahr wesentlich kleiner, dass an jedem Standort (an dem in der verstreuten Teamkonstellation ja oft nur ein einzelner Mitarbeiter sitzt) sich eine eigene Projektkultur entwickelt und dadurch z.B. die konzeptionelle Integrität des Systems nicht mehr gewährleistet ist (siehe Seite 138). Um dieses Risiko auszuschließen, entscheiden sich deshalb einige Unternehmen grundsätzlich für verstreute Teams, selbst in Outsourcing-Konstellationen.

Verteilte Teams
von David Hussman

Vor zehn Jahren begann der Erfolg der Agilität mit zusammenarbeitenden Teams, die vorwiegend beieinander saßen. Man hatte keine echte Erfahrung darin, wie standortübergreifende Zusammenarbeit gefördert werden kann. Mehr als zehn Jahre später sind in der Regel (und nicht in der Ausnahme) die meisten Teams, die ich als Coach betreue, verteilt.

Bevor wir in die Details gehen, lassen Sie mich »verteilt« für jegliche Art von Team folgendermaßen definieren: Sein Projektkern liegt nicht nah genug zusammen, um einfach und schnell Entscheidungen zu treffen. Ob die Trennung durch zwei Länder, zwei Städte, zwei Gebäude oder nur durch zwei Stockwerke geht, sobald es eine Grenze für Diskussionen gibt, können zehn Schritte den gleichen Effekt haben wie zehntausend Kilometer.

Damit möchte ich nicht sagen, dass verteilte Teams nicht zusammenarbeiten können. Wenn Ihr Verständnis von Agilität jedoch fixiert ist, wie auf eine bestimmte Art und Weise »Agilität zu machen« ist, dann werden Sie auf Schwierigkeiten stoßen. Aber diejenigen, die Agilität im Kern verstanden haben, wissen aus Erfahrung, dass Zusammenarbeit und reichhaltige Kommunikation in verteilten Teams durchaus existieren kann. Es erfordert ganz einfach die Konzentration auf Ergebnisse anstatt die strikte Fokussierung auf Praktiken.

Nachfolgend finden Sie sowohl eine Liste von funktionierenden Werkzeugen als auch von Ideen, die meistens fehlschlagen bei verteilten Teams. Da verteilte Teams ja generell größeren Einschränkungen unterliegen als zusammensitzende Teams, funktionieren diese Werkzeuge nicht nur in großen, verteilten Teams, sondern können sehr wohl auch für kleine zusammensitzende Teams sehr hilfreich sein.

Tatsächlich *funktionierende* Werkzeuge sind:

- **Product Owner und Produktverantwortung:** Anstatt einfach jemanden als »den Product Owner« zu bezeichnen, sollten Sie eine Gruppe von Personen zusammenziehen, die ständig an der Produktplanung arbeiten. Oft werden diese Gruppen als Kundenteams, Produktvertreter, Produktplaner und Ähnliches bezeichnet. Als Daumenregel sollte man eine Produktperson für drei bis vier Entwickler und Tester einrechnen. Ist das Team in mehrere Featureteams strukturiert, dann stellen Sie sicher, dass die Produktvertreter dem Rhythmus einer iterativen Produktplanung folgen, bei der analysiert wird, was getan werden muss, was gelernt (oder entdeckt) wurde und was noch genauer untersucht werden muss. Unterschätzen Sie nicht die Aufgabe der ständigen (sinnvollen) Produktausrichtung von vielen Featureteams in einer verteilten Umgebung.
- **Lokaler Story-Teller:** Ist das Produktwissen nicht vor Ort vorhanden, versetzen Sie lokal eine Person in die Lage, die Stories[12] vor Ort zu vermitteln. Dieser lokale Story-Teller hat vermutlich nicht selbst das Wissen, aber es ist essenziell, dass diese Person die Stories erklären und lokale Fragen beantworten kann. Um dies zu erreichen, bilden Sie eine Person zum Story-Teller aus, indem diese zunächst denjenigen, die das Wissen haben, die Stories näherbringt. Nichts lehrt uns mehr darüber, was wir nicht wissen, als es anderen zu erklären (in diesem Fall vorzugsweise, bevor die Stories einem Featureteam erläutert werden).

[12] Als Stories bezeichnet man in *Extreme Programming* Anforderungen, die vom Kunden für einen Releasezyklus geschrieben werden. Sie sind vergleichbar mit den Use Cases der UML.

- **Universelle Sprache:** Selten erhält man durch die Verwendung von mehr Wörtern für dieselben Dinge auch mehr Klarheit. Das ist nirgends eine größere Herausforderung als in verteilten Teams. Wählen Sie wo immer möglich Wörter mit chirurgischer Präzision und vermeiden Sie die Verwendung von einem erweiterten Wortschatz, um mehr Klarheit zu erreichen. Anstatt mehr Wörter zu verwenden, sollten Sie eine allgemeine Terminologie, eine universelle Sprache, definieren und verwenden. Aber lügen Sie sich nicht – wie traditionell üblich – selbst in die Tasche, indem Sie glauben, dadurch, dass Definitionen in einem Glossar landen, eine universelle Sprache entsteht. Die stärkste oder bleibendste Art, um einen Malcolm-Gladwell-Ausdruck zu verwenden, kommt vom Gebrauch und nicht von einer zentralen Definition.
- **Ständig konsistent und aktuell:** Jedes Team sollte beim Entwickeln und Testen die gleiche Hardware und Software verwenden. Falls dies nicht möglich ist, müssen die Unterschiede im Laufe eines Projekts immer wieder zur Sprache kommen. Je einheitlicher die Systemumgebung ist, desto besser kann die Ebene der Akzeptanztests sein. Man sollte eine gemeinsame Strategie für Akzeptanztests erarbeiten und wann immer möglich gemeinsame Testdaten verwenden. Automatische Akzeptanztests sollten so früh und so oft wie möglich gestartet werden. Natürlich hat dies alles zur Vorbedingung, dass Sie in der Lage sind, kontinuierlich zu integrieren und wenn möglich auch ständig auszuliefern.
- **Entwickler-Rotation:** Oftmals fühlen sich Teams im gleichen Gebäude oder Gebäudekomplex so abgeschnitten wie Teams, die sich in anderen Ländern befinden. Falls möglich, sollten Mitarbeiter von Team zu Team verlagert werden. Falls die Mitarbeiter nicht an anderen Orten arbeiten können, sollte stattdessen versucht werden, die Aufgaben zu rotieren. Dieser Vorschlag mag etwas unrealistisch klingen, kann aber dazu dienen, ein gesundes Projekt zu bekommen, in dem die Teammitglieder eine ganzheitliche Sicht haben.
- **Überwindung von Telefonfallen:** Es gibt ein paar wenige einfache Werkzeuge, die mir helfen Teams zu unterstützen, die Schwierigkeiten haben, über Telefonkonferenzen in Verbindung zu bleiben. Haben Sie Probleme mit Telefonkonferenzen, versuchen Sie es einmal mit diesen zwei einfachen Ideen:

- ➪ Beginnen Sie jede Diskussion, indem Sie einen anderen Teilnehmer bitten, als Erster zu sprechen. Dies fordert von Personen, die selten selbst eine Telefonkonferenz starten, mehr Verantwortung zu übernehmen und gleichzeitig wird deren Stimme öfter hörbar.
- ➪ Bitten Sie die Personen »am anderen Ende der Leitung« immer z.B. die Telefontaste drei zu drücken, wenn sie darauf aufmerksam machen wollen, dass sie etwas sagen möchten. Damit können entfernte Teilnehmer gerade so in eine Diskussion eingreifen, wie dies auch lokalen Teilnehmern möglich ist. Netterweise sorgt dies auch meist für Gelächter – und gemeinsames Lachen ist ein essenzieller Bestandteil erfolgreicher Zusammenarbeit.

Ideen, die meistens *fehlschlagen*, sind:

- ❑ **Technische Schichteneinteilung:** Oft scheint es nur natürlich zu sein, dass verteilte Teams jeweils ihre Schwerpunktthemen behandeln (dies ist oftmals ein Grund, verteilte Teams überhaupt einzuführen). Falls es möglich ist, sollte man es dennoch vermeiden, Entwicklungsaufgaben anhand technischer Grenzen zu trennen. Stattdessen sollte im Hinblick auf funktionale Ziele geplant und entwickelt werden, was bedeutet, dass die Teams aus diesem Blickwinkel eingeteilt werden sollten. Dies führt dazu, dass der klassische Produzent-Verbraucher-Konflikt vermieden wird, bei dem ein Team keine Aufgabe mehr hat, weil es fertig ist.
- ❑ **Werkzeugabhängigkeit:** Verteilte Teams entscheiden sich oftmals dafür, einfach Visualisierungswerkzeuge mit elektronischen Werkzeugen zu ersetzen (übrigens machen das zusammensitzende Teams des Öfteren ebenfalls). Während nur wenige Werkzeuge im Alleingang Fehler verursachen können, stellen sich manche Tools als ernsthafte Zerstörer des »Grooves« heraus. Anstatt zu lernen, was ein Werkzeug kann, erstellen Sie eine Liste, die beinhaltet, was das Tool für Sie erledigen soll – oder noch besser: welche Fragen Sie von dem Werkzeug beantwortet haben wollen. Davon auszugehen, dass man Werkzeuge nur mit Daten zu füttern bräuchte, um damit auf zukünftige Fragen Antworten zu erhalten, ist naiv und gefährlich (und oftmals schmerzhaft).
- ❑ **Nicht kommunizierte Mock-Implementierungen:** Da Teams nicht immer von vornherein alles haben, um ein Feature zu vervollständigen, werden häufig Mock- oder Stub-Objekte[13] als temporäre Lösungen verwendet. Dies ist in Ordnung und kann Dinge

klarstellen, wenn alle die gleiche Codebasis und die gleichen Akzeptanztests verwenden. Man sollte aber sicherstellen, dass die Schnittstellen zu den Mock- und Stub-Objekten bekannt und alle damit einverstanden sind.

- **Verlust von Iterationssynchronisation:** In den meisten Fällen ist es am besten, allen Teams den gleichen zeitlichen Rahmen für Iterationen zu geben. Es kann allerdings auch passieren, dass die Teams (vor allem die am Planning Game beteiligten) bereits einen Zustand gefunden haben, bei dem die Iterationsgrenzen variieren. In beiden Fällen sollte darauf geachtet werden, dass die Iterationssynchronisation so konstant wie möglich erfolgt. Wie bei großen agilen Projekten insgesamt kann ein Iterationsverzug von sieben Tagen durch ein Team zu Umplanungen führen, die besser dadurch gehandhabt werden können, dass unvollendete Features in die nächste Iteration verschoben werden. Der Unterschied mag klein erscheinen, doch die daraus folgende Konsistenz wird dazu beitragen, dass die Organisation und der Verlauf der Planung eines Projekts einfacher wird.

Zusammenfassend kann man sagen, dass verteilte Teams, die agile Praktiken einsetzen, viele der Probleme haben, die man auch bei Teilteams in großen agilen Projekten findet. Das Bedürfnis nach umsichtiger und konstanter Kommunikation ist bei Planänderungen, Kurskorrekturen und Projektschwierigkeiten besonders stark. Kleine Ursachen können große Auswirkungen haben oder viele Iterationen dauern, wenn sie nicht allen Mitspielern bekannt sind. Ist ein Team frustriert, kann dies unvorhersehbare Auswirkungen auf andere Teams haben. Man sollte anstreben, Prozesse, Termine und die Umgebung konstant zu halten und bei Veränderungen (die, wie wir alle wissen, auftreten) alle Mitspieler so früh wie möglich zu informieren. Wenn Sie überlegt und aufmerksam gegenüber den Einschränkungen, denen verteilte Teams unterliegen, sind und die Konzentration auf Ergebnisse und nicht auf Praktiken legen, werden Sie in der Lage sein, funktionierende, vollständige, verteilte Gemeinschaften aufzubauen.

[13]Mock- und Stub-Objekte erlauben Teillösungen zu testen, indem sie die fehlende Software simulieren (siehe Seite 158).

Open Source

Ein gutes Beispiel für das Funktionieren von verstreuten Teams sind Open-Source-Projekte. Die Gründe, weshalb Open Source funktioniert, sind wohl folgende:

- Alle Teammitglieder besitzen viel Idealismus. Man muss sie nicht extra motivieren und sie identifizieren sich selbst auf natürliche Weise mit dem Projekt.
- Jeder fühlt sich für das Projekt als Ganzes verantwortlich und nimmt seine Verantwortung sehr ernst und nicht als Selbstverständlichkeit.
- Eine breite Community gibt sofortiges Feedback. Dieses Feedback ist es, was das Projekt als Ganzes treibt. Dabei ist es unerheblich, ob das Feedback von Kollegen oder Anwendern kommt.
- Jeder, der zum Gelingen des Projekts beiträgt, ist stolz auf das, was er tut.

Das Hauptprinzip, das dem Erfolg von Open-Source-Projekten zugrunde liegt, ist die *Gift Economy* (die Kultur des Verschenkens von Leistung und Informationen). Das bedeutet, dass jeder, der an einem Open-Source-Projekt arbeitet, dies aus freien Stücken tut. Von diesem Ansatz kann vor allem für kommerzielle Projekte viel gelernt werden. Mary Poppendieck erzählte mir eine Geschichte über einen neuen Projektmanager, der sie fragte, wie man ein erfolgreicher Teamleiter wird. Sie fragte ihn, ob er denn in der Vergangenheit schon einmal ein Team geleitet habe, was er mit dem Hinweis bejahte, dass er ein erfolgreicher Chorleiter sei. Mary Poppendieck berichtete dann weiter:

> *»Ich habe ihm dann vorgeschlagen, dass er wohl ein erfolgreicher Projektmanager werden würde, wenn er in seinem Projektteam die gleichen Techniken wie in seinem Chor verwenden würde. Er sagte mir später, dass dies der beste Rat war, den er je bekommen hat, und in der Tat ging er in der Rolle des Projektmanagers auf.«*

Oftmals werden Open-Source-Projekte als Argumentationsbeispiele dafür angeführt, dass ein Team sehr wohl ausschließlich auf Basis virtueller Kommunikation erfolgreich zusammenarbeiten könne. Hier sitzt man jedoch einem Trugschluss auf, wie auch der folgende Erfahrungsbericht deutlich macht. Natürlich spielen sowohl die *Gift Economy* als auch die anderen oben angeführten Gründe eine tragende Rolle für den Erfolg von Open Source, jedoch hat auch die physische Zusammenkunft eines Open-Source-Teams einen erheblichen Anteil am Erfolg der jeweiligen Projekte. Das heißt, auch diese verstreuten Teams setzen auf direkte Kommunikation.

Open Source
von Dierk König

Die Open-Source-Bewegung leitet ihren Namen aus der Eigenschaft ab, dass der Sourcecode eines wertvollen Produkts von einer beliebigen Anzahl von Entwicklern gemeinsam entwickelt wird. Diese gemeinsame Code-Verantwortlichkeit (englisch: collective code ownership) bedeutet, dass der gesamte Code allen Entwicklern gehört. Die Entwickler haben gemeinsam das Recht, ihn zu ändern, und sind für das Endergebnis gemeinsam verantwortlich.

Im Kontext von großen Projekten und Agilität sind Open-Source-Projekte von Interesse, weil sie beide Aspekte miteinander vereinigen: Sie verwenden agile Praktiken, obwohl sie ähnlichen Einschränkungen unterliegen wie große Projekte. Ich möchte nicht behaupten, dass Open-Source-Projekte generell bessere Ergebnisse liefern. Sicher ist aber, dass viele Open-Source-Projekte nicht nur für ihre kostenlose Verwendungsmöglichkeit bekannt sind, sondern auch für ihre exzellente Qualität. Ich gebe gern zu, dass es auch zahlreiche schlampig geführte Projekte gibt, die nie etwas Sinnvolles liefern werden. Zumindest von den erfolgreichen Projekten können wir aber einiges lernen. Diese Lernmöglichkeiten werden nachfolgend jeweils mit »Statt:« und »Jetzt:« zusammengefasst.

Verteilung

Es liegt in der Natur der Sache, dass die Personen, die zu einem Open-Source-Projekt beitragen, an verschiedenen Orten arbeiten. Man kann aber beobachten, dass die zentralen Mitglieder des Entwicklungsteams bei Gelegenheit zusammenkommen, um ein spezielles Thema anzugehen. Oft geschieht dies unter erheblichem Einsatz von Freizeit und Geldaufwand für eine lange Reise. Die Zusammenkunft ist dann oft ähnlich wie eine Pair-Programming-Session[14] beim *Extreme Programming*. Sogar die Gemeinschaft der Anwender trifft sich manchmal, um ihre Er-

[14] Bei *Extreme Programming* gilt die Maxime, dass jeder produktive Code immer von zwei Entwicklern erstellt wird. Das heißt, während der Entwicklung findet ein ständiger Review dadurch statt, dass zwei Entwickler eine Aufgabe gemeinsam an einem Rechner lösen.

fahrungen auszutauschen. Das Eclipse-Code-Camp[15] ist mit seiner internationalen Beteiligung ein gutes Beispiel dafür. Wenn schon die Open-Source-Gemeinde so viel Aufwand in die Behebung des Dilemmas der Verteilung steckt, können wir dann (in unserer bezahlten Arbeitszeit) nicht zumindest einen kleinen Teil dieses Weges gehen und uns mit dem Datenbank-Typ von der Nachbarabteilung zusammensetzen?

Statt: Besprechungen zwischen Abteilungen, Protokolle usw.
Jetzt: gemeinsames Arbeiten

Persönliche Eigenarten

Die Teilnahme an einem Open-Source-Projekt ist freiwillig. Wenn jemand etwas am Projekt nicht mag (Umgebung, Programmierstil, Technologie, Personen und so weiter), ist er selbst dafür verantwortlich, die notwendigen Änderungen vorzunehmen. Zur Not kann er jederzeit das Projekt verlassen oder auf der bisherigen Basis ein Parallelprojekt starten. Im Ergebnis führt das zu einer Auswahl von Projektmitgliedern, die den Arbeitsstil des Projekts mögen oder ihn zumindest akzeptieren. Die Anzahl an Beschwerden ist bemerkenswert niedrig.

Man könnte nun einwenden, dass es bei Open-Source-Projekten keinerlei Einschränkungen in Bezug auf Dauer, Umfang und Ressourcen gibt und man diese Projekte in keiner Weise mit kommerziellen Projekten vergleichen kann. Dies trifft aber nicht wirklich zu. Wer ein Open-Source-»Nach-Feierabend-Kleinprojekt« durchführt und dafür nur einige Stunden in der Woche zur Verfügung hat, überlegt sich sehr genau, was er als Nächstes implementiert. Open-Source-Projekte sind pragmatisch: Wer auch immer ein Feature am dringendsten benötigt, implementiert es und liefert dies als Beitrag. Es wird nichts für das Regal produziert. Jeder nimmt seine Aufgaben wahr, ohne dass sie ihm zugewiesen wurden (eine der Voraussetzungen für das Akzeptieren von Verantwortung). Entwickler wissen, dass ihr Code tausendfach sehr genau gelesen wird, was eine gute Motivation für Codequalität darstellt und eine gute Gelegenheit bietet, seine Professionalität zu zeigen. Ohne dass jemand den

[15] Die Entwicklungsumgebung Eclipse (`www.eclipse.org`) ist ebenfalls ein Open-Source-Projekt. Die Entwickler von Eclipse treffen sich unregelmäßig in sogenannten Code-Camps, um gemeinsam das Produkt weiterzuentwickeln und Erfahrungen auszutauschen.

Programmierern eine Reihenfolge vorgibt, machen diese, was immer angemessen ist. Bemerkenswerterweise führt das nicht ins Chaos, sondern eher zu Techniken für automatisierte Tests, häufigen und stabilen Builds, Versionskontrolle im Kleinen, flexiblen Architekturen und selbstdokumentierenden Code. Und am erstaunlichsten ist die Tatsache, dass diese »Programmierer in freier Wildbahn« etwas erreichen, von dem viele Organisationen nur träumen: gegenseitiger Respekt unter ihren Mitgliedern.

Statt: zentraler Aufgabenverteilung
Jetzt: dezentrale Verantwortung

Architektur

Open-Source-Projekte beginnen typischerweise nicht mit einer Architektur (Eclipse mag da eine Ausnahme sein). Trotzdem haben sie am Ende eine. Das pragmatische Vorgehen und die Einschränkungen bei den Ressourcen forcieren die Wiederverwendung. Dies ist vor allem bei der Jakarta-Projektfamilie (`www.jakarta.org`) zu beobachten. Jedes Projekt baut auf andere auf, die wiederum auf andere aufbauen und so weiter. Die neue Herausforderung ist das Management der Projektabhängigkeiten, ein wohlbekanntes Problem in großen Organisationen. Open-Source-Projekte bieten eine einfache, aber mächtige Alternative zum zentralen Management: Der Anwender entscheidet, welche Version er von welchem Projekt verwendet. Eine andere Eigenheit von Open-Source-Architekturen ist die Fokussierung auf Erweiterungspunkte und offene Schnittstellen. JUnit (siehe [*JUnit*]), Ant (`www.ant.org`) und Eclipse sind perfekte Beispiele dafür.

Statt: zentraler, unveränderlicher Architekturvorgaben von Beginn an
Jetzt: anforderungsgetriebene, wachsende Architektur

Statt: monolithischer Organisation mit Aufteilung nach Funktionen (Datenbank, GUI usw.)
Jetzt: autonome Teilprojekte

Projektstruktur

In Open-Source-Projekten findet man typischerweise ein Kernteam von Entwicklern (»editors«), die Schreibzugriff auf das Repository haben. Je nach Projekt gibt es unterschiedliche Einschränkungen, um Mitglied dieser Gruppe zu werden. Einige Projekte haben gar keine Einschränkungen, andere vergeben Schreibzugriff nur an Personen, die bereits gezeigt haben, dass sie qualitativ gute Arbeit leisten. Bei manchen Projekten gibt es sogar eine unveränderliche Gruppe von Entwicklern. In jedem Fall entscheidet das Kernteam, wer aufgenommen wird.

Die Kommunikationskanäle organisieren sich selbst. Informationen werden typischerweise über Mailinglisten ausgetauscht.

Statt: zugeteilter Kompetenzen
Jetzt: erarbeitete, bewiesene Kompetenzen

Projekt-Setup

Für ein Open-Source-Projekt ist es absolut notwendig, dass die Build-Umgebung Teil des Projekts ist. Insofern verwundert es nicht, dass die Open-Source-Projekte die Vorreiter bei der Build-Automatisierung waren. Das Gleiche gilt für Versionierung, nächtliche Builds und automatisierte Selbsttests.

Da der Sourcecode ausgesprochen sichtbar ist, werden an die Arbeitsergebnisse sehr hohe Anforderungen gestellt. Der Sourcecode unterliegt ständigen Reviews und Verfeinerungen. Alle Projektmitglieder sind frei in der Wahl der Plattform, die sie verwenden. So kommen viele verschiedene Plattformen zum Einsatz. Das funktioniert nur, wenn man sich konsequent an Standards hält, die überall gelten. So wird implizit die Konformität zu den einschlägigen Standards geprüft. Auf der anderen Seite hat der Zuarbeiter völlige Freiheit in Bezug auf die Art und Weise, in der das Ergebnis zustande kommt. Eine genaue Überprüfung der Ziele, aber völlige Freiheit auf dem Weg dorthin, ist eine sehr konsequent agile Art des Vorgehens, der auch große Projekte folgen können.

Statt: geheimnisvoller, manueller Aktionen
Jetzt: Automation

Statt: Vorgabe von Verfahren, Prozessen und Tools
Jetzt: Vorgabe von Zielen

Dokumentation

Typischerweise existiert nicht viel externe Dokumentation. Der Code muss für sich selbst sprechen. Diese Strategie ist in Open-Source-Projekten sicherlich extrem ausgeprägt. Der Code und insbesondere der dazugehörige Testcode müssen ihren Zweck selbst deutlich machen. Erfolgreiche Projekte werden häufig von Artikeln und sogar Büchern über sie begleitet. Die Anwenderdokumentation, mit der sie ausgeliefert werden, verschafft typischerweise nur einen ersten Einstieg und eine Starthilfe. Man kann beobachten, dass notwendige externe Dokumentation auf Anfrage geschrieben wird. Im WebTest von Canoo (siehe [*WebTest*]) hatten wir zum Beispiel ziemlich komplizierte Anwendungsfälle zum Thema Sicherheit. Ein Anwender bot deshalb an, eine Dokumentation dazu zu erstellen, falls ihm jemand dabei hilft, herauszufinden, was zu tun ist. Beides ist dann geschehen.

Statt: Dokumentation um des Papiers willen
Jetzt: bedarfsgetriebene Dokumentation

Planung

Ehrlich gesagt gibt es in Open-Source-Projekten keine wirklich langfristige Planung. Bis auf wenige Ausnahmen gibt es meistens nur eine minimale Planung und diese betrifft auch nur einen kurzen Zeitraum. Der Hauptzweck der Planung ist die Vermeidung von doppelter Arbeit. Es geht nicht darum, langfristige Richtungen detailliert festzulegen. Gemeinsame Visionen müssen genügen. Die Richtung wird einzig und allein durch das Feedback der Anwender bestimmt. Dies mag die größte Herausforderung sein, Open-Source-Strategien auf IT-Firmen zu übertragen. Es geht um Vertrauen in die Weiterentwicklung und Verfeinerung dieses komplexen, anpassungsfähigen Systems in einer Form, die außerhalb der Kontrolle des zentralen Managements liegt.

Statt: Planung zur Verdeckung von Unsicherheit und Unwissen
Jetzt: planen, was planbar ist, offenlassen, was offen ist

Zusammenfassung

Gerade auch in großen Teams sollte man nie den Wert von direkter Kommunikation unterschätzen. Deshalb sollte man alles tun und jede Gelegenheit nutzen, um direkte Kommunikation zu ermöglichen. Direkte Kommunikation hilft in Verbindung mit Transparenz, Vertrauen aufzubauen, was sowohl innerhalb des Teams als auch nach außen gilt. Falls sich die Teammitglieder gegenseitig vertrauen, werden sie keine Angst mehr davor haben, Verantwortung zu übernehmen.

Ein Wiki hilft Vertrauen aufzubauen, indem jeder durch das Prinzip der gemeinsamen Verantwortlichkeit gestärkt wird. Auf diese Weise verändert ein Wiki den Kommunikationsfluss von einer kontrolliert getriebenen in eine gemeinschaftlich getriebene Form.

Wenn man Teilteams bildet, sollte man darauf achten, dass Fähigkeiten in den verschiedenen Teams gemischt werden. Darüber hinaus sollten sich technische Teams als Dienstleister für die Featureteams verstehen. Ein technisches Team kann dabei auch als virtuelles Team gebildet werden.

Last, but not least, sollte man dafür sorgen, dass das Team Spaß hat. Dies führt nicht nur zu einem besseren Teamgeist, sondern sorgt dafür, dass jeder gern mit dem Team arbeitet und erfolgreich ist. Machen Sie es so wie Open-Source-Projekte und ziehen Sie die Werte der *Gift Economy* in Betracht, auch dies wird dazu beitragen, dass Arbeit viel mehr Spaß macht.

4 Umgang mit dem Prozess

Nicht ereifern sollt ihr euch,
nicht verdammen,
sondern euch anstrengen,
das Schlechte, das ihr seht, besser zu machen.
— Leo N. Tolstoi

Agile Prozesse wurden ursprünglich entwickelt, um vor allem kleine Teams zu unterstützen. Damit sie auch bei großen Teams angewendet werden können, muss man sie anpassen. Man muss einige der Charakteristika agiler Prozesse übertreiben oder institutionalisieren, sodass die Werte und Prinzipien des *Agilen Manifests* immer noch respektiert werden. Einige dieser Prinzipien benötigen bei großen Teams spezielle Maßnahmen, da sie nicht mehr wie bei kleinen Teams auf natürliche Weise funktionieren. Man muss zum Beispiel explizit darauf achten, dass die verschiedenen Projektmitglieder, auch wenn sie in verschiedenen Teilteams sind, immer noch interagieren und kommunizieren.

In diesem Kapitel werfen wir einen Blick auf die Besonderheiten, einen agilen Prozess für große Teams zu initiieren und zu etablieren. Dabei geht es weniger um die feingranularen Prozesse, die jedes einzelne Teilteam verwendet, denn diese Teilteams sind kleine Teams und können alle Arten von agilen Prozessen wie üblich anwenden. So mögen einige Teilteams *Scrum* zur Lösung ihrer Aufgaben verwenden, während andere zum Beispiel *Extreme Programming* vorziehen. Wir konzentrieren uns hier auf die speziellen Aspekte der Prozesse, die dafür sorgen, dass all die verschiedenen Teilteams an einem Strang ziehen und in ihren Aktivitäten als Ganzes agil bleiben.

Zunächst diskutieren wir dabei, wie man dafür sorgt, dass jeder im Team das gleiche Verständnis von den Projektzielen hat. Später tauchen wir ab in den Aufbau eines Entwicklungszyklus und die Beziehungen zwischen Releases, Iterationen und Timeboxen. Danach schauen wir uns an, wie Planung und Integration erfolgen. Dann diskutieren wir, inwiefern ein lauffähiges System zur Erhaltung von Feedback dient und wie wir mittels Retrospektiven kontinuierlich besser und effektiver werden können. Mit diesem Wissen im Hinterkopf betrachten wir dann, wie wir solch einen agilen Prozess in einem großen Team aufsetzen und welchen Einfluss dies auf kulturelle Veränderungen hat.

Ziele definieren

Sie können den Test selbst machen: Interviewen Sie Projektmitarbeiter eines großen Teams und fragen Sie sie danach, woher sie wissen, dass sie mit ihren Aufgaben fertig sind. Sie werden überrascht sein, wie wenig Personen ihnen eine Antwort geben können, die sich nicht über Zeiträume, sondern über Inhalt und Umfang definiert. Das bedeutet, dass Projektmitglieder Termine gut, die Ziele aber sehr viel weniger kennen. Manchmal führe ich dafür gezielt Workshops durch, in denen die Projekt- bzw. Produktvision transparent gemacht wird. Dabei besteht die erste Aufgabe – wohlgemerkt, bei einer bereits existierenden Entwicklung, nicht beim Beginn derselben – in Kleingruppen darin, die Vision zu definieren. Ich bin jedes Mal erstaunt, wie sehr sich die Visionen der verschiedenen Kleingruppen unterscheiden und fühle mich jedes Mal an Helmut Schmidts Bonmot erinnert:

> *»Wer Visionen hat, soll zum Arzt gehen.«*

Warum kennen die Mitarbeiter oft ihre Ziele nicht? Durch die Größe des Teams gehen die Entwickler, die es eigentlich wissen müssten, davon aus, dass es schon irgendwer weiter oben in der Hierarchie weiß. Doch welch Überraschung, auch weiter oben hat man in der Regel kein klares und gemeinsames Verständnis über die Zielsetzung. Es scheint so, dass es auch auf dieser Ebene einfach genug Kollegen gibt, sodass sie meinen, es reiche aus, ihren Teil beizutragen, ohne sich über die Aufgabe in ihrer Gesamtheit im Klaren oder zumindest an ihr interessiert zu sein.

Aus diesem Grund ist es zunächst einmal wichtig, dass allen die gemeinsame Zielsetzung oder das Leitbild bekannt ist und allen Teammitgliedern kommuniziert wird. Ansonsten besteht ein hohes Risiko, dass die Projektmitglieder nicht an einem Strang ziehen und eher den Eindruck wecken, sie würden in verschiedenen Projekten arbeiten. Das Problem ist oft, dass ein solcher Eindruck gar nicht täuscht und sich die Teammitglieder tatsächlich nicht mit den Zielsetzungen des Projekts identifizieren und somit auch nicht auf ein gemeinsames Ziel hinarbeiten.

Wenn man die Zielsetzung bekannt macht, mag man ein Problem antreffen, das ich zum Glück bisher nur einmal erlebt habe: Der Projektleiter wurde in dem Fall nur für dieses eine Projekt in diese herausgehobene Position berufen und es war ziemlich klar, dass er nach dem Projekt wieder in seine alte Position zurück wechseln musste, die in der Hierarchie etwas tiefer lag und nicht so angesehen war. Man kann sich natürlich vorstellen, was passierte: Der Projektleiter war alles andere als motiviert, das Projekt zu einem Ende zu bringen und entsprechend die Projektziele zu kommunizieren. Dagegen kann man nicht viel tun, außer die Hierarchien zu ignorieren und das Problem einige Hierarchieebenen weiter oben deutlich zu machen.

Die Definition eines gemeinsamen Ziels ist dabei die eine Seite der Medaille, die andere ist dieses zu kommunizieren und auch immer wieder die Ausrichtung auf das Ziel zu verifizieren. Dabei haben die unterschiedlichen Rollen unterschiedliche Aufgaben. So sollte das Kommunikationsteam, d.h.die Gemeinschaft der Coaches, vor allemdafür sorgen, dass alle aus Prozess- oder auch kultureller Sicht das Ziel verinnerlicht haben. Dem Product Owner kommt analog die Aufgabe bzgl. der Business-Sicht zu, während der (oder auch die) Architekt(en) das gemeinsame Verständnis des Ziels aus technischer Sicht gewährleisten und zu guter Letzt die Projektleitung das Ziel aus organisatorischer Sicht stützt. Nur durch diese gemeinsame Ausrichtung auf Basis der verschiedenen Sichten ist es möglich, das gesamte Team auf das gemeinsame Ziel einzuschwören.

Iterationen und Releases

In allen agilen Prozessen außer *Kanban* erfolgt die konkrete Entwicklung in sogenannten *Entwicklungszyklen*. Dabei handelt es sich um eine definierte *Timebox* (siehe Seite 12), die zu einem bestimmten Ergebnis führt. Auch wenn die Länge der Timebox in Abhängigkeit von Projektzustand, Projektfortschritt sowie anderen Randbedingungen und Entwicklungen hinterfragt und verändert werden kann, versucht man sie in der Regel über die gesamte Entwicklungslaufzeit zu fixieren.

Ein *Releasezyklus* ist ein Entwicklungszyklus, dessen Ergebnis ein Release ist. Manchmal unterscheiden Teams zwischen internen und externen Releases. In beiden Fällen sollte es sich jedoch um lauffähige und sinnvolle Software handeln. Der Unterschied besteht lediglich darin, dass ein externes Release auch dem Kunden übergeben wird, während ein internes Release im Entwicklungsteam verbleibt. Auch interne Releases durchlaufen alle Schritte der Abnahme, inklusive der Akzeptanztests. Aus Sicht der Entwickler gibt es insofern keinen wirklichen Unterschied zwischen internen und externen Releases (zumindest nicht in Hinsicht auf Funktionalität und Qualität).

Die Releasezyklen selbst sind wiederum in weitere Entwicklungszyklen, sogenannte *Iterationen*, unterteilt, die auch (Teil-)Ergebnisse zum Ziel haben. Die geplanten Ergebnisse der Iterationen stehen in einem direkten Zusammenhang mit den Ergebnissen des Release, da es sich ja jeweils um Teile-Ganzes-Beziehungen handelt. Das Ziel jeder Iteration ist ein lauffähiges System, das idealerweise auch vom Kunden einsetzbar ist. Je nach Projektkomplexität ist dies jedoch nicht immer möglich, sodass eine Iteration zwar trotzdem zu einem lauffähigen System führt, jedoch die gelieferten Features nur im Zusammenhang mit z.B. fünf weiteren Features für den Kunden einen Sinn ergeben und damit verwendbar sind. Die Ergebnisse eines Release hingegen stehen immer für sich selbst. Dahinter steht der Ansatz, dass es immer möglich sein muss, ein Release als in sich geschlossenes Stück Software dem Kunden ausliefern zu können.

Wenn das Team bereits mit iterativer und inkrementeller Entwicklung vertraut ist, wird dieser Ansatz relativ problemlos umgesetzt werden. Wenn das Team aber bisher linear vorgegangen ist, wird es sich dabei um *die* fundamentale Änderung handeln. Doch Vorsicht, mitunter behaupten Personen iterativ und inkrementell vorzugehen, ohne das wirklich zu tun. Ein extremes Beispiel wäre ein Projekt, das zwei Jahre dauert und propagiert, dem iterativen Ansatz zu folgen, indem es nur genau *eine* Iteration, nämlich die endgültige Lieferung, erstellt. Selbst wenn es sich um vier Iterationen handelt, die jeweils ein halbes Jahr dauern, kann man nicht von einem iterativen inkrementellen Ansatz sprechen. Nur bei wirklich kurzen Entwicklungszyklen wird man vom iterativen und inkrementellen Ansatz profitieren.

Definition von fertig

In nahezu allen Projekten hatten wir Diskussionen über die Frage, wann eigentlich etwas als fertig oder ausgeliefert betrachtet werden kann. Manche Teams argumentierten gelegentlich so, dass eine Aufgabe, die »fast fertig« war, auch als erledigt betrachtet werden könne. Um in solche Diskussionen mehr Klarheit hineinzubringen, verwende ich einen Ansatz, den ich von Rob Mee und Joshua Kerievsky gelernt habe und der sich inzwischen in allen agilen Prozessen wiederfindet: Jede Aufgabe wird dabei mit drei Checkboxen versehen (oder sie »wandert« alternativ über drei Spalten), die wie folgt benannt werden: angefangen, fertig, abgenommen. Manchmal wird vor der Fertigungsstufe »angefangen« noch die Kennzeichnung »eingeplant« oder »todo« davor gestellt. In der agilen »Welt« hat sich für die Beschreibung der letzten Stufe der Begriff *Definition von fertig* (englisch: Definition of Done oder done-done) etabliert. Vor allem der Begriff *done-done* macht nochmals deutlich, dass ein Unterschied zwischen »fertig« und abgenommen, d.h.tatsächlich und überprüft fertig, besteht.

Für jede dieser Fertigungsstufen muss es eine Definition geben, jedoch muss die letzte, die *Definition von fertig*, teamübergreifend gelten. Sowohl diese Definition zu erstellen als auch deren Einhaltung zu gewährleisten ist Aufgabe des Kommunikationsteams. Meist ist die Ersterstellung der Definition relativ einfach, die Einhaltung derselben jedoch weniger. Hier sind die Coaches gefordert, einerseits an das gemeinsame Einvernehmen zu erinnern und andererseits, falls dies erforderlich ist, für eine Änderung der Definition zu sorgen. Ich möchte hier nochmals darauf hinweisen, dass ein gemeinsames (gelebtes) Verständnis der *Definition von fertig* bereits bei einem einzelnen agilen Team meist für viel Diskussion sorgt, diese Diskussionen können in einem Großprojekt mit vielen Teilteams ungleich vehementer ausfallen. Es wird also gefordert, dass projektweit ein Einvernehmen darüber getroffen wird, was alles zu tun ist, um eine Aufgabe, ein Feature in den Zustand *fertig* zu überführen. Dieses einvernehmliche Verständnis ist in einem großen Projekt jedoch um einiges wichtiger als in einem kleinen, da sich unterschiedliche Teilteams auf den Fertigstellungsgrad anderer Teilteams verlassen können müssen.

Durch den Unterschied zwischen fertig und abgenommen wird klar, dass eine Aufgabe erst dann wirklich als erledigt betrachtet werden kann, wenn das Ergebnis abgenommen wurde. Die Abnahme erfolgt dabei in der Regel über Akzeptanztests, manchmal noch zusätzlich über Begutachtung, wobei z.B. auch auf die Fertigstellung der Dokumentation geachtet wird (falls diese ebenfalls Bestandteil der *Definition von fertig* ist. Die Liste der Aufgaben mit den jeweiligen Fertigungsstufen, auch Iterationsplan (Scrum-Terminologie: *Sprint Backlog*) genannt, wird gut sichtbar bei jedem Teilteam auf einem Whiteboard oder einem Flipchart platziert, so hat jeder innerhalb und außerhalb dieses Teams einen schnellen Überblick darüber, woran das Team momentan arbeitet und ob es die geplanten Aufgaben für diese Iteration wohl schaffen wird (siehe Seite 104). Dadurch bietet diese Aufgabenliste darüber hinaus wertvolle Informationen, um das Projekt zu steuern, da sie deutlich macht, wie realistisch die Teams ihre Aufgaben einschätzen.

Hat sich die *Definition von fertig* etabliert, so kann je nach Projektkomplexität sogar bereits das Ergebnis jeder Iteration ausgeliefert werden und es gibt damit gar keinen Unterschied mehr zwischen Release und Iteration. Zugegebenermaßen habe ich dies persönlich lediglich nur bei kleineren Projekten sowie bei relativ einfachen Systemen, meist Webentwicklungen, gesehen. Dennoch ist es hilfreich zu verstehen, dass sich theoretisch die Ergebnisse einer Iteration und eines Release nicht unterscheiden. Dieses Wissen unterstützt die ständige Achtung auf die Qualität des Systems.

Dauer der Timeboxen

Auch wenn mitunter anderes erzählt wird: Je größer das Team ist, desto *kürzer* sollten die Zyklen sein. Der Grund ist offensichtlich: Falls ein großes Team für drei Monate in die falsche Richtung entwickelt, weil man dreimonatige Entwicklungszyklen hat, entstehen erhebliche Kosten, wenn dieser Kurs erst spät korrigiert wird. Selbst wenn das Team zufälligerweise in die richtige Richtung läuft, wird man nicht von den Vorteilen, die frühes und häufiges Feedback bietet, profitieren können. Selbst wenn die erste Überlegung evtl. in die Richtung geht, dass aufgrund der höheren Komplexität und des größeren Koordinationsaufwands bei großen Teams die Timeboxen länger sein müssten, so würde diese Vorgehensweise bereits im Kern der agilen Idee widersprechen. Ein inhärenter agiler Grundsatz lautet nämlich, wann immer etwas als kompliziert oder schwierig empfunden wird, sorgt eine agile Vorgehensweise dafür, dass dieses Schwierige sowohl regelmäßig als auch häufig durchgeführt wird, um dadurch Routine im Umgang mit der Schwierigkeit zu erlangen. Aus diesem Grund finden sich in der agilen Entwicklung Konzepte wie paarweises Programmieren (wodurch Reviews kontinuierlich durchgeführt werden), ständige Integration, regelmäßige Lieferung von Software oder auch testgetriebene Entwicklung. Dies sind alles Themen, die bei anderen Vorgehensweisen für Verzögerungen aufgrund der (vermeintlichen) Komplexität sorgen. Durch die Häufigkeit und Regelmäßigkeit der Durchführung verlieren diese Themen ihren Schrecken und werden zum normalen Handwerkszeug in der Entwicklung. Aus diesen Gründen muss vor allem auch bei großen Projekten darauf geachtet werden, dass man von Anfang an extrem kurze Entwicklungszyklen hat. Agile Prozesse empfehlen normalen Teams üblicherweise Releasezyklen zwischen ein und drei Monaten mit ein- bis vierwöchigen Iterationen, wobei sich zweiwöchige Iterationen als Industriestandard etabliert haben. »Normale« Teams bedeutet in diesem Fall klein (mit weniger als zwanzig, meist sogar weniger als fünfzehn Personen). Selbst bei »großen« agilen Teams geht man meist von weniger als 50 Personen aus. Um bei wirklich großen Teams tatsächlich frühzeitig korrigierend eingreifen zu können, sollte man am unteren Ende der Empfehlungen oder sogar darunter liegen. Nach meiner Erfahrung ist es für ein Team mit 100 und mehr Entwicklern am besten, mit einem Releasezyklus von drei bis vier Wochen und einwöchigen Iterationen zu beginnen. Wie bereits erwähnt, handelt es sich dabei um Timeboxen. Das bedeutet, dass es im Rahmen einer Iteration keine Möglichkeit gibt, diese Zeitspanne zu vergrößern (oder zu verkleinern). Wenn ein Releasezyklus vier Wochen dauert, wird nur die Funktionalität, die innerhalb dieses Zeitraums fertig geworden ist, als Ergebnis des Release betrachtet.

Die Dauer der definierten Timeboxen, sowohl für die Releases als auch die Iterationen, sind dabei für das gesamte Projekt, d.h.für alle Teilteams, gültig. Es gibt nur einen Rhythmus für das gesamte Projekt. Wenn man auch – gerade zu Projektbeginn – die Dauer der Timeboxen diskutiert, um sie anschließend festzulegen, so muss diese Diskussion immer alle Teilteams betreffen. Sowohl ein Release als auch eine Iteration markieren immer den jeweils spätesten Zeitpunkt, zu dem das System als Gesamtsystem lauffähig ist. Würden sich die unterschiedlichen Teilteams für unterschiedliche Timeboxen entscheiden, könnte ein lauffähiges Gesamtsystem nie gewährleistet werden und auch das Feedback nicht qualifiziert eingeholt werden.

Vor allem am Anfang eines Projekts ist es wichtig, die Zyklen kurz zu halten, da in dieser Phase Korrekturen am häufigsten auftreten und man aus den ersten Fehlern bereits viel lernen kann. Das heißt, man kann durchaus auch das Aufsetzen von Dingen in kleinere Schritte einteilen, um frühes Feedback zu erhalten und um dadurch gerade am Anfang des Projekts die steile Lernkurve zu nutzen. In einem Projekt hat sich ein Team zum Beispiel einmal beschwert, dass es mit der ersten Iteration gar nicht sofort beginnen könnte. Dahinter steckte die Vorstellung, dass das Vorbereiten der Arbeit (etwa Arbeitsumgebung aufsetzen) nicht zur Entwicklung und damit nicht zu einer Iteration dazugehört. Ich habe das Team gebeten, diese Vorbereitungen wie alle anderen Aufgaben zu planen, zu schätzen und zu priorisieren. Dies ist vor allemdeshalb hilfreich, weil ein Team auch bereits das Aufsetzen der Arbeitsumgebung nutzen kann, um das Konzept der Timeboxen zu verinnerlichen. Hat man sich dabei schon an den Rhythmus gewöhnt, kann dies sehr einfach auf die tatsächlichen Entwicklungszyklen übertragen werden.

Wie gesagt, die meisten Fehler macht man eh am Anfang und diese möchte man auch möglichst schnell korrigieren, um aus diesen sofort für die Zukunft zu lernen. Insofern sollte man die erste(n) Iteration(en) als Investition betrachten. Wichtig ist dabei jedoch, dass auch bei der ersten Iteration nicht von den Grundprinzipien (vor allem dem festen zeitlichen Rahmen) abgewichen wird. Das bedeutet, dass es beim ersten Zyklus, auch wenn er wie alle anderen geplant und durchgeführt wird, in erster Linie darum geht, aus Fehlern zu lernen. Man sollte deshalb dafür sorgen, dass jeder weiß, dass es in Ordnung (und sogar hilfreich) ist, Fehler zu machen. Wenn man diese Einstellung früh verbreitet, stellt sich auch leichter eine *Fehlerkultur* (siehe auch Seite 197) ein und man wird in die Lage versetzt, aus Fehlern zu lernen.

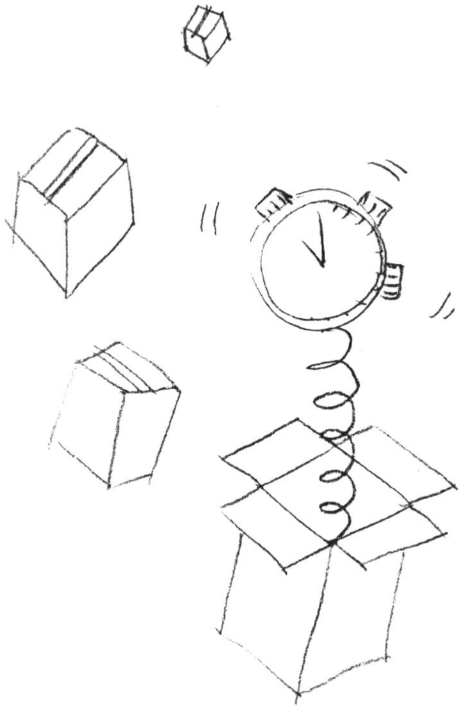

Timebox ...

Nach meiner Erfahrung besteht grundsätzlich selten die Notwendigkeit, Entwicklungszyklen (vor allem Iterationen) zu verlängern. Haben sich die Entwickler einmal an kurze Iterationen gewöhnt, wollen sie eigentlich immer dabei bleiben. Dass sie längeren Iterationen nicht nachtrauern, wird auch dadurch unterstützt, dass am Anfang wirklich radikal kurze Iterationen eingeführt wurden. Die Umstellung auf kurze Iterationen kommt einem Erdbeben gleich und hat fundamentale Auswirkungen auf den gesamten Entwicklungsprozess. Dies macht den Umstieg durchaus einfacher, denn manchmal kann man eine Veränderung leichter umsetzen, wenn sie als eine Art Schockeffekt wirkt. Die Menschen sind von der radikalen Änderung derartig schockiert, dass sie mehr oder weniger gezwungen sind, sich mit der neuen Situation auseinanderzusetzen und sich dieser anzupassen. Der Schock hilft, die Angst vor Veränderung zu überwinden. Und da sich alles verändert hat, ist es auch wenig sinnvoll, auf Überholtes zurückzugreifen.

Natürlich ist es nicht immer die beste Vorgehensweise, Veränderungen schockartig einzuführen (siehe auch Seite 28 und Seite 132). Es kann gut sein, dass bestimmte Veränderungen bei einem Team gar nicht funktionieren oder nur sehr vorsichtig eingeführt werden dürfen. Kurze Entwicklungszyklen sind allerdings etwas, das man nicht nach und nach einführen kann. Wenn man die Entwicklungszyklen schrittweise verkürzt, wird man zum einen die Vorteile vom frühen ersten Feedback nicht nutzen und zum anderen Schwierigkeiten haben, im Team einen Rhythmus zu finden. Außerdem ist es, wie schon erwähnt, gerade am Anfang wichtig, permanent notwendige Kurskorrekturen durchführen zu können.

Dadurch, dass die Timeboxen ernst genommen und die Releases regelmäßig ausgeliefert werden, gewinnt der Kunde immer mehr Vertrauen in das Team und das System. Der Kunde ist oft von längeren Entwicklungszyklen gewohnt, dass er beim Verschieben einer Funktionalität auf ein späteres Release gleich ein bis zwei Jahre länger warten muss, bis die Funktionalität dann vorhanden ist. Deshalb tut er sich so schwer, nicht gleich alles im ersten Release zu verlangen. Mit der Erfahrung, dass Releases so häufig ausgeliefert werden, baut sich ein viel besseres Vertrauen auf, versprochene Funktionalitäten auch wirklich zu den zugesagten Terminen zu bekommen.

Entwicklungsgeschwindigkeit

Die Entwicklung in Timeboxen dient vor allemdazu, über die Zeit herauszufinden, wie viel in solch einer Timebox fertiggestellt werden kann. Dieses Wissen ist hilfreich für eine genauere Planung. Idealerweise misst jedes Teilteam am Ende einer Iteration wie viele Features fertig, d.h.abgenommen wurden. Man kann einfach nur die Anzahl der Features messen, aussagekräftiger wird die Messung, wenn der ursprüngliche Schätzwert hier mit einfließt. Das heißt, die Schätzwerte der Features, die wirklich fertig wurden, werden aufaddiert und markieren die *Entwicklungsgeschwindigkeit* (englisch: velocity) dieses Teilteams. Wir addieren die ursprünglichen Schätzwerte, weil wir, wenn wir nach vorne planen, auch nur diese zur Verfügung haben und nicht die tatsächlich benötigte Zeit. Außerdem fließen nur die tatsächlich fertiggestellten Features in die Messung ein, weil nur diese zum Geschäftswert beitragen. Nahezu fertiggestellte Features (die berühmten 80% fertig) fließen nicht mit ein, da sie zum jetzigen Zeitpunkt keinen Mehrwert bilden.

Manchmal führt diese Art der Messung auch zu Diskussionen in den Projekten. Zu Beginn eines Projekts wollte ein Team den Entwicklungszyklus verlängern, weil es davon ausging, dass mit dem Aufsetzen der Umgebung so viel Zeit verloren gehen würde. Ich machte in diesem Fall deutlich, dass es wahrscheinlich in vielen Iterationen Probleme geben wird, die dazu führen, dass man eigentlich den Zeitrahmen verlängern müsste, um alle Features fertigzustellen. Dabei kann es sich um vorhersehbare Gründe (Urlaub, Fortbildung) oder auch unvorhersehbare Gründe (Krankheit, Netzwerkausfall, unvorhersehbare Komplexität des Features) handeln. So gesehen ist jede Iteration eine Ausnahme und es geht genau darum, herauszufinden, wie viel unter realen Bedingungen (d.h.inklusive all der Ausnahmen) fertiggestellt werden kann. Nur so kann verlässlich geplant werden bzw. der Plan an die tatsächlichen Gegebenheiten angepasst werden. Die teilteamübergreifende Entwicklungsgeschwindigkeit wird einfach über Aufaddieren der Teilteam-Entwicklungsgeschwindigkeiten errechnet.

Da sich die Entwicklungsgeschwindigkeit an der Fertigstellung der Features innerhalb einer Iteration ausrichtet, besteht meist eine der größten Schwierigkeiten darin, die Features so klein zu schneiden, dass sie einerseits noch einen Mehrwert bieten und andererseits in einer Iteration fertiggestellt werden können. Hier muss vorab gesagt werden, dass das Kleinschneiden von Features meist einer der schwierigeren Schritte im agilen Lernprozess darstellt. Damit dies dennoch gelingen kann, nachfolgend einige Empfehlungen:

- Je breiter das Wissen im Featureteam verteilt ist und je weniger Spezialisten mit Kopfmonopolen vorhanden sind, desto besser können sich die Teammitglieder gegenseitig unterstützen. Das heißt, ein Feature muss gar nicht mal so klein sein, um fertiggestellt werden zu können, aber die Teammitglieder müssen in der Lage sein, sich bei diesem Prozess gegenseitig zu unterstützen.
- Analysieren Sie die Features dahingehend, ob sie sich nicht in normale Abläufe, Sonder- und Ausnahmefälle untergliedern lassen. Oftmals hat der Normalablauf die höchste Priorität (und kann somit auch in einer Iteration erstellt werden), während die ganzen Besonderheiten auch gesondert priorisiert und damit in einer anderen Iteration eingeplant werden können.
- Verwenden Sie die Akzeptanzkriterien zur Unterteilung eines Features. Die Akzeptanzkriterien eines Features bieten meist hervorragende Richtlinien für das Kleinschneiden eines Features, d.h., in einer Iteration wird evtl. nur eines der Akzeptanzkriterien erfüllt (damit bietet das Feature immer noch einen Mehrwert), in einer anderen Iteration wird das Feature anhand der nächsten Akzeptanzkriterien entwickelt. Das heißt, auch die Akzeptanzkriterien können zur detaillierten Priorisierung herangezogen werden.

Natürlich ist es nicht einfach, zu lernen, Features aufzuteilen. Nur – wenn man eine Funktionalität designen und implementieren will, muss man diesen Schritt irgendwann ohnehin machen (oder man ist verloren). Natürlich muss man für eine Aufteilung zumindest ein Grundverständnis darüber haben, um was es bei der Funktionalität eigentlich geht.

Sollte der Fall eintreten, dass aus wohldefinierten Gründen die Dauer der Timebox tatsächlich geändert werden soll, so muss man sich im Klaren darüber sein, dass es wieder einige Zeit dauert (meist drei bis fünf Iterationen), bis sich alle an den neuen Rhythmus gewöhnt haben und man sich wieder auf die gemessene Entwicklungsgeschwindigkeit verlassen kann.

Lean Startup und Kanban

Bei den relativ neu aufgekommenen agilen Methoden *Lean Startup*, initiiert von Eric Ries, und *Kanban*, von David J. Anderson ins Leben gerufen, gibt es gravierende Unterschiede zu den älteren agilen Methoden bezüglich des Konzepts der Iterationen und Releases. Beide verfolgen eine extremere, jedoch nahezu gegensätzliche Variante dieses Konzepts.

Lean Startup stellt die Erhaltung von Feedback noch mehr in den Mittelpunkt, um Annahmen über den Markt zu testen oder eine Rückmeldung vom Kunden zu erhalten. Aus diesem Grund wird nicht mehr zwischen Iterationen und Releases unterschieden, die beiden verschmelzen zu einem und werden zudem extrem verkürzt. Das Ziel ist, so häufig wie möglich zu liefern bzw. noch häufiger als möglich zu liefern. Daraus entsteht eine Strategie, die sich *ständige Inbetriebnahme* (englisch: continuous deployment) nennt. Dabei wird üblicherweise mehrmals am Tag das System in Betrieb genommen. Man kann sich vorstellen, wie viel Disziplin und Automatisierung vor allemim Test- und Integrationsbereich vonnöten ist, um dies zu bewerkstelligen. Leider ist mir bis dato kein Großprojekt bekannt, das diese Disziplin aufbringt.

Kanban hat das Konzept von Iterationen und Releases hinter sich gelassen und konzentriert sich lediglich darauf, dass man die Anzahl der Aufgaben, die in Arbeit sind, begrenzt (englisch: limit work in progress). Das heißt, ähnlich dem weiter oben beschriebenen Iterationsplan (oder Sprint Backlog) werden die anstehenden Aufgaben öffentlich visualisiert, ständig priorisiert und darüber hinaus vorab bestimmt, an wie vielen Aufgaben gleichzeitig gearbeitet werden darf. Durch diese Limitierung der Aufgaben, die in Arbeit sind, vermeidet man das weitverbreitete Übel, dass aufgrund von Unterbrechungen die Entwickler immer wieder Angefangenes liegen lassen (müssen) und wieder etwas Neues beginnen. Übel deshalb, weil bei dieser Strategie viele »Baustellen« aufgemacht, aber keine fertiggestellt werden. Bei *Kanban* wird nur dann etwas Neues begonnen, wenn die maximale Anzahl der Aufgaben, die in Arbeit sein dürfen, unterschritten wird. Dieses Vorgehen ist vor allemin der Wartung zu empfehlen und skaliert auch hervorragend für große Teams. Allerdings ist es schwierig, um nicht zu sagen unmöglich, mit diesem Vorgehen einen längerfristigen Plan zu erstellen und zu verifizieren oder auch zu messen, wie hoch die Entwicklungsgeschwindigkeit des Teams ist. Das heißt, Vorhersagen (die laut Karl Valentin »ja sowieso immer dann besonders schwierig sind, wenn sie die Zukunft betreffen«) sind mit dieser Methode nahezu unmöglich. Darüber hinaus ist es aber auch nicht möglich, im Laufe der Zeit aufgrund der gemachten Erfahrungen (evtl. falsche) Vorhersagen zu berichtigen. Allerdings gibt es erste Bestrebungen, auch in Kanban über eine sogenannte *pseudo velocity* eine Entwicklungsgeschwindigkeit zu messen, es bleibt abzuwarten, inwiefern sich diese Vorgehensweise dann noch mit Kanban im ursprünglichen Sinne verträgt.

Planung

Üblicherweise geht man bei einem Großprojekt davon aus, dass man einen bestimmten Zeitraum benötigt, um dieses zu planen und dann anschließend so zu entwickeln, dass (hoffentlich) zum geplanten Termin ein lauffähiges System präsentiert wird. Ein agiler Prozess geht davon aus, dass ein lauffähiges System nicht erst am Ende des Projekts, sondern allerspätestens mit dem ersten Release, d.h.nach drei Monaten ober besser bereits nach der ersten Iteration, vorhanden ist und dann immer wieder erstellt wird. Dazu ist eine völlig andere Art von Planung notwendig. So wird man zum Beispiel zu Beginn des Projekts noch keinen endgültigen Plan haben, sondern nur einen groben Entwurf; Planung wird vielmehr zu einer kontinuierlichen Tätigkeit. Darüber hinaus wird auch ein typischer Plan, der auf Komponenten basiert, nicht wirklich weiter helfen. Der Hauptunterschied liegt darin, dass ein komponentenbasierter Plan sich eher (wenn nicht nur) auf Abhängigkeiten und weniger auf eine fast immer lauffähige Anwendung konzentriert. Der Ansatz der agilen Prozesse besteht darin, frühzeitig und häufig auszuliefern. Natürlich sollte nicht einfach irgendetwas ausgeliefert werden. Auslieferungen sollten sich vielmehr immer auf das konzentrieren, was für den Kunden jeweils den größten Geschäftswert darstellt. Dabei sollte in jeder Iteration eine Stück Funktionalität entwickelt werden, sodass am Ende eines Release die Summe dieser fachlichen Funktionalitäten für den Kunden einen Mehrwert darstellen und ihm zur Verfügung gestellt werden können. Aus diesem Grund muss der Kunde am Anfang eines jeden Entwicklungszyklus die Funktionalität, die für ihn den größten Geschäftswert darstellt, bestimmen. Dabei kann es zum Beispiel passieren, dass es für den Kunden zunächst wichtiger ist, eine Hauptfunktionalität anzugehen und ein optionales Verhalten erst einmal auf später zu verschieben. Es ist alleine seine Entscheidung. Es ist dabei auch durchaus normal, dass sich Einschätzungen im Laufe der Zeit ändern. So kann es aufgrund von Marktentwicklungen durchaus passieren, dass eine Funktionalität im Verhältnis zur anderen plötzlich viel wichtiger wird. Wenn ein Plan auf Komponenten basiert, wird typischerweise nicht zwischen wichtigen und optionalen Teilfunktionalitäten unterschieden, da immer die gesamte Funktionalität als Einheit geplant wird.

Ein klassischer komponentenbasierter Plan kann zusätzlich das Problem bergen, dass er davon ausgeht, dass die Anforderungen von Beginn eines Projekts an stabil bleiben. Der Plan wird dann genau auf diese Anforderungen zugeschnitten. Wir alle wissen allerdings, dass sich Anforderungen im Laufe der Zeit verändern, was bedeutet, dass der Plan sehr schnell ungültig wird. Hinzu kommt, dass geänderte Anforderungen unglücklicherweise Auswirkungen auf die Abhängigkeiten haben, was bei einem Plan, der mit Blick auf Abhängigkeiten aufgestellt wurde, besonders fatal ist. Ein Grund für die Änderungen bei den Anforderungen liegt in der Tatsache, dass der Kunde mit zunehmendem Projektverlauf hinzulernt. Dadurch wird sein Verständnis des Systems immer besser. Indem man frühzeitig ein lauffähiges System ausliefert, hilft man dem Kunden, dieses Verständnis zu entwickeln.

In einem großen Projekt bedeutet der Umstieg auf agile Planung auch, dass die Abteilungen für Projektplanung und -steuerung (siehe Seite 166) davon überzeugt werden müssen, auf herkömmliche komponentenbasierte Pläne zu verzichten.

Ergebnisorientierte Planung

Im Mittelpunkt der Planung steht die Wertschöpfung für den Kunden. Dieser Geschäftsnutzen wird in Form von Features (auch bekannt unter dem Begriff der *user stories*) ausgedrückt. Jedes Feature beinhaltet einerseits den Geschäftswert oder den Mehrwert, den es darstellt, und andererseits für wen dieser Geschäftswert erstellt werden soll. Hier möchte ich noch anmerken, dass der Nutznießer eines Features nicht immer ein Endkunde ist, manchmal sind auch Administratoren oder auch Entwickler diejenigen, für die das Feature den größten Nutzen bringt. Somit lässt sich für jedes Feature ableiten, wer es (evtl. auch in Vertretung) abnehmen oder auch mehr Information dazu liefern kann und auch anhand welcher Kriterien dieses Feature entwickelt und dann verifiziert werden kann. Eine Möglichkeit besteht darin, eine Featurebeschreibung, z.B. in Prosa, zu verfassen, die genau diese Abnahmekriterien beinhaltet. Eine andere (agile) Variante ist, die Abnahmekriterien direkt in Form von Akzeptanztests niederzuschreiben und damit die Anforderungen direkt exakt – in Form von Tests – zu spezifizieren. Diese Vorgehensweise erfordert eine ganz enge (und frühzeitige) Zusammenarbeit zwischen Fachexperten und Testern, erhöht die Effektivität jedoch um ein Vielfaches, da der Schritt der Anforderungsspezifikationserstellung direkt mit der Akzeptanztesterstellung verschmilzt. Damit erhält man eine sogenannte *ausführbare Anforderungsspezifikation*.

Die Iterationen werden anhand der Features ausgerichtet, was das Projekt in die Lage versetzt, nicht nur regelmäßig ein lauffähiges System zu erstellen, sondern auch wertvolle Software zu liefern. Daraus ergeben sich einige nützliche Seiteneffekte:

- Ein lauffähiges System motiviert die Mitarbeiter sehr viel stärker, als wenn man einfach nur nach einem Plan vorgeht.
- Lauffähige Software ist immer ein gutes Mittel, um sich intern und extern zu vermarkten.
- Es gibt nichts Besseres als ein lauffähiges System, um frühzeitig die Kapazität und Performance der darunter liegenden Architektur zu untersuchen.
- Akzeptanztests können frühzeitig durchgeführt werden und man erhält darüber eine Aussage über die fachliche Integrität des Systems.
- Anwender können Feedback auf der Basis ihrer Erfahrung mit dem tatsächlichen System geben.
- Wenn frühzeitig gelernt wird, etwas regelmäßig zu einem Ergebnis zu bringen, etabliert dies eine Kultur, die Aufgaben erfolgreich zu einem Abschluss bringt.
- Und nicht zuletzt steht das System auch dann dem Kunden mit den wichtigsten Features zur Verfügung, wenn es nicht rechtzeitig vollständig fertig wird.

Dies sind die Hauptgründe, weshalb ein agiler Prozess immer auf einer ergebnisorientierten Planung basiert. Die Lieferung eines Ergebnisses ist aber nicht das einzige Ziel; viel wichtiger ist es, dass Kunden und andere interessierte Personen die Software jeweils ansehen, verwenden und Feedback dazu geben können. Je nach Technologie kann dies eine weitere Herausforderung darstellen. Manchmal besteht die Herausforderung »nur« darin, die Auslieferung sicherzustellen. Da ist es am einfachsten, einen Verweis auf das jeweils aktuelle Release einzurichten (zum Beispiel auf einer Wiki-Seite im Intranet). Falls dies aus irgendwelchen Gründen nicht möglich ist, muss man die Software wahrscheinlich jeweils beim Kunden manuell installieren. Sobald man den Wert häufigen Feedbacks erkannt hat, wird man diesen Nutzen höher als die Kosten einer manuellen Installation einschätzen. Allerdings löst häufiges manuelles Installieren meistens den Wunsch nach automatisierter Installation aus, sodass man sich früher oder später mit dem Thema ohnehin auseinandersetzt und die Installation zumindest weitestgehend automatisiert. Eine komplexere Herausforderung kann hierfür jedoch das System selbst darstellen – im Extremfall handelt es sich um eine embedded Entwicklung, bei der die Software evtl. genau in diesen Rhythmen fertiggestellt wird, nicht aber die Hardware. Möchte man auch in diesem Fall alle vier Wochen ausliefern, so bleibt meist nur, die Software auf einem Simulator zur Verfügung zu stellen.

Schätzen

Die Basis für eine Planerstellung, egal ob es sich dabei um einen kurz- oder langfristigen Plan handelt, ist die Schätzung. Bei einem agilen Vorgehen, geht man davon aus, dass Schätzungen, die von einem Team erfolgen, besser sind als Einzelschätzungen. Den Vorteil verspricht man sich nicht nur durch den besseren Schätzwert, der unterschiedliche Meinungen und Erfahrungen widerspiegelt, sondern vor allemdurch die Erzeugung von Wissen in mehreren Köpfen über den Schätzgegenstand.

Üblicherweise werden Features (oder user stories) von dem Team geschätzt, das diese später auch umsetzen wird. Die verbreitetste Schätztechnik ist dabei der sogenannte »Planungspoker« (siehe [*Cohn06*]). Dabei stellt der Product Owner das zu schätzende Feature dem Featureteam vor. Die Teammitarbeiter versuchen zunächst durch Befragung des Product Owner, mehr von der Materie zu verstehen. Dann überlegt jedes Teammitglied für sich, für wie komplex es dieses Feature hält. Dabei stehen jedem Teammitglied vorgegebene Schätzgrößen zur Verfügung, übliche Schätzgrößen sind z.B. 1, 2, 3, 5 und 8. Wobei eine niedrige Zahl für geringe, eine hohe für große Komplexität steht. Nachdem sich jeder Teammitarbeiter entschieden hat, legen alle ihre Schätzwerte (meist in Form von Karten, ähnlich von Pokerkarten – daher der Name) auf den Tisch. Im Team entsteht nun eine Diskussion zwischen den Teammitgliedern, die mit ihren Schätzwerten am weitesten auseinander liegen. Genau durch diese Diskussion, findet der sehr wichtige Wissenstransfer im ganzen Team statt. Oftmals greift der Product Owner in die Diskussion ein, indem er Unklarheiten beseitigt. Weiterhin wird überprüft, ob bereits ein vergleichbar komplexes Feature geschätzt wurde, wenn ja, so gilt dessen Schätzwert als Anhaltspunkt. Nach der Diskussion findet nochmals eine individuelle Schätzung statt, um festzustellen, ob sich die Schätzwerte nun aneinander annähern. Falls nicht, wird eine weitere Diskussionsrunde eingeläutet. Ich breche üblicherweise nach der dritten Schätzrunde ab und frage diejenigen, die in der Minderheit einen Schätzwert vertreten, ob sie den Schätzwert der Mehrheit auch unterstützen können.

Bei der Schätzung müssen immer auch die Zusatzarbeiten berücksichtigt werden, die notwendig sind, um das Feature tatsächlich *fertig*zustellen. Dies ist wiederum abhängig von der projekteigenen *Definition von fertig*, die jedoch üblicherweise Dinge enthält wie, das Feature muss verstanden (analysiert), designt, implementiert, getestet, integriert, abgenommen und dokumentiert sein.

Zusammengefasst lässt sich festhalten:

- ❑ Unabhängig davon, welche Schätzmethodik angewandt wird (selbst wenn man weiterhin »althergebracht« schätzt), so sollte man sich immer bewusst sein, dass es sich um eine Schätzung handelt. Das heißt, der Wert wird aller Wahrscheinlichkeit nach nicht der Realität entsprechen.
- ❑ Insofern die Entwicklungsgeschwindigkeit gemessen wird, kann man dadurch die Ungenauigkeit der Schätzung ausgleichen und erhält über die Zeit ei-

nen weitestgehend präzisen Plan. Auch wenn man traditionell schätzt, kann man über die Entwicklungsgeschwindigkeit den Zusammenhang zwischen Schätzung und Realität ermitteln, was für Vorhersagen essenziell ist.

- Es wird vergleichend geschätzt, und zwar in Komplexität und nicht in Zeit. Dadurch wird das Augenmerk auf das Feature, d.h.die eigentliche Anforderung, gelenkt und nicht auf denjenigen, der dieses Feature evtl. implementieren wird.
- Die Diskussion im Team generiert Wissen. Dadurch ist die Wahrscheinlichkeit höher, dass alle Teammitglieder zur Umsetzung des Features beitragen können.
- Mögliche Schätzwerte werden vorgegeben. Selbst wenn Sie in Zeit schätzen wollen, empfehle ich Ihnen, mögliche Schätzwerte vorzugeben. Auch dadurch wird der Fokus mehr auf den Inhalt des Features gelenkt und man kann schneller feststellen, in welchem Zeitrahmen sich das Feature bewegt.
- Die Anzahl der möglichen Schätzwerte ist relativ klein. Ich habe die besten Erfahrungen mit genau fünf möglichen Schätzwerten gemacht (wiederum: Unabhängig davon, ob die Features in Komplexität oder Zeit geschätzt werden, konzentriert sich die Schätzung dadurch auf das Wesentliche).
- Bei Uneinigkeit wird kein Durchschnitt gebildet, sondern bewusst um das Einverständnis für einen Schätzwert von allen Beteiligten gebeten. Ein Durchschnitt birgt immer das Problem, dass nahezu niemand genau diesen Wert geschätzt hat und er somit keine Einschätzung widerspiegelt.

Ist die Entwicklung bereits im vollen Gange, kann jedes Teilteam genau auf diese Art und Weise »seine« Features schätzen. Dabei müsste es sich ausschließlich um neue oder sehr stark geänderte Features handeln, da die bestehenden bereits zu Projektbeginn geschätzt worden sind.

Selten existiert zum Projektstart bereits die fachliche Aufteilung und damit das Wissen darüber, welches Featureteam für welche Features fachlich verantwortlich zeichnet. Häufig sind die Featureteams zu diesem Zeitpunkt noch nicht existent. Aus diesem Grund erfolgt zu diesem Zeitpunkt die Schätzung entweder durch das Startteam (siehe Seite 127) oder durch ein speziell zusammengestelltes Schätzteam. In beiden Fällen muss es sich um einen typischen Querschnitt handeln, d.h., auch im speziell zusammengestellten Schätzteam findet man alle Rollen, alles Wissen, was man ansonsten auch in einem »normalen« Featureteam antreffen würde. Nur so kann ein guter Wissensquerschnitt gewährleistet werden.

Zu Projektbeginn (oder manchmal auch vor Projektbeginn) besteht häufig das Problem, dass man gefordert ist, einen langfristigen Plan aufzustellen, ohne die genauen Details zu kennen. Herkömmlich würde man die Anforderungen einer genauen Analyse unterziehen, diese dann schätzen und mit diesem Wissen den Plan aufstellen. Ganz ohne Schätzung und ohne Analyse geht es auch bei agilen Vorgehensweisen (leider) nicht. In der Verantwortung der Product Owner liegt das Sammeln der Features, die jedoch in unterschiedlicher Granularität und Qualität dann vorliegen. Vor allem aufgrund der Grobgranularität verwenden wir hier meist den Begriff der Featurebündel, da sich später herausstellt, dass solch ein Featurebündel in Wahrheit aus vielen, vielen Features besteht. Wir analysieren dann in Folge zwischen einem und drei dieser Featurebündel, indem wir diese einerseits in einzelne Features herunterbrechen und andererseits diese vom Schätzteam schätzen lassen. Im Anschluss werden die Schätzwerte jeweils eines Featurebündels aufaddiert und die Featurebündel, die weder geschätzt noch weiter analysiert wurden, vergleichend dazu geschätzt. Damit erhält man eine Schätzbasis, mit der sich ein langfristiger Plan erstellen lässt, der über die Zeit präzisiert wird, wobei man nicht allzu viel Zeit in die Analyse von Features gesteckt hat, die sich evtl. eh noch ändern werden. Natürlich ist diese Basis beliebig ungenau, wie gesagt: Es handelt sich um eine Schätzung.

Kurzfristige und langfristige Planung

Die kurzfristige Planung bezieht sich auf die jeweils nächste Iteration. In einem kleinen Team setzt sich hier der Product Owner mit seinem Team zusammen und stellt die am höchsten priorisierten Features vor. Das Team überlegt sich im Anschluss, wie diese Features umgesetzt werden können, und definiert zur besseren Abschätzung kleine Aufgaben, die in den Iterationsplan eingehen. Diese Aufgaben werden dann in der Iteration von den Teammitarbeitern abgearbeitet und somit die Features fertiggestellt (mehr dazu in [*Cohn06*]).

In einem Großprojekt findet dieser Teil der Planung zwar auch in jedem Teilteam statt. Dies reicht jedoch nicht aus. Damit das Gesamtergebnis einer Iteration einen »größeren« Sinn ergibt und man weiterhin sicherstellen kann, dass sich die unterschiedlichen Teilteams nicht ins Gehege kommen, bedarf es einer teilteamübergreifenden Abstimmung. Es hat sich bewährt, dass sich hierzu die Product Owner zu einer *Vorplanung* treffen. Diese findet am besten immer nach Ablauf einer halben Iteration statt. Angenommen die Iteration beginnt an einem Dienstag und sie dauert zwei Wochen, so findet die Vorplanung am Dienstag nach Iterationsstart statt. Dazu treffen sich die Product Owner der Teilteams und stellen sich gegenseitig die Features, die sie in der nächsten Iteration in ihrem Teilteam einplanen wollen, vor. Dabei handelt es sich zunächst um Features, die momentan am höchsten priorisiert sind. Die Diskussion in der Vorplanung führt dabei meist zu Änderungen der ursprünglichen Planung, da evtl. ein Product Owner neue Erkenntnisse von Kundenseite mit einbringt oder der Geschäftswert des Gesamtsystems am Iterationsende dadurch erhöht werden kann, dass z.B. drei der zehn Teilteams an einem bestimmten Featurebündel arbeiten. Häufig sind auch ein oder mehrere technisch versierte Personen zugegen, wie z.B. der Chefarchitekt, der diese Vorplanung noch insofern beeinflusst, als er auf technische Abhängigkeiten der Features untereinander hinweist bzw. diese auflöst. Jeder Product Owner nimmt als Ergebnis der Vorplanung eine zumeist geänderte Liste von Features mit, die er bei der nächsten Iterationsplanung seinem Team vorstellt. Die Vorplanung findet in der Iterationsmitte statt, damit noch ausreichend Zeit vorhanden ist, die Features sowohl für die Iterationsplanung als auch für die dann anstehende Entwicklung vorzubereiten, indem beispielsweise die Akzeptanztests für die Features entwickelt werden.

Bei der langfristigen Planung geht es darum, mindestens das nächste Release, meist jedoch das gesamte Projekt bzw. die gesamte Produktentwicklung zu planen und nachverfolgen zu können. Handelt es sich nur um das nächste Release, so kann diese Planung analog zur kurzfristigen Iterationsplanung gestaltet werden. Das heißt, die Product Owner treffen sich jeweils in der Mitte eines Releasezyklus und planen gemeinsam das nächste Release auf Basis der Features. Betrachtet man jedoch einen längeren Zeithorizont als z.B. die nächsten drei Monate, ist es sehr unwahrscheinlich, dass die Features detailliert genug bekannt sind. Meist liegen diese nur sehr grobgranular vor. Von daher erfolgt diese Grobplanung üblicherweise auf Basis der Featurebündel. Das heißt, da die Featurebündel ja auch nur grob geschätzt sein können, kann auch diese Planung nur grob erfolgen. Allerdings ermittelt man im Laufe der Zeit nicht nur die Entwicklungsgeschwindigkeit, auch das Wissen um die Inhalte der Featurebündel wird im Laufe der Zeit präziser. Beides muss regelmäßig zur Verifizierung und weiteren Präzisierung auf den langfristigen Plan angewandt werden. Wird entweder kein langfristiger Plan erstellt oder wird dieser nicht regelmäßig auf Basis des durch die Iterationen erlangten Wissens überprüft, so ignoriert man den Hauptnutzen der Iterationen. Die Iterationen verkommen dann mehr zu einem Hamsterrad, das sich sinnlos dreht.

Generell kann man sagen, dass die Planung umso genauer wird, je näher der zu planende Zeitraum ist. Die Teilteams werden direkt vor der nächsten Iteration einen feingranularen Plan mit den Aufgaben dieser Iteration definieren. Der generelle Plan sollte dagegen nicht, so wie das in großen Projekten der Fall ist, auf Komponenten, sondern auf Funktionalitäten bzw. genauer auf Featurebündel basieren, die in den verschiedenen Releasezyklen eingeplant und über die Zeit präzisiert werden. Dabei sollte immer der Kunde bzw. die Interessenvertreter festlegen, welche Funktionalität zu welchem Zeitpunkt eingeplant werden soll, damit immer die Funktionalität mit dem – aus Kundensicht – höchsten Geschäftswert umgesetzt wird.

Sowohl die kurzfristige als auch die langfristige Planung findet immer synchronisiert statt. Das heißt, die jeweiligen Vorplanungen erfolgen durch die Product Owner gemeinsam und die Detailplanungen in den verschiedenen Teilteams finden jeweils am gleichen Tag statt. Daraus ergibt sich, dass alle Teilteams am gleichen Tag die eine Iteration beenden und die nächste beginnen. Dadurch fungieren die Iterationen als ein gemeinsamer Herzschlag der Entwicklung. Die Vorplanungen dienen ganz allgemein auch als Priorisierungsrunden für die teilteamübergreifenden Vorhaben. In Abhängigkeit von der Projektkomplexität kann die langfristige Planung zusammen mit den Vorplanungen und den kurzfristigen Planungen ungenügend für die Gesamtausrichtung sein. Dann empfiehlt es sich, zusätzlich mit einem rollierenden vorgreifenden Plan (englisch: rolling lookahead plan) zu arbeiten (siehe [*Cohn06*]). Dafür erstellt jedes Teilteam nicht nur einen detaillierten Iterationsplan für die anstehende Iteration, sondern zusätzlich für die zwei oder auch drei folgenden Iterationen. Dadurch lässt sich die Arbeit der verschiedenen Teilteams besser koordinieren und die eventuellen Abhängigkeiten sind klarer erkennbar.

Planungswerkzeuge

Jedes Teilteam wird einen detaillierten Plan mit der Untergliederung der Features in einzelne Aufgaben erst direkt vor einer Iteration erstellen. Für diesen Zweck, d.h.für die Planung selbst, werden im Allgemeinen »konservative« Werkzeuge, wie Flipcharts, Whiteboards und Karteikarten, verwendet. Zur Verfolgung des Planungsergebnisses während der Iteration bietet sich meist der Iterationsplan, dargestellt an einem Whiteboard oder Flipchart, an. Der detaillierte Iterationsplan ist vor allemim Interesse des jeweiligen Teilteams, das den Plan erstellt hat. Er verfolgt nicht nur den Zweck, das Ergebnis der Planung widerzuspiegeln, sondern er erlaubt vor allem, den Fortschritt während der Iteration nachzuverfolgen. Da jedes Teilteam zu Beginn der Iteration, basierend auf der zuletzt gemessenen Entwicklungsgeschwindigkeit, eine Zusage zum Iterationsplan gibt, ist es auch interessiert daran, diese Zusage einzuhalten. Die eingeplanten Aufgaben werden zu diesem Zweck über die Fertigungsstufen – eingeplant, angefangen, fertig, abgenommen – nachverfolgt. Durch die Visualisierung am Flipchart oder Whiteboard hat somit jedes Teammitglied immer vor Augen, was gerade ansteht und inwiefern die ursprünglich gemachte Zusage eingehalten werden kann oder nicht.

Darüber hinaus bietet diese Transparenz für den Product Owner sowieso, aber auch für andere leitende (oder auch einfach nur grundsätzlich interessierte) Mitarbeiter die Möglichkeit, bereits »von Weitem« zu erkennen, wo das jeweilige Teilteam steht. Dadurch ergibt sich auf einfach Weise schnell ein Gesamtbild über das Projekt, sogar außerhalb des offiziellen Feedbacks.

Dieser feingranulare Iterationsplan ist meist für Controller irrelevant. Auf dieser Ebene interessiert man sich weniger für die feingranularen Aufgaben, sondern eher für die Features. Das heißt, die Product Owner verfolgen auf Featureebene die Planung nach und tauschen sich über diesen Fortschritt untereinander sowie gegenüber dem Controlling aus. Falls die Controlling-Abteilungen weiterhin mit ihrem (althergebrachten) Planungswerkzeug arbeiten wollen, besteht die Hauptproblematik darin, dass diese üblicherweise auf der Planung von Abhängigkeiten und nicht von Featurebündel ausgerichtet sind und sich damit nicht wirklich für diesen Kontext eignen. Falls Sie jedoch ein Planungswerkzeug im Einsatz haben, das sich auch mit dem Fokus auf dem Geschäftswert, d.h.auf Featurebündel, verwenden lässt, würde ich vorschlagen, dabei zu bleiben, wenn

Iterationsplanung am Flipchart ...

die Erfahrungen mit diesem Werkzeug positiv sind. Das Erlernen und die Akzeptanz neuer Werkzeuge sollte grundsätzlich nie unterschätzt werden. Da die langfristige Planung meist grobgranular ist und darüber hinaus üblicherweise auch Teil des Projekt- bzw. Produktmarketings ist, haben wir dafür in einigen Projekten sogar Präsentationsprogramme verwendet. Wenn wir diese Planung etwas detaillierter aufzeigen wollen, verwenden wir auch ein Tabellenkalkulationsprogramm, einfache Texteditoren oder ein Wiki.

Falls das Team allerdings verteilt arbeitet und für diese verteilte Umgebung eine detaillierte Planung aufgesetzt werden muss, kann ich AgilePlanner (siehe [*AgilePlanner*]), AgileTrac (siehe [*AgileTrac*]) oder XPlanner (siehe [*XPlanner*]) empfehlen. Diese erlauben es, den Plan z.B. über das Intranet standortübergreifend transparent zu machen. Werkzeuge wie *AgileTrac* leisteten uns auch schon gute Dienste als teilteamübergreifendes Product Backlog. Manchmal wird auch dafür ein Tabellenkalkulationsprogramm verwendet, jedoch mit dem üblichen Nachteil (außer das Tabellenkalkulationsprogramm befindet sich in der Cloud), dass immer wieder der eine oder andere vergessen hat, die letzte Version in das Versionskontrollsystem zurückzusichern, und von daher unterschiedliche Versionen im Umlauf sind. Vor allem bei Werkzeugen, die auf dem Intranet basieren, ist diese Problematik von vornherein ausgeschlossen.

Integration

Integration ist eine der schwierigsten Aufgaben bei der Entwicklung in großen Teams. Es ist aber gleichzeitig eine der wichtigsten Aufgaben, da nur nach einer erfolgreichen Integration der ganze Aufwand der verschiedenen Teilteams sichtbar und testbar wird. Es wird eine große Menge an Koordinierungsaufwand benötigt und es sind gleichzeitig technische Herausforderungen zu meistern. Beides kann durch entsprechende Werkzeuge abgefedert werden.

Das Hauptproblem bei der Integration liegt darin, dass sie an einer zentralen Stelle stattfinden muss (integriert man an verschiedenen Stellen, handelt es sich nur um Teilintegration und man verlagert das Problem nur auf den Moment, an dem diese Teilintegrationen integriert werden müssen). Das bedeutet, es handelt sich um einen Flaschenhals, der natürlich umso kritischer wird, je mehr durch ihn durch muss.

Viele Teams argumentieren oft, dass kurze Entwicklungszyklen nicht möglich sind, da die Integration jeweils zu lange dauert (oder sie befürchten, dass sie zu lange dauert). Als Konsequenz integrieren sie so selten wie möglich und verschieben eine Integration zum letztmöglichen Zeitpunkt einer Entwicklung. Dem steht jedoch gegenüber, dass eine Integration umso schwieriger und umfangreicher wird, je mehr Änderungen zu integrieren sind. Auch wenn es erst einmal nicht selbstverständlich erscheint, ist es deshalb immer besser, möglichst oft zu integrieren. Hinzu kommt, dass man (in Bezug auf Werkzeuge, Koordination und Technologien) umso besser wird, je öfter man integriert. Auch Integration ist also eine Investition, in die man am Anfang investieren muss, um davon später profitieren zu können.

Damit man beim häufigen Integrieren nicht die Übersicht verliert und Inkonsistenzen erzeugt, verwenden (kleine) agile Teams zur Integration oft ein Integrationssymbol (englisch: token) oder einen Integrationsrechner: Nur wer das Symbol besitzt bzw. nur wer gerade am Integrationsrechner sitzt, darf seine lokale Entwicklung in die gemeinsame Codebasis integrieren. Bei größeren Teams fängt das Problem schon damit an, dass das Symbol oder der Integrationsrechner nicht für alle sichtbar ist. Man könnte das Symbol natürlich per E-Mail versenden, doch es gibt noch ein viel größeres Problem: In einem großen Projekt kann eine Integration mit Durchführung aller Tests je nach verwendeter Programmiersprache so lange dauern, dass es schlichtweg nicht möglich ist, dass mehrere Teams häufig integrieren.

Integrationsstrategie

Grundsätzlich muss man sich bei großen Teams also eine Integrationsstrategie überlegen, die möglichst optimal mit dem Dilemma umgeht, dass der Flaschenhals Integration eine signifikante Zeit dauert, es aber wichtig ist, dass häufig integriert wird. Bevor ich auf diese Strategie eingehe, will ich erst einmal die beiden prinzipiellen Ansätze zur Integration vorstellen:

- **Synchrone Integration:** Dieser Integrationsansatz (der vorrangig in kleinen agilen Teams durchgeführt wird) bedeutet prinzipiell, dass jeweils einer (ein Teilteam) nach dem anderen seine Änderungen in das aktuell lauffähige System integriert. Die Synchronisation erfolgt direkt zwischen Entwicklung und Integration. Der Hauptvorteil dieses Ansatzes besteht darin, dass man Konflikte und deren Ursachen leicht erkennen kann. Es wird jeweils nur eine Änderung (oder eine Gruppe von Änderungen, die jedoch einer Quelle entspringen) integriert und nur diese Änderung kann zu Konflikten mit dem aktuell lauffähigen System führen. Konflikte durch zwei verschiedene Änderungen, die gleichzeitig integriert werden, können nicht auftreten.

  In seiner extremen Form wird synchrone Integration zur kontinuierlichen Integration, was bedeutet, dass bei Fertigstellung jeder kleinen (Teil-)Aufgabe die Änderungen in das laufende System integriert werden. Der Vorteil dieses Ansatzes besteht darin, dass die zu integrierenden Änderungen sehr klein sind und damit die Gefahr für Konflikte gering ist. Darüber hinaus gilt: Je öfter man integriert, desto öfter sieht man Fortschritte im System, was wiederum die Motivation im Team erhöht und die Qualität über das Feedback verbessert.

- **Asynchrone Integration:** Bei diesem Ansatz werden mehrere Änderungen zeitgesteuert auf einmal integriert. Alle Teams liefern ihren aktuellen Stand der Entwicklung zu einem gemeinsamen Zeitpunkt und dieser Stand wird dann integriert. Der Vorteil besteht darin, dass eine Integration nicht andere blockiert, dafür ist aber die Fehler- und Konfliktfindung deutlich schwieriger. Wenn ein Fehler auftritt, ist es sehr viel schwieriger, die Ursachen herauszufinden, da es viele Änderungen von unterschiedlichen Quellen gibt, die diesen Fehler ausgelöst haben können.

  Eine weitverbreitete Form von asynchroner Integration sind nächtliche Integrationen (englisch: nightly builds). In diesem Fall werden alle (abgeschlossenen) Änderungen des Tages am Abend an einen gemeinsamen Integrationsort geliefert und dann eine nächtliche Integration gestartet. Dieser Ansatz funktioniert gut, wenn die Integration üblicherweise problemlos klappt und somit am nächsten Morgen fast immer ein neues lauffähiges System zur Verfügung steht. Falls aber ein menschlicher Eingriff notwendig wird, wird es natürlich schwieriger. Ich kenne einige große Teams (in einem habe ich selbst mitgearbeitet), die nächtliche Integrationen als Strategie gewählt haben. Bei allen hat es aber etwa ein bis zwei Jahre an Aufwand gekostet, um die notwendigen Mechanismen einzurichten, sodass die nächtliche Integration auch für eine große Anzahl von Teilteams reibungslos auf Dauer funktionierte.

Auch für die asynchrone Integration gibt es eine extreme Form, um diese Integrationsstrategie (trotz Asynchronität) so gut wie möglich mit der Entwicklung zu synchronisieren. Dazu wird z.B. automatisch alle zehn Minuten überprüft, ob sich eine Veränderung im Code-Repository ergeben hat und wenn ja, so erfolgt (wiederum automatisiert) die Integration.

Prinzipiell scheint der erste Ansatz der einfachere zu sein, da man Konflikte und Fehler einfacher finden und beheben kann. Doch stößt dieser Ansatz bei großen Teams an seine Grenzen. Der Hauptgrund ist schlichtweg die große Menge an Code und die damit verbundene große Menge an Tests. Es dauert einfach eine gewisse Zeit, den gesamten Code zu übersetzen und alle Tests durchzuführen. Geht man zum Beispiel davon aus, dass es drei Stunden dauert, den Code zu integrieren und alle Tests durchzuführen, und hat man gleichzeitig 15 Teams, die integrieren müssen, ergibt sich rein rechnerisch schon eine Dauer von 45 Stunden, damit jedes Teilteam einmal integrieren kann. Das ist schon mehr als eine 40-Stunden-Woche hergibt. Damit wird es schlichtweg unmöglich, kontinuierliche Integration zu etablieren. Hat man, wie in einem meiner kleinen Projekte, nur ein Team von 12 Programmierern und dauert eine Integration weniger als fünf Minuten, ist es natürlich für alle Entwickler problemlos möglich, mehrmals täglich zu integrieren.

Für Großprojekte scheidet eine synchrone Integrationsstrategie also meist aus. Zur Etablierung einer asynchronen Integrationsstrategie sollte so früh wie möglich der Integrationsmechanismus aufgesetzt werden. Dabei handelt es sich aber um eine wichtige Investition, die hilft, später die Kosten der Integration deutlich zu reduzieren. Glücklicherweise ist diese Aufgabe am Anfang der Entwicklung nicht ganz so schwierig, da es nur wenige Abhängigkeiten gibt und noch nicht allzu viel Code existiert. Es ist also eine gute Gelegenheit, die Integration zu üben. Das Mindeste, was Sie mit der eingesetzten Integrationsstrategie erreichen müssen, ist, am Ende jeder Iteration ein lauffähiges Gesamtsystem zur Verfügung zu haben. Allerdings empfiehlt es sich nicht, das Integrationsziel so nieder zu setzen, da ansonsten das Risiko hoch ist, dass zum Iterationsende das Gesamtsystem nicht läuft. Das heißt, je häufiger bereits während der Iteration ein Gesamtsystem erstellt wird, desto größer ist die Wahrscheinlichkeit, dass auch am Iterationsende ein funktionierendes zur Verfügung steht, das sich dazu eignet, qualifiziertes Feedback einzuholen.

Das Integrationsteam

Um einen gut funktionierenden Integrationsmechanismus aufzubauen, sollte man ein spezielles Team bilden, das sich nur um diese Aufgabe kümmert. Das bedeutet aber nicht, dass Integration nur von diesem Team alleine durchgeführt wird.

Integration ist immer eine Aufgabe für alle Teammitglieder. Dazu gehört, dass ein Team nicht nur seinen Code, sondern vor allem auch den eigenen Code mit dem der anderen Teilteams, mit denen man in einer Beziehung oder Abhängigkeit steht, integrieren muss. Das Integrationsteam sollte nur Code akzeptieren, der bereits vorintegriert wurde.

Das führt zu der eigentlichen Integrationsstrategie bei großen Teams, die eine Kombination aus beiden Ansätzen darstellt. Innerhalb eines Teilteams verwendet man oftmals synchrone Integration (am besten kontinuierliche Integration). Das bedeutet, dass jeder Entwickler seine Arbeit in seinem Teilteam integriert, sobald er eine (Teil-)Aufgabe abgeschlossen hat. Übergreifend verwendet man asynchrone Integration, die am besten so häufig wie möglich – meist nächtlich – stattfindet, um den Fortschritt aller Teilteams zu integrieren. Das heißt, dass zu einem definierten Zeitpunkt alle Teilteams ihre Weiterentwicklungen an eine bestimmte Integrationsstelle (üblicherweise das Code-Repository) ausliefern und diese Veränderungen dann vom Integrationsteam auf einmal integriert werden. Für einen eventuellen Fehler- oder Konfliktfall müssen die einzelnen Teams bei der Gesamtintegration dem Integrationsteam dann zur Verfügung stehen, um reagieren zu können, wann immer ein Problem auftritt, das in ihren Aufgabenbereich fällt oder fallen könnte.

Unabhängig auf welcher Ebene integriert wird, schließt jede Integration mit dem Durchlauf aller technischen (Unit) Tests und der Durchführung eines *Smoke-Tests* ab, der nach Steve McConnell folgende Aufgabe hat (siehe [*McConnell96*]):

> *»Der Smoke-Test sollte das gesamte System von vorn bis hinten testen. Er muss nicht umfangreich sein, sollte aber in der Lage sein, fundamentale Probleme zu entdecken. Der Smoke-Test sollte gründlich genug sein, dass man bei einer erfolgreichen Durchführung davon ausgehen kann, dass das System stabil genug ist, um sorgfältiger getestet zu werden.«*

Ein Smoke-Test stellt also sicher, dass das System überhaupt etwas macht und nach dem Start nicht sofort abstürzt. Falls eine Anwendung den Smoke-Test besteht, dienen weitere Akzeptanztests (siehe Seite 157) dazu, die Qualität des Systems zu gewährleisten.

Das Integrationsteam übernimmt also die Rolle der Zentralstelle zur Integration und zur Releaseerstellung. Aufgrund der Wichtigkeit, die dieser Service hat, liegt es auf der Hand, dass dieses Team eine Schlüsselfunktion im Projekt darstellt. Das Team operiert auf allen Änderungen, verwaltet den Fortschritt des Projekts und misst so auch den Projektzustand.

Dieser Schlüsselfunktion muss Rechnung getragen werden, indem das Team sehr gut unterstützt und auch mit den entsprechenden Ressourcen ausgestattet werden muss (nach unserer Faustregel stellt das Integrationsteam etwa 10% der Projektmitarbeiter, d.h., bei 100 Projektmitarbeitern besteht das Integrationsteam aus 10 Mitarbeitern). Gleichzeitig wird das Integrationsteam aber wie jedes andere Team behandelt. Dies scheint ein Widerspruch zu sein, der aber aufgelöst werden kann:

- Die Besonderheit besteht darin, dass dieses Team, wenn es nicht gut funktioniert, das gesamte Projekt zum Stillstand bringen kann, während die anderen Teams normalerweise »nur« die Weiterentwicklung in ihrem Bereich anhalten können. Deshalb muss den Problemen des Integrationsteams die höchste Priorität gegeben werden. Wenn das Team zum Beispiel nicht in der Lage ist, eine Integration durchzuführen, muss es schnellen Zugriff auf alle Entwickler haben, um dafür zu sorgen, dass das Problem gelöst wird, oder zu entscheiden, dass eine Änderung in der vorliegenden Form nicht integriert wird.
- Bei dem Team handelt es sich aber auch um ein normales Teilteam in dem Sinne, dass es wie jedes andere Team seine Aufgaben planen, implementieren und testen sollte. Diese Aufgaben beziehen sich typischerweise auf eine Verbesserung oder Optimierung des Integrationsmechanismus, etwa indem eine manuelle Tätigkeit durch ein Skript automatisiert wird. Sie werden als Team genauso von Reviews und Refactorings profitieren. Ohne diese Verbesserungen besteht die Gefahr, dass sie keine ausreichende Unterstützung liefern, was zu langsamen Integrationen und endlosen Build- und Konfigurationszyklen führt.

In einem Projekt konnten wir auf das spezielle Integrationsteam verzichten und haben stattdessen die Verantwortung für die Integration in die Teilteams übertragen. In diesen hat jeweils eine Person die Rolle des Integrationsverantwortlichen übernommen. Diese Integrationsverantwortlichen haben dann gemeinsam für die teilteamübergreifende Integration gesorgt. So gesehen, handelte es sich bei dem Integrationsteam um ein virtuelles Team, dessen Teammitglieder neben der Integration auch noch andere Verantwortlichkeiten übernommen haben. In solch einer Konstellation besteht jedoch immer das Risiko, dass die Integration nicht die Priorität erhält, die sie eigentlich benötigt.

Werkzeuge zur Integration, Konfiguration und Versionierung

Bei einem inkrementellen und iterativen Ansatz werden für die Integration, die Konfigurationsverwaltung und Versionskontrolle Werkzeuge benötigt. Alle diese Werkzeuge dienen dazu, ein lauffähiges Gesamtsystem zu ermöglichen oder zu verwalten und falls notwendig auf vorherige (lauffähige) Versionen zurückzugehen. Bei der Versionskontrolle kann man auf eine frühere Version einer Klasse oder Methode zugreifen. Dazu gehört auch die Möglichkeit, Versionen zu vergleichen und Änderungen nachvollziehen zu können. Beim Konfigurationsmanagement kann man auf frühere Versionen oder Konfigurationen des gesamten Systems zurückgreifen. Diese Werkzeuge ermöglichen es, eine Version (englisch: baseline) für das gesamte System zu definieren, die man zum Beispiel als Release dem Kunden ausliefern kann. Trotz Weiterentwicklung kann so mithilfe der Konfigurationsverwaltung auf ein ausgeliefertes System zurückgegriffen werden. In diesem Bereich sind einige Werkzeuge frei verfügbar, wie zum Beispiel Subversion oder Git (siehe [*Subversion*] und [*Git*]).

Für den Spezialfall der kontinuierlichen Integration sind vor allem die Werkzeuge CruiseControl und Hudson hilfreich (siehe [*CruiseControl*] und [*Hudson*]). Beide sind ebenfalls frei verfügbar.

Die Implementierung der Software findet (abhängig von der verwendeten Programmiersprache) in einer integrierten Entwicklungsumgebung statt. Eine integrierte Entwicklungsumgebung verfügt zumindest über Editor, Compiler und Debugger. Darüber hinaus gibt es oft eine gute Anbindung an einige verbreitete Versions- und Konfigurationsmanagementsysteme. Sehr viele der verfügbaren Werkzeuge haben auch die korrespondierende Unit-Test-Schnittstelle integriert, wobei die meisten davon jedoch zum Java-Umfeld gehören. Eine Entwicklungsumgebung für Java integriert zum Beispiel typischerweise JUnit (siehe [*JUnit*]). Falls es die Programmiersprache ermöglicht, ist es außerdem hilfreich, Code und Variableninhalte direkt im Debugger verändern und ausführen zu können. Eine solche integrierte Entwicklungsumgebung für verschiedene Sprachen, die ebenfalls frei verfügbar ist, stellt Eclipse dar (siehe [*Eclipse*]).

Feedback durch Präsentation

Interaktion und Kommunikation bilden die Essenz aller agilen Prozesse, doch darüber hinaus gibt es noch weitere Veränderungen, um den neuen Ansatz zu leben. Eine wesentliche Veränderung folgt aus dem Umstieg von einer linearen (wasserfallartigen) hin zu einer iterativen und inkrementellen Entwicklung. Diese Veränderung hat einen massiven Einfluss auf die Entwicklungsgewohnheiten. Der iterative und inkrementelle Ansatz erlaubt es zum Beispiel nicht, dass Software »im Dunklen« erstellt wird. Bei linearer Entwicklung kann man dies durchaus beobachten: Nach Klärung der Anforderungen »versteckt« sich das Entwicklungsteam im »Entwicklungslabor«, ohne irgendeinen Kontakt nach außen (vor allem nicht zum Kunden) zu pflegen. Erst wenn der Termin für die Abgabe gekommen ist, wird es gebeten, seine Anwendung zu zeigen. Vor diesem Termin erwartet niemand, dass es so etwas wie ein lauffähiges Gesamtsystem geben könnte, es wird lediglich der Status abgefragt, der üblicherweise die meiste Zeit bei 80% der geforderten Aufgaben liegt.

In einem agilen Projekt ist jeder dazu aufgerufen, Feedback zu geben, um das System zu verbessern. Das fängt beim Entwicklungsteam selbst an und hört beim Kunden nicht auf. Doch Verbesserungen am System sind nicht das Einzige, was man durch frühes und häufiges Feedback erreicht. Sofortiges und häufiges Feedback hilft,

- Zuverlässigkeit und Vertrauen zum Kunden aufzubauen,
- Zutrauen in die eigene Arbeit zu bekommen, was zu Befriedigung und höherer Motivation im Team führt,
- beim Entwickeln, Integrieren und sogar bei der Produktion und Wartung routinierter zu werden,
- die Tragfähigkeit der Architektur zu evaluieren,
- ein besseres Verständnis für die Fachlichkeit und die Anforderungen zu bekommen und
- den Kunden vor einem kompletten Desaster zu bewahren, indem zumindest ein System geliefert werden kann, das verwendbar ist und alle bis dahin entwickelten Funktionalitäten umfasst.

Feedback-Schleife …

Aus diesem Grund sollte man sicherstellen, dass es immer ein lauffähiges Gesamtsystem gibt, das die Grundlage für kontinuierliches Feedback ist. Zumindest am Iterationsende muss ein lauffähiges System zur Verfügung stehen, das gemeinsam mittels einer Präsentation (Scrum-Terminologie *Review*) analysiert werden kann. Bei sehr kurzen, beispielsweise einwöchigen Iterationen ist es eher üblich, dass jedes Teilteam zusammen mit seinem Product Owner das System begutachtet. Nach Möglichkeit, hat sich der Product Owner vorab informiert und kann die Neuerungen der anderen Teilteams seinem Team vorführen. Dadurch erhält jedes Teilteam den Blick auf das Gesamtsystem.

Zusätzlich empfehle ich, die Präsentation in jedem Teilteam aufzuzeichnen, um dadurch allen anderen Teilteams die Möglichkeit zu geben, sich selbst ein Bild von diesem Teil des Systems zu machen. In regelmäßigen Abständen, z.B. nach jeder dritten Iteration, empfehle ich, eine Gesamtpräsentation durchzuführen. Falls möglich sollten dazu wirklich alle Projektmitarbeiter zu einer Art Vollversammlung zusammenkommen. Stellvertreter jedes Teilteams oder auch die jeweiligen Product Owner der Teilteams präsentieren dann das Gesamtsystem aus ihrem Blickwinkel. Präsentieren die Product Owner das System, erhält man meist eine bessere fachliche Sicht. Führen hingegen die Entwickler die Präsentation durch, so bewirkt das meist eine erhöhte Motivation bei den Entwicklern. Beide Varianten gilt es also, gegeneinander abzuwägen. Ist es z.B. aus Platzgründen nicht möglich, eine Vollversammlung durchzuführen, so sollte die Gesamtpräsentation immer mit (wechselnden) Stellvertretern der unterschiedlichen Teilteams durchgeführt werden. Diese Stellvertreter sind dann aufgefordert, zusammen mit ihrem Product Owner die neuesten Entwicklungen der anderen Teams ihrem Teilteam zu übermitteln. Dadurch stellt man sicher, dass sich jedem Mitarbeiter der Gesamtzusammenhang des Systems erschließt.

Retrospektiven

Ein agiler Entwicklungsprozess unterscheidet sich von einem linearen Prozess unter anderem dadurch, dass er selbst flexibel und änderbar ist. Der agile Prozess verlangt, dass man nicht nur den Projektfortschritt, sondern auch die Unterstützung des Projekts durch den Prozess hinterfragt. Solche kritischen Kontrollen führen dazu, dass der Prozess immer wieder Änderungen unterliegt, um die jeweiligen Umstände besser unterstützen zu können. Es ist keine gute Idee, einen Prozess über die Köpfe der Projektmitglieder hinweg zu definieren; ein Prozess funktioniert nur dann, wenn die Projektmitglieder ihn akzeptieren und leben. Es ist natürlich immer hilfreich, wenn Sie etwas Hilfestellung geben können, damit sich die Projektmitglieder leichter mit dem Prozess identifizieren können, oder eine einfache Möglichkeit finden, den Prozess so anzupassen, dass er ihre Bedürfnisse optimal unterstützt.

Es ist sehr schwierig, den Prozess bereits vollständig zu Beginn eines Projekts zu definieren, genauso wie es schwerlich irgendeinen gültigen Prozess für alle Gelegenheiten geben kann (also für alle Projektgrößen, Unternehmenskulturen, Technologien, Menschen und so weiter). Es kann auch keinen Prozess geben, der ein Projekt sowohl am Anfang als auch am Ende optimal unterstützt, da sich im Laufe der Zeit üblicherweise viele Dinge ändern. Zum Beispiel werden sich Gewohnheiten herausbilden oder der Teamgeist wird sich verbessern. Insofern wird die Entwicklung des Prozesses erst mit dem Ende des Projekts abgeschlossen sein.

Nur durch kontinuierliche Anpassung ist ein Prozess in der Lage, Projektmitglieder optimal zu unterstützen. Und da die Projektmitarbeiter (hoffentlich) ständig dazu lernen und sich dadurch verbessern, sorgen sie im Kaizen-Sinne auch für eine ständige Verbesserung des Prozesses. Aus diesem Grund gehört zu jedem agilen Prozess die Möglichkeit, den Prozess entsprechend zu verändern. Retrospektiven sind am besten geeignet, um einen Prozess an die tatsächlichen Bedürfnisse anzupassen. Eine Retrospektive (siehe [*Kerth00*]) untersucht den Projektzustand, deckt Probleme auf und stellt auch den Prozess in seiner aktuellen Form infrage. Eine Retrospektive zum Projektzustand findet normalerweise nach jeder Iteration statt. Retrospektiven zur Verbesserung des Prozesses werden in der Regel nach jedem Release durchgeführt.

Eine Retrospektive beschäftigt sich also mit zwei Ebenen: Die erste Ebene ist die Reflektion über die Entstehung der Software, also über den Projektfortschritt. Die zweite Ebene (oft auch *Metaebene* genannt) untersucht den Prozess selbst. Beide Ebenen sind entscheidend für die Frage, ob ein Projekt ein Erfolg wird oder fehlschlägt.

Projektteam- und Teilteamretrospektive

Meist werden in Großprojekten zwei Arten von Retrospektiven benötigt: Zum einen die Teilteam- oder auch Featureteamretrospektive, die vor allemsich auf Verbesserungen innerhalb eines Teilteams fokussiert und damit eher einer »normalen« agilen Retrospektive entspricht. Und zum anderen eine Projektteamretrospektive, die sich auf teilteamübergreifende Belange konzentriert und dort das Verbesserungspotenzial ausschöpft.

Bei einer Projektteamretrospektive ist es bei Großprojekten meist nicht mehr möglich, dass alle Projektmitglieder daran teilnehmen. Aus diesem Grund empfehle ich, dass die Teams jeweils einen oder auch wenn möglich zwei Repräsentanten bestimmen, die zu den Retrospektiven eingeladen werden. Diese Repräsentanten haben aber auch die Aufgabe, alles was bei der Projektteamretrospektive passierte und beschlossen wurde, ihren Teilteams zu berichten. Ich habe sehr gute Erfahrung mit rollierenden Repräsentanten gemacht, d.h., wir haben eine wechselnde Teilnahme eingerichtet, sodass für jede Projektteamretrospektive jeweils ein anderes Mitglied des Teilteams als Repräsentant ausgewählt wurde. Dadurch ist gewährleistet, dass einerseits alle Mitarbeiter die Projektteamretrospektive erfahren und andererseits sie sich auch für teilteamübergreifende Belange eher verantwortlich fühlen. So oder so ist es aber wichtig, dass alle, die nicht an der Projektteamretrospektive teilnehmen, über alles, was in der Retrospektive bekannt wurde, informiert werden. Die Resultate kann man zu diesem Zweck zum Beispiel im Intranet verbreiten. Ein Wiki ist ein guter Ort dafür, da diejenigen, die nicht teilgenommen haben, die Möglichkeit haben, die Informationen auch zu kommentieren. Da es aber oft nicht ausreicht, den Rest des Projektteams lediglich zu informieren (weil sich alle Mitarbeiter aufgrund der Erkenntnisse aus der Projektteamretrospektive umstellen oder etwas tun müssen), ist es notwendig, dass die Repräsentanten ihre Teilteamkollegen auch proaktiv die Änderungen auseinandersetzen. In dem Fall muss auch Sorge dafür getragen werden, dass diese Umstellungen oder Aktionen tatsächlich durchgeführt werden.

Auch wenn hauptsächlich die Entwickler den Prozess formen, wird auch sowohl das Management als auch der Kunde gelegentlich Anforderungen an den Prozess haben. Aus diesem Grund sollte auch das Management und der Kunde zu den Retrospektiven (dies kann beide Retrospektivenarten betreffen) eingeladen werden. Man sollte die jeweiligen Vertreter aber sorgfältig aussuchen, um nicht die Offenheit einer Retrospektive aufs Spiel zu setzen. Deshalb kann es sinnvoll sein, erst einmal mit Retrospektiven ohne das Management und ohne Kunde zu starten, bis das Team sich sicher genug fühlt, Probleme auch dann offen zu äußern, wenn das Management anwesend ist. Früher oder später werden die Teams feststellen, dass eine Umstellung im Prozess mitunter auch der Unterstützung des Managements oder des Kunden bedarf (zum Beispiel, weil das Budget eine Rolle spielt oder eine Änderung politisch akzeptiert werden muss).

In einem meiner Projekte war das Management sehr an einer Teilnahme an den Retrospektiven interessiert. Das Team war davon allerdings gar nicht so begeistert und hat es erst einmal abgelehnt, dass das Management teilnimmt. Die Sorge war, dass sie für das Vorbringen von Problemen zur Verantwortung gezogen werden (nach dem Motto der Überbringer der schlechten Nachricht muss bestraft werden), was in der Vergangenheit allerdings nie passiert war. Ich habe eine Weile gebraucht, um sie zu überzeugen, dass es eigentlich eine gute Gelegenheit ist, wenn sie ihre Punkte vor den Personen formulieren können, die auch die Macht haben, die notwendigen Änderungen herbeizuführen.

Manchmal werden vor allemdie Projektteamretrospektiven zu so etwas wie einem Hit. Es ist häufig die einzige Gelegenheit, bei der die Teilteams sich untereinander austauschen können. Projektteamretrospektiven bieten auch eine gute Gelegenheit, externe Teams einzubinden (siehe auch Seite 201). Man sollte also nicht zu überrascht sein, wenn Projektteamretrospektiven sehr schnell sehr populär werden und viele Personen darum bitten, eingeladen zu werden.

Auch wenn die Retrospektiven ganz allgemein essenziell für die Verbesserung der Effektivität des gesamten Projekts sind, so empfehle ich dennoch, sie gezielt einzusetzen. Grundsätzlich sollte am Ende jeder Iteration eine Retrospektive stattfinden. Jedoch sollte man abwägen, ob eine Teilteam- oder Projektteamretrospektive stattfindet. Ich empfehle, die Einplanung von den aktuellen Projektgegebenheiten abhängig zu machen. Meist sind ganz zu Projektbeginn Teilteamretrospektiven wichtiger als Projektteamretrospektiven. Über die Zeit pendelt sich üblicherweise ein Rhythmus in der Art ein, dass jede dritte oder vierte Retrospektive für das Projektteam durchgeführt wird und dazwischen Teilteamretrospektiven abgehalten werden.

Techniken für Retrospektiven

Retrospektiven bilden einen der wichtigsten Schritte bei agiler Entwicklung, da sie helfen, den Prozess selbst zu formen. Dafür ist es allerdings notwendig, dass alle Teilnehmer offen und ehrlich sind. Nur so kann man herausfinden, welche Veränderungen an einem Prozess wirklich notwendig sind. Im Verlauf der Retrospektive wird man nach den jeweiligen Meinungen zum Zustand des Projekts fragen. Es ist allerdings eine gute Idee, Anmerkungen zum Prozess auch schon während der Entwicklung zu sammeln, damit diese Punkte nicht verloren gehen. Dazu kann das Wiki oder persönliche Gespräche durch das Kommunikationsteam (siehe Seite 67) dienen.

Die Retrospektive selbst kann man natürlich einfach als offene Diskussion durchführen. Dieses Format ist dann angemessen, wenn es bereits eine *sichere Umgebung* gibt oder wenn es hauptsächlich um den Projektzustand und weniger um eine Veränderung des Prozesses geht (dabei ist es natürlich klar, dass die Untersuchung des Projektzustands Auswirkungen auf den Prozess haben kann). Mit »sicherer Umgebung« ist ein Klima gemeint, bei dem die Personen weniger Angst haben, ihre Punkte vorzubringen, und insofern ihre Bedenken offen und ehrlich formulieren. Die Angst resultiert dabei häufig aus sozialen Umständen in der Gruppe. Um diesen zu begegnen, muss man als Moderator einige Qualifikationen mitbringen:

- **Zuhören:** Man muss auch Stille aushalten können. Einige Personen brauchen einfach Zeit für kreatives Denken und man nimmt ihnen die Gelegenheit dazu, wenn man keine Stille zulässt.
- **Zurückhaltung üben:** Die Teilnehmer sollten ihre eigenen Erfahrungen austauschen. Es ist nicht die Aufgabe des Moderators, ihnen mitzuteilen, was er gelernt hat; die Teilnehmer sollten gegenseitig voneinander lernen.
- **Fragen stellen:** Durch offene Fragen kann man Teilnehmer dazu bringen, dass sie mehr über ihre Erfahrungen erzählen, da man signalisiert, dass es sich um wichtige Informationen handelt.
- **Beiträge honorieren:** Es ist wichtig, allen Teilnehmern zuzuhören und nicht sofort ihren Beitrag zu bewerten. Dies ist eine wichtige Vorbildfunk-

tion, die von allen Teilnehmern übernommen werden sollte. Jeder sollte die Beiträge anderer akzeptieren.

- **Zusammenfassen:** Um nicht den Fokus zu verlieren, ist es wichtig, die Hauptpunkte zusammenzufassen. Diese Punkte sollten visualisiert werden. Darüber hinaus muss jedem klar sein, an welchem Punkt er nach der Retrospektive weiterarbeiten muss.

Der Moderator kann sich aus dem Kommunikationsteam rekrutieren (siehe Seite 67). In besonders kritischen und somit auch »unsicheren« Umgebungen kann es jedoch manchmal auch notwendig sein, einen externen Moderator zu beauftragen. Meist genügt es, wenn dieser Moderator nicht zum Projekt gehört, sehr selten benötigt es eine Person, die auch nicht aus dem Unternehmen stammt.

Vor allem auf der Metaebene kann man jedoch sehr viel mehr erreichen, wenn man statt einer offenen Diskussion kreative Moderationstechniken verwendet. Esther Derby und Diana Larsen stellen in [*DerbyLarsen06*] unzählige Moderationstechniken für Retrospektiven in einem agilen Umfeld vor. Diese Techniken helfen oft auch, eine sichere Umgebung überhaupt erst einmal zu schaffen. Am Anfang kann man zum Beispiel Metaplan- oder Open-Space-Techniken einsetzen, auf die ich gleich noch etwas detaillierter eingehe. Beide sind einfach anwendbar und sehr effizient. Ich benutze beide Techniken regelmäßig in Retrospektiven, die dann etwa 90 Minuten dauern. Beide Techniken skalieren auch recht gut (ich habe sie bei Teamgrößen von zehn bis hundert Personen eingesetzt). Ich finde es sogar schwieriger, diese Techniken in einem kleineren Personenkreis einzusetzen. Es scheint so, dass diese Techniken für kleine Teams etwas überdimensioniert sind. Eine Teilnehmerzahl zwischen zwanzig und fünfzig Personen scheint (zumindest für mich) ideal zu sein.

Die Metaplantechnik

Diese Technik ist ziemlich bekannt und funktioniert recht gut, da die meisten Beiträge anonym getätigt werden. Sie ignoriert aber mehr oder weniger die kraftvolle Möglichkeit kreativen Denkens und Diskutierens in einer Gruppe.

Man braucht dazu eine Menge Karteikarten in zwei unterschiedlichen Farben (sagen wir mal grün und rot). Zu Beginn sollen die Teilnehmer dann auf den Karteikarten positive und negative Erfahrungen festhalten. Auf den grünen Karteikarten werden alle die Dinge geschrieben, die gut funktioniert haben und die man verstärken möchte. Auf den roten Karteikarten werden alle Punkte notiert, die schlecht funktioniert haben und verbessert werden müssen. Pro Karte sollte nur ein Punkt formuliert werden. Dabei kann es sich um alles Mögliche handeln: etwas, was den Prozess betrifft, ein Aspekt bei der Entwicklung, in der Organisation, im Management und so weiter.

Danach werden die Karten eingesammelt, nach Farben sortiert und an eine Pinnwand geheftet. Dabei ist es normal, dass man am Anfang des Projekts mehr Platz auf der Pinnwand (oder sogar auf mehreren Pinnwänden) für die Dinge benötigt, die verbessert werden müssen, als für diejenigen, die gut funktioniert haben. Nach einigen Retrospektiven kann man aber feststellen, dass die Anzahl der Karten (auch generell) abnimmt, da der Prozess inzwischen akzeptiert und an die Bedürfnisse des Teams angepasst wurde.

Im nächsten Schritt geht es darum, die Karten zu gruppieren. Dafür werden verschiedene Kategorien vorgeschlagen und die Karten diesen Kategorien zugeordnet – die Karten werden also thematisch und nicht farblich geordnet. In diesem Schritt kann man auch Duplikate entfernen. Es sollte aber nicht verloren gehen, wie oft ein Punkt erwähnt wurde, da dies die Wichtigkeit eines Punkts dokumentiert. Trotz des Entfernens von Duplikaten gibt es meist eine große Menge an Kategorien. Da wir üblicherweise nur begrenzt Zeit zur Verfügung haben, können wir nur eine kleinere Anzahl nachfolgend eingehend bearbeiten. Aus diesem Grund priorisieren wir die Kategorien und arbeiten dann mit den hochpriorisierten Themen weiter.

Die Teilnehmer teilen sich dann in kleinere Gruppen auf (meist zwischen drei und sieben Personen), die ein gemeinsames Interesse an einer Kategorie von Karten haben. Jedes Team sollte dann versuchen, an Lösungsmöglichkeiten für angesprochene Defizite zu arbeiten und zu überlegen, wie man positive Erfahrungen noch weiter verstärken kann.

Anonymes Feedback ...

Am Ende der Sitzung muss man die vorgeschlagenen Maßnahmen dann noch zuordnen. Präziser ausgedrückt geht es darum, die Teilnehmer zu fragen, wer die Verantwortung für welche Aufgabe übernehmen will. Schließlich priorisieren und schätzen die Teilnehmer dann noch die Aufgaben. Natürlich kann man nicht alles auf einmal verbessern. Deshalb ist es eine gute Idee, die jeweils drei wichtigsten Aufgaben im Rahmen des nächsten Entwicklungszyklus anzugehen.

Eine modifizierte Open-Space-Technik

In diesem Abschnitt möchte ich eine Technik vorstellen, die mit der Open-Space-Technik verwandt ist, aber auch Elemente enthält, die zum Gebiet des Findens von Mustern (englisch: pattern mining) gehören. Sie ist nicht so anonym wie die Metaplantechnik, was dazu führen kann, dass sie nicht funktioniert, wenn sich die Gruppe noch nicht sicher fühlt. Auf der anderen Seite forciert sie kreatives Denken.

Menschen neigen vor allemin unserem Kulturkreis dazu, sich viel häufiger über etwas zu beschweren, als die Dinge zu loben, die gut funktionieren. Diese Gewohnheit kann mithilfe dieser Technik effektiv ausgenutzt werden.

Zunächst muss sichergestellt werden, dass es genug Flipcharts gibt, die man auch an der Wand aufhängen kann. Die Teilnehmer bekommen dann die Aufgabe, sich zunächst auf Probleme zu konzentrieren. Man kann die gleichen Fragen wie bei der Metaplantechnik stellen: »Was hat schlecht funktioniert und sollte verbessert werden?« In diesem Fall sollen die Teilnehmer aber jedes Problem auf ein separates Flipchart schreiben. Um hervorzuheben, dass es sich um ein Problem handelt, kann man es rot markieren. Sobald das Problem aufgeschrieben wurde, wird das Flipchart an die Wand gehängt und das Problem damit publiziert. Dies geschieht parallel; alle Teilnehmer schreiben und veröffentlichen also Probleme. Danach wird die Ausstellung offiziell eröffnet: Die Teilnehmer wandern herum und publizieren entweder noch mehr Probleme oder kommentieren die bereits aufgeschriebenen Probleme.

Als Nächstes geht es darum, Lösungen für die Probleme zu erarbeiten. Die Teilnehmer wandern dabei immer noch herum, in diesem Fall haben sie aber die Aufgabe, angemessene Lösungen zu den Problemen zu finden. Sie können dabei immer noch Kommentare schreiben, die sich auf das Problem oder dessen Lösung beziehen. Diese Kommentare sollten in etwa wie folgt formuliert werden: »Ich kann mir nicht vorstellen, dass die Lösung funktioniert, da ...« oder »Ich habe gesehen, dass die Lösung schon funktioniert hat. Projekt X hat das wie folgt gemacht ...« Diese Kommentare führen oft zu Einflussfaktoren, die bei der Suche nach einer Lösung berücksichtigt werden müssen. Einige dieser Kommentare können einfach nur Verweise auf Stellen sein, wo man weitere Informationen findet (zum Beispiel Hinweise auf andere Personen, deren Erfahrung genutzt werden kann).

Dies führt direkt zum nächsten Schritt. Die Teilnehmer haben nun zwei Möglichkeiten: Sie können zum einen ihren eigenen Namen auf ein Flipchart schreiben, um damit die Verantwortung dafür zu übernehmen bzw. um damit auszudrücken, dass sie leidenschaftlich an der Lösung dieses Problems interessiert sind. Sie stellen damit sicher, dass an dem dort formulierten Problem gearbeitet wird. Alternativ können sie auf das Flipchart den Namen einer Person schreiben, von der sie annehmen, dass sie sich in der Problematik auskennt und daran interessiert sein könnte, die Verantwortung für die Lösung dieses Problems zu übernehmen. Es wäre gut, wenn sich am Ende für jedes Problem mindestens eine Person verantwortlich zeichnet. Ist dies nicht der Fall, muss daraus die Schlussfolgerung gezogen werden, dass das Problem nicht wirklich von Interesse und damit doch nicht so wichtig ist.

All diese Schritte finden parallel statt. Das bedeutet, auch wenn der generelle Schwerpunkt gerade darauf liegt, Lösungen zu finden, ist es immer noch möglich, bisher vergessene Probleme einzubringen. Darüber hinaus ist es immer willkommen, Probleme, Lösungen und Verantwortung in kleinen Gruppen vor dem entsprechenden Flipchart zu diskutieren.

Das Ende dieser Sitzung ist eher etwas traditionell: Die Teilnehmer werden gebeten, die Probleme zu priorisieren, die notwendigen Ressourcen (Zeit, Kosten und so weiter) für die Lösung zu schätzen und zumindest die drei wichtigsten Probleme zu definieren, die man im nächsten Entwicklungszyklus angehen möchte. Falls die Umgebung dabei noch nicht sicher ist, sodass die Teilnehmer noch Angst haben, ihre Meinung zu äußern, kann die Priorisierung auch anonym stattfinden.

Lernen, hervorragend zu werden
von Joshua Kerievsky und Diana Larsen

> »*Dieses hervorragende Team war nicht immer so hervorragend – es lernte, wie man außergewöhnliche Ergebnisse erzielt.*«
> Peter Senge, The Art & Practice of The Learning *Organization.*

Die meisten der großen XP- oder agilen Teams, die wir gecoacht haben, waren am Anfang nicht hervorragend. Sie wurden es erst über all die Iterationen, indem sie lernten, besser zu werden. Während die XP-Praktiken Einzelnen, Paaren und Teams helfen, besser zu werden, gibt es zwei weitere Praktiken, die Teams und ganzen Organisationen helfen, außergewöhnliche Ergebnisse zu erzielen: Projekt-Chartering, auch bekannt als Agile Chartering[1], und Projektretrospektiven.

[1]Der Begriff *Projekt-Chartering* bedeutet, dass das Management und das Projektteam ein gemeinsames Verständnis (eine gemeinsame Charta) erarbeiten, das festlegt,

Projekt-Chartering hilft den Projektbeteiligten, Fragen wie die folgenden zu beantworten:

- ❑ Ist die Idee das Projekt wert?
- ❑ Inwiefern unterstützt das Projekt die Vision/Mission der Organisation?
- ❑ Woran erkennen wir, ob das Projekt ein Erfolg ist?
- ❑ Wer ist alles am Projekt beteiligt?

Wie Refactoring ist auch Projekt-Chartering eine laufende Aktivität über die gesamte Projektlaufzeit hinweg. Für das Erstellen und Überarbeiten einer Charta muss man bei einem Projekt ständig folgende Dinge hinterfragen:

- ❑ Sinn und Zweck
- ❑ Produktvision
- ❑ Projektmission
- ❑ Managementtests, auch Missionstests genannt (ein Maß für den internen und externen Erfolg)
- ❑ Ausrichtung
  - ➪ Werte (Was sind die fünf wichtigsten Werte der Projektbeteiligten?)
  - ➪ Kernteam
  - ➪ Arbeitsvereinbarungen
- ❑ Kontext
- ❑ Grenzen und Limits
  - ➪ Projektbeteiligte & Interaktionen
  - ➪ Zugesagte Ressourcen
  - ➪ Vorausschauende Analysen

Projekt-Chartering ersetzt keine Release- und Iterationsplanung; es legt vielmehr Direktiven für diese adaptiven Planungsaktivitäten fest. Projektteams, die lernen, erfolgreiche Projekt-Charterings durchzuführen, benötigen für diese Praktik oft professionelle Hilfe, da diese Art der gemeinschaftlichen und adaptiven Erstellung eines gemeinsamen Verständnisses sich stark von traditionellen Techniken unterscheidet.

---

was gemacht werden soll, wie es gemacht wird, wann es gemacht wird, wer es macht und welche Ziele damit erreicht werden sollen. Der Begriff Agile Chartering stammt aus [*LarsenNies11*].

Management- oder auch Missionstests sind ein Schlüsselelement von Projekt-Chartering. Diese Tests ergänzen die Unit und Akzeptanztests eines XP- oder agilen Projekts, indem sie eine Testschicht um die ganze Projektmission herumlegen. Während Unit Tests sicherstellen, dass kleine Einheiten von Code die Erwartungen des Programmierers erfüllen, und Akzeptanztests (auch Kunden- oder Story-Tests genannt) gewährleisten, dass Systemfeatures die Erwartungen des Kunden erfüllen, sorgen Managementtests dafür, dass der »Return on Investment« der Organisation den Erwartungen der Manager entspricht.

Iterations- und Releaseretrospektiven sind inzwischen eine gängige Praktik für XP- und grundsätzlich agile Teams, da sie Teams während des Projekts helfen, Prozesse und Methoden zu verbessern und damit wesentlich zum ständigen Lernen beitragen. Projektretrospektiven[2] stellen ein anderes höchst effektives Werkzeug für das Lernen in Gruppen und Organisationen dar. Indem man sich Zeit nimmt, auf den Verlauf eines Projekts im Nachhinein zurückzublicken, kann ein Projektteam erkennen, inwiefern es sich für zukünftige Projekte verbessern kann. Die Investition in eine Projektretrospektive von zwei bis drei Tagen stellt oft eine exzellente Investition dar. Derartige Retrospektiven am Ende des Projekts sind vor allem dann sinnvoll, wenn die Menge der am Projekt Beteiligten groß ist, da die Projektgröße es sonst für die Beteiligten schwierig macht, alle signifikanten Ereignisse des Projekts mitzubekommen. Fünf Monate nach einer Retrospektive, die Diana mit 74 Mitgliedern eines Projekts durchführte, sagte ein Projektmanager zum Beispiel:

> *»Nach der Projektretrospektive entstand der starke Wunsch, dass wir den Plan für Veränderungen in der Art, wie Releases organisiert wurden, zu Ende führen sollten. Als Ergebnis wurden neue Projektteams ins Leben gerufen. Wir haben außerdem die Haftung und Verantwortung für ein Release hinunter auf die Projektteams und -manager verlagert; etwas, worum die Mitarbeiter bei der Retrospektive ebenfalls gebeten hatten. Wir haben nun mehr funktional übergreifende Meetings und Meetings zur Weiterleitung von Informationen, um das Verständnis der Mitarbeiter für das, was passiert, zu verbessern und um herauszufinden,*

[2]Projektretrospektiven werden ausschließlich am Ende eines Projekts durchgeführt, wohingegen »normale« Retrospektiven auch während der Projektlaufzeit an den Iterations- oder Releaseübergängen oder in einem anderen regelmäßigen Rhythmus stattfinden.

ob es irgendwelche Probleme oder Befürchtungen gibt, die für das nächste Release gelöst werden sollten. Wir habe nun auch Teams ins Leben gerufen, die anhand von »besten Praktiken« aus allen Projekten den Prozess verbessern sollen. Alles in allem denke ich, dass eine Menge guter Informationen zu den Personen gelangen konnte, die nun die nächste Serie von Releases erstellen. Wir hoffen, dass sie in der Lage sind, an die Erfolge, die bei der Retrospektive des Projekts herauskamen, anzuknüpfen, und dass die neuen Releases die Basis für noch mehr Erfolge und Verbesserungen sind.«

Viele der Verbesserungen, die der Manager hier anspricht, waren Dinge, über die die Mitarbeiter untereinander schon Monate gesprochen hatten. Doch diese Diskussionen entwickelten nie eine Dynamik, die zu Veränderungen führte. Die kritische Masse und das gemeinsame Verständnis, die dann tatsächlich Veränderungen bewirkten, waren das Ergebnis der Projektretrospektive. Und die Ergebnisse dieser Arbeit flossen direkt in die Planung, das Risikomanagement und das Projekt-Chartering des nächsten Projekts ein. Das in obigem Zitat angesprochene Team hat bisher noch nicht den Schritt in Richtung agile Softwareentwicklung vollzogen, doch wie man an den Bemerkungen erkennen kann, sind sie auf einem guten Weg.

Zusammenfassend sind wir der Meinung, dass es für die meisten großen XP- und agilen Teams einer Kultur zum Lernen und Verbessern bedarf, um hervorragend zu werden. Projekt-Chartering und Projektretrospektiven helfen dabei.

Aufsetzen eines agilen Prozesses

Jedes Projekt startet mit unterschiedlichen Voraussetzungen. Wenn man einen agilen Prozess aufsetzt, sollte man sich über diese Voraussetzungen im Klaren sein und den Prozess darauf ausrichten. Schon wie man beginnt, hängt also hauptsächlich vom Projektzustand ab. Um diesen herauszufinden, kann es hilfreich sein, Folgendes vorab zu klären:

- Fängt das Projekt von vorn an?
- Hat das Projekt eine Vorgeschichte? Ist es zum Beispiel schon einmal in einem ersten Anlauf fehlgeschlagen und liegen nun alle Hoffnungen auf einem Umstieg auf ein agiles Vorgehen?
- Läuft das Projekt bereits, allerdings nicht so rund, wie es eigentlich gedacht ist, oder ist kein Ergebnis in Sicht?

- ❏ Läuft das Projekt bereits erfolgreich und jemand hat nur die Idee gehabt, dass der Umstieg auf einen agilen Prozess cool wäre oder Dinge noch weiter verbessern würde?

Die Antworten auf diese Fragen beeinflussen nicht nur die Art und Weise, in der der agile Prozess aufgesetzt wird, sondern geben auch Hinweise auf die Punkte, mit denen man sich befassen muss. Wenn das Projekt zum Beispiel vorher einmal fehlgeschlagen ist und nun neu aufgesetzt wird, wird man das ganze Team sicherlich in einer sehr frustrierten Stimmung vorfinden, da mehrere Monate nur »für die Tonne« entwickelt wurde. Darüber hinaus werden alle anderen Personen, die mit diesem Projekt zu tun hatten, nicht an einen erfolgreichen Neubeginn glauben. In dieser Umgebung wird man daher viel Misstrauen und Frustration, gepaart mit dem Willen, alles anders machen zu wollen, vorfinden. Ein anderes Extrem wird man vorfinden, wenn das Projekt bereits erfolgreich unterwegs ist und jemand nur einfach den Prozess verändern will (zum Beispiel weil in einem Artikel stand, dass agile Prozesse großartig sind). Hier wird man zweifellos auf jede Menge (berechtigten) Widerstand in Bezug auf diese Veränderung treffen.

Sorgen Sie dafür, dass Sie die Situation verstehen, bevor Sie unbeabsichtigt beginnen, das Team zu überfahren. Nutzen Sie weiterhin den Projektstart, um den Rahmen des Projekts festzulegen. Diana Larsen und Ainsley Nies erklären in [*LarsenNies11*], dass beim Projektstart Dinge geklärt werden müssen, wie die Kommunikation (und der Ton) untereinander, die Definition und Festlegung der benötigten Rollen sowie die technische Ausrichtung. Verpasst man es, in einem Kick-off (auch Liftoff genannt) diesen Rahmen aufzusetzen, so leidet das Projekt nachher darunter. Es dauert dann wesentlich länger, bis das gesamte Team tatsächlich produktiv ist. Laut Larsen und Nies kann sich das Unterlassen eines Kick-offs im Extremfall auch insofern negativ auswirken, als Missverständnisse sowie allgemein Unklarheiten eine erfolgreiche Zusammenarbeit unter Umständen sogar ganz verhindern.

Aus der Vergangenheit lernen

Was auch immer die Gründe sind, auf einen agilen Prozess umzusteigen, man wird immer auf Personen treffen, die auf dem Gebiet der Softwareentwicklung einige Erfahrungen haben. Die einzige Ausnahme wäre eine Situation, bei der das ganze Team aus Personen zusammengestellt wird, die gerade ihre Ausbildung beendet haben. Dies ist aber einerseits hoffentlich selten der Fall und andererseits hat man dann genug andere Probleme, sodass ich darauf nicht weiter eingehen möchte.

Im Normalfall haben mehr oder weniger viele Projektmitglieder also eine Vergangenheit, die aus großartigen und wichtigen Erfahrungen besteht, von denen man lernen kann. Deshalb sollte man diese Erfahrungen auch nutzen. Je nach Teamgröße ist es aber wahrscheinlich nicht möglich, mit jedem einzelnen Teammitglied individuell zu sprechen. Da es hier darum geht, aus den Erfahrungen zu lernen, sind Retrospektiven prädestiniert für diesen ersten Schritt. Aus diesem Grund bieten sich auch die bereits vorgestellten Techniken zur Moderation in Gruppen (siehe Seite 116) an. In Abhängigkeit von den Kenntnissen mit agiler Entwicklung setze ich beim Projektstart unterschiedliche Retrospektiventechniken ein. So verwende ich meist eine Variante der vorgestellten Metaplantechnik, die sich an die in [*DerbyLarsen06*] beschriebene Aktivität *Mad, Sad, Glad* anlehnt. Haben die Teilnehmer bereits Kenntnisse über agile Entwicklung, bitte ich jeden Teilnehmer auf unterschiedlich farbcodierte Karteikarten bezüglich agiler Entwicklung im Unternehmen zu notieren: Was bereits gelebt wird (z.B. auf grünen Karteikarten); was einfach umzusetzen ist (auf blauen Karten); was schwierig umzusetzen ist (auf orangen Karten); und was unmöglich erscheint (auf roten Karten). Teilnehmer, die keine oder wenig Kenntnisse über agile Entwicklung haben, bitte ich bezüglich Kommunikation, Zusammenarbeit, Prozesse und Werkzeuge ebenfalls auf unterschiedlich farbcodierten Karteikarten die folgenden Fragen zu beantworten: Was hat gut funktioniert und sollte gemacht werden; was hat behindert und sollte vermieden werden; was hat gefehlt und sollte gemacht werden; und was war schwierig, darauf sollte geachtet werden. Die weitere Bearbeitung erfolgt jeweils wie bei der Metaplantechnik beschrieben. Das heißt, die Karten werden gruppiert, priorisiert und in kleineren Gruppen werden Lösungen und Strategien erarbeitet.

Am Anfang eines Projekts besteht allerdings die Gefahr, dass sich die Personen noch nicht sicher genug fühlen, um vor der Gruppe wirklich offen und ehrlich ihre Meinung zu sagen. Deshalb kann es zu Beginn besser sein, sich einige Personen herauszugreifen und sie einzeln zu interviewen. Es ist für sie meist viel einfacher, offen und ehrlich über ihre Erfahrungen in einem persönlichen Dialog zu sprechen.

Um ein halbwegs vollständiges Bild über die Situation zu bekommen, sollte man einen repräsentativen Querschnitt an Mitarbeitern befragen. Darüber hinaus ist es wichtig, mit Personen zu sprechen, die die Firma ziemlich gut kennen, um die typischen Fallen des Unternehmens kennenzulernen. Man sollte dafür sorgen, dass in diesen Interviews zumindest folgende Fragen thematisiert werden:

- ❑ Was haben Sie in den Projekten, in denen Sie bisher gearbeitet haben, gemocht?
- ❑ Was hätte in den zurückliegenden Projekten verbessert werden können?
- ❑ Auf was wurde hingewiesen, wurde dann aber ignoriert?
- ❑ Was würden Sie bei dieser Firma als das größte Projektrisiko betrachten?
- ❑ Kennen Sie einen existierenden unternehmensweiten Prozess und wissen Sie darüber hinaus, ob er erfolgreich eingesetzt wird?

Auf Erfahrungsschätze zurückgreifen ...

- Wenn das Projekt bereits eine Vorgeschichte hat, was sind nach Ihrer Meinung die Gründe dafür,
  - dass das Projekt abgebrochen wurde?
  - dass das Projekt so erfolgreich läuft?
  - dass das Projekt so schlecht läuft?

Die Antworten auf diese Fragen liefern einen guten ersten Eindruck, der als Basis dafür dienen kann, den Prozess aufzusetzen. Man wird ein Gefühl dafür bekommen, was unterstützt, was verbessert und was vermieden werden muss. Oft wird man wichtige Informationen über mögliche Fallen und Fettnäpfchen bekommen. Diese Informationen schärfen auch den Blick für Dinge, auf die man schnell reagieren muss, wenn sie auftreten. Darüber hinaus wird man zahlreiche Hinweise erhalten, was die Menschen von einem Entwicklungsprozess eigentlich erwarten.

Klein anfangen

Man sollte dafür sorgen, dass das Team, mit dem man beginnt, nicht mehr als zwanzig Personen umfasst, eine Größenordnung zwischen sechs und zwölf Personen wäre noch besser. Wenn man bereits all die hundert Personen um sich herumsitzen hat (weil es sich zum Beispiel um einen Neubeginn oder eine Umstellung eines laufenden Projekts handelt), sollte man dafür sorgen, dass sich der Rest des Teams zunächst selbstständig oder in Schulungen mit den Technologien und der Fachlichkeit vertraut macht.

Falls man von vornherein mit größeren Teams beginnt, besteht das Problem, dass das System durch die Teamgröße geprägt wird.[3] Wenn man zum Beispiel gleich mit 10 Teilteams beginnt, wird man analog Conways Gesetz (siehe Seite 137) immer versuchen, das System entsprechend in 10 Teile aufzuteilen, obwohl diese Aufteilung in der Form gar nicht gefordert oder angemessen ist. Dies führt zu einer schlechten Architektur und armseligen Entwurfsentscheidungen.

Das Startteam hat die Aufgabe, eine fachliche Funktionalität zu entwickeln, die einen ersten Geschäftswert darstellt. Da die Entwicklung dieser fachlichen Funktionalität auch die Entwicklung einer Basisarchitektur erfordert, wird diese Implementierung hier *Referenzimplementierung der Architektur* genannt. »Referenz«, weil sie als Beispiel dafür dient, wie das System erweitert werden kann, und außerdem dabei hilft, mehr über die Fachlichkeit und Technologie zu lernen.

Das ist wichtig, denn man kann nicht einfach mit einer Architektur aus dem Nichts kommen. Stattdessen hat man eine Referenzimplementierung der Architektur, die die darunter liegende Architektur und eine realistische fachliche Funktionalität umsetzt. Insofern wird die Architektur von Anfang an weiterentwickelt (und nicht am Anfang erzeugt) und definiert dabei den Rahmen für die Fachlichkeit.

Das Startteam sollte wie andere Featureteams auch aus Mitarbeitern mit unterschiedlichem Hintergrund bestehen. Wahrscheinlich wird man in der Mehrzahl Personen mit guten technischen Kenntnissen zur Verfügung haben, aber man braucht auf jeden Fall auch fachliche Experten. Ansonsten kann die Referenzimplementierung der Architektur keine Referenz darstellen, da sie nicht bewiesen hat, dass sie für die geforderte Fachlichkeit angemessen ist.

Sowohl das Startteam als auch die nachfolgende Vergrößerung des Teams wird immer davon profitieren, wenn die Arbeit von Beginn an in Entwicklungszyklen erfolgt. Das heißt, von Beginn an wird in kurzen Timeboxen entwickelt (siehe Seite 91). Die Entwicklung der Referenzimplementierung der Architektur sollte auch vorab zeitlich begrenzt werden. Andernfalls besteht das Risiko, dass sie nie fertig wird. Für viele Großprojekte hat sich hier die zeitliche Limitierung auf einen Releasezyklus, d.h.maximal ein bis drei Monate, untergliedert in ein- bis zweiwöchige Iterationen, als erfolgreich erwiesen.

Man sollte dem Startteam auf jeden Fall die Möglichkeit geben, nach Fertigstellung einer Referenzimplementierung der Architektur das Vorgehen und das Ergebnis zu hinterfragen. Die Teammitglieder werden sicherlich viel gelernt haben, was es wert ist, festgehalten zu werden. Diese Reflektion wird wichtiges Wissen über das System zutage fördern und Anhaltspunkte für das weitere

[3] Dank an Mike Cohn für diesen Hinweis.

Vorgehen liefern. Die Reflektion, die man am besten auch gleich als Retrospektive durchführt, sollte sich hauptsächlich darauf konzentrieren, was verbessert und was bewahrt werden muss. Darüber hinaus hat diese Reflektion aber auch die Aufgabe, dass jeder im Startteam ein gutes Verständnis über die Implementierung hat, denn dieses Team wird später die zentrale Wissensbasis bei der Vergrößerung des Teams sein.

Falls es die Zeit erlaubt, sollte dem Startteam die Gelegenheit gegeben werden, die Referenzimplementierung der Architektur anhand der Erkenntnisse aus der Reflektion zu verbessern. Das soll aber nicht dazu führen, dass ohne die weiteren Teams eine »perfekte« Architektur entwickelt wird. Es ist nämlich vor allem die Aufgabe der Featureteams, die Anforderungen an die Architektur zu stellen. Womit wir bei der Frage sind, wann eine Architektur eigentlich fertig ist.

Fertigstellen der Architektur

Nach einer (hoffentlich erfolgreichen) Fertigstellung einer Referenzimplementierung der Architektur, hat das Startteam oft viele Ideen, wie man das Ergebnis so verbessern kann, dass man nicht einfach nur eine gute Lösung, sondern »die beste Architektur der Welt« erzielen kann. Man muss die folgenden Argumente abwägen und danach entscheiden, was gut genug für das System ist:

- Jeder wäre stolz, wenn seine Architektur als die beste jemals erstellte Architektur bezeichnet würde.
- Falls der Rest des Teams bereits in den Startlöchern sitzt, werden diese anderen Mitglieder nicht viel zu der Diskussion beitragen können, da sie die neue Architektur nicht kennen und nicht beurteilen können, ob sie noch besser werden muss. Eins ist aber gewiss: Sie werden davor zurückschrecken, ihre Arbeit aufzunehmen, solange die Architektur noch nicht stabil (oder fertig) ist.
- Der Kunde ist mehr daran interessiert, weitere Funktionalitäten zu sehen, als zu wissen, dass sich darunter eine großartige Architektur befindet. Er kann die Architektur weder sehen noch direkt davon profitieren.

Auch wenn alle Argumente respektiert werden sollten, zählt die Sicht des Kunden am meisten. Dies bedeutet nicht, dass man nie etwas in das System einbaut, das man als Kunde nicht sofort sehen kann. Doch wird es besser nur dann eingebaut, wenn es für eine vom Kunden ausgewählte Funktionalität benötigt wird.

Eine Architektur noch verbessern zu können, kann auch ein signifikantes psychologisches Problem sein. Wie oben bereits erwähnt, neigen Entwickler dazu, nicht auf etwas aufzusetzen, das noch gar nicht fertig ist. Die fachlichen Entwickler haben dabei die Sorge, dass sie bei jeder Änderung an der Architektur mit ihrer Arbeit neu beginnen müssen. Auf der anderen Seite können sie auch nicht beurteilen, inwiefern sie von der Tatsache, dass sie nun die Architektur beeinflussen, profitieren können. Bisher habe ich es noch nie geschafft, ein Team im Vorfeld davon zu überzeugen, dass es erheblich mehr davon profitiert, wenn es auf eine noch nicht fertige Architektur aufsetzt, als wenn es auf eine unter Umständen nicht angemessene fertige Architektur wartet. Die einzige Strategie, die dabei bisher funktioniert hat, bestand darin, einfach zu *behaupten*, dass die Architektur fertig und stabil ist. Damit waren die Befürchtungen der Entwickler plötzlich vom Tisch und sie begannen zu entwickeln. Und natürlich dauerte es gar nicht lange, bis sie um erste kleine (und später auch große) Verbesserungen in der Architektur gebeten haben, damit sie ihre Fachlichkeit besser implementieren können. Der Trick, eine Architektur als »fertig« zu erklären, wird von vielen Change-Agents in der (agilen) Entwicklung verwendet.

Langsam wachsen

In jedem Fall besteht nach Fertigstellung der Referenzimplementierung der Architektur der Bedarf an Wissenstransfer, der Entwicklung von weiterer Fachlichkeit sowie einer stabilen *und* flexiblen Architektur. Man wird dabei sicherlich weniger Probleme haben, wenn man dafür sorgt, dass das Team nur langsam wächst. Wie ich bereits angedeutet habe, sollte man das Startteam als zentrale Stelle für den Wissenstransfer betrachten. Die einzelnen Mitglieder müssen für die neuen Mitarbeiter die Rolle von Coaches übernehmen. Je langsamer man wächst, desto wahrscheinlicher ist es, dass der Teamgeist erhalten bleibt und das Wissen auch über den Prozess besser verbreitet wird, da man dann das beste Medium für den Wissenstransfer nutzen kann: direkte Kommunikation.

Falls man in der Situation steckt, dass das ganze Team bereits angeheuert wurde, gibt es wahrscheinlich nicht allzu viele Möglichkeiten, langsam zu wachsen. Stattdessen wird der Finanz-Controller Tag für Tag auf der Matte stehen und darauf hinweisen, wie viel Geld es das Projekt kostet, wenn all diese Mitarbeiter unproduktiv herumsitzen. In diesem Fall muss man sehr sorgfältig vorgehen, um die verschiedenen Interessen optimal abzuwägen: Man kann sogar noch mehr Geld verlieren, wenn man einfach alle Personen auf einmal in ein Projekt holt. Wenn man zu viele Menschen zu früh integriert, ergibt sich das Problem des Wissenstransfers. Es ist kontraproduktiv, wenn man das Startteam mit dieser Aufgabe überlastet. Es kann aber durchaus sein, dass das Startteam so gut ist, dass es in der Lage ist, hundert Personen auf einmal zu integrieren.

Wenn man hundert Personen integriert, ist es wenig sinnvoll, daraus ein Team zu bilden. Stattdessen wird man wie bereits besprochen (siehe Seite 51) mehrere Teilteams schaffen, die zusammen das gesamte Projektteam bilden. Mit anderen Worten, wenn von dem (gesamten) Projektteam die Rede ist, ist immer die Menge aller Teilteams gemeint.

Die Größe und Anzahl der Teilteams definiert die Anzahl der benötigten Coaches. Man wird am meisten profitieren, wenn die Coaches jeweils (wieder angelehnt an die Miller-Regel) nicht mehr als sieben plus minus zwei Personen ausbilden, was bei einem Coach pro Teilteam bedeutet, dass ein Teilteam aus sieben plus minus zwei Personen besteht.

Die Schwierigkeit besteht darin, dass nach wie vor einige Mitglieder des Startteams dazu erforderlich sind, die Architektur weiter zu entwickeln und an die Bedürfnisse der neuen Teams anzupassen. Aus diesem Grund kann man nicht einfach das gesamte Startteam auflösen und zu Coaches machen. Es läuft immer wieder auf das Gleiche hinaus: Das Startteam kann all diese Aufgaben nur dann erfüllen, wenn das Team langsam wächst.

Eine Kultur für Veränderungen

Veränderung bedeutet immer, eine Gewohnheit aufzugeben und eine andere Gewohnheit anzunehmen. Nach Virginia Satir (siehe [*Satir76*]) wird eine Veränderung immer dadurch ausgelöst, dass ein *fremdes Element* (dabei kann es sich um einen beliebigen externen Stimulus handeln) unseren Status quo aus dem Gleichgewicht bringt. Das fremde Element versetzt uns zunächst in einen Zustand, der *Chaos* genannt wird, den man aber auch als *Unsicherheit* erklären kann. Diese Unsicherheit basiert auf der Tatsache, dass der alte Status quo nicht mehr gilt, wir aber einen neuen Status quo noch nicht gefunden haben. Diese Suche nach einem neuen Status quo kann eine Zeit lang dauern und nur wenn wir eine *transformierende Idee* finden (eine Idee, die uns hilft, die notwendige Änderung zu verstehen), werden wir in der Lage sein, den Zustand des Chaos zu verlassen und uns auf einen neuen (hoffentlich verbesserten) Status quo einzulassen.

Lern- und Veränderungsprozesse

Wenn sich ein Unternehmen dazu entschließt, einige der Projekte mithilfe eines agilen Prozesses durchzuführen, dann ist dieses Unternehmen dabei, sich einer großen Veränderung zu unterziehen. Eine Veränderung, die bedeutet, dass ein Status quo aufgegeben und durch neue Gewohnheiten ersetzt wird. Dieser Prozess hat Ähnlichkeiten mit der Art, wie wir typischerweise lernen, wie Richard Beckhard und Wendy Pritchard in [*BeckhardPritchard92*] feststellten:

> *»Lern- und Veränderungsprozesse sind Teil des jeweils anderen. Veränderung ist ein Lernprozess und Lernen ist ein Veränderungsprozess.«*

Ein Unternehmen, das erfolgreich einen agilen Prozess installieren will, muss also nicht nur den Willen haben, sich zu verändern, sondern auch zu lernen. Und beides bedeutet, dass man wohlbekannte und wahrscheinlich bequeme Gewohnheiten aufgibt und durch etwas Unbekanntes ersetzt, was immer auch etwas Angst einflößt. Sowohl Lernen als auch Verändern kann nicht durch ein Unternehmen beschlossen werden. Es geht darum, dass die beteiligten Personen die notwendigen Änderungen selbst erkennen müssen, um ihre Gewohnheiten aufzugeben. Oder anders ausgedrückt: Eine Organisation kann sich nur verändern, indem sich jeder einzelne Mitarbeiter verändert. Mit Kaizen bedeutet dies die Selbstverbesserung auf allen Ebenen. Es liegt aber am Unternehmen, eine Umgebung zu schaffen, die es ermöglicht, zu lernen und sich zu verändern. In einer derartigen lernenden Organisation muss das Unternehmen bzw. müssen die Mitarbeiter ihren derzeitigen Zustand und den gewünschten Zustand hinterfragen. Dadurch wird man herausfinden, welches die notwendigen Schritte sind, um den gewünschten Zustand zu erreichen. Die Einführung eines agilen Prozesses in einem der Projekte ist ein guter Anfang auf dem Weg zur lernenden Organisation, da dies große Veränderungen mit sich bringt.

Jeder agile Prozess umfasst die folgenden (subtilen) Schritte:

- Reflektion
- Lernen
- Veränderung

Die Reflektion ist nicht nur eine Selbstreflektion. Wichtiger ist vielmehr eine Reflektion über das erhaltene Feedback.

Nachdem ich nun allgemein über Lernen und Veränderungen gesprochen habe, stellt sich die Frage, was dies konkret bedeutet. Wir alle wissen, dass sich Anforderungen im Laufe der Zeit ändern können und dies auch tun. Es scheint aber so, dass wir diese Tatsache immer noch ignorieren, indem wir Entwicklungsprozesse verwenden, die nicht in der Lage sind, mit diesen Änderungen umzugehen. Oder, wie es James Highsmith in [*Highsmith00*] formulierte:

> *»Die meisten Managementstrategien sind eng verzahnt mit der Tatsache, dass man die Anzahl an Änderungen entweder reduzieren oder die Änderungen zumindest kontrollieren muss. Diese Strategie kann durchaus sinnvoll sein, doch viel sinnvoller ist es, Änderungen anzunehmen anstatt sie zu kontrollieren.«*

Auch wenn es mittlerweile zum Allgemeinwissen gehört, dass sich Anforderungen ändern, neigen wir immer wieder dazu, am Status quo festzuhalten, was in diesem Fall der etablierte Entwicklungsprozess ist. Was wir stattdessen bräuchten ist ein Hinterfragen der Situation. Dies würde uns dabei helfen, es schlichtweg als Tatsache anzuerkennen, dass sich Anforderungen ändern. Das würde auch lehren, dass es nicht reicht, einfach unsere etablierten Prozesse anzupassen. Die Konsequenz sollte vielmehr darin bestehen, nach einem anderen Ansatz zu suchen, der uns dabei unterstützt, mit der Situation fertig zu werden. Stattdessen scheint es nach wie vor so zu sein, dass wir zwar hinterfragen und dazulernen, uns aber immer noch gegen die notwendigen Veränderungen wehren. Götz Werner, dem Chef der Drogeriemarktkette dm, wird in dieser Hinsicht folgendes Zitat zugeschrieben:

> *»Der Mensch lernt entweder durch Einsicht oder Katastrophe. Und Einsicht entsteht, wenn sich die Zeichen mehren, dass es so nicht weitergehen kann.«*

Es scheint, dass wir Veränderungen nur dann annehmen, wenn der Druck oder die Not so groß ist, dass es schwierig wird, den unbefriedigenden aktuellen Zustand zu akzeptieren. Das bedeutet, dass man in der Praxis nur dann Personen und damit Unternehmen vorfindet, die sich schnell ändern können, wenn die Situation unerträglich geworden ist. Solange die Situation irgendwie ignoriert werden kann, ist es sehr schwierig, eine Veränderung zu bewirken. So kann es zum Beispiel passieren, dass Sie auf einen miserablen Zustand verweisen, dieser Zustand in dem Moment aber vom Rest des Teams gar nicht als so schlimm empfunden wird. Was Sie dann auch immer zur Verbesserung vorschlagen, wird schwerlich zu wirklichen Veränderungen führen. Auf der anderen Seite werden Sie erstaunt sein, wie schnell Veränderungen möglich sind, wenn das Team selbst die Situation als unerträglich empfindet.

Die einzige Möglichkeit, kulturelle Veränderungen durchzusetzen, besteht daher darin, die Menschen für aktuelle Probleme und Miseren zu sensibilisieren, sodass sie die Situation selbst als verbesserungswürdig empfinden. Es ist deshalb Ihre Aufgabe als Change-Agent, oftmals unterstützt durch Retrospektiven, auf erbärmliche Zustände hinzuweisen (natürlich nur, wenn sie es auch sind) und mögliche bessere Zustände bewusst zu machen. Doch muss man dazu manchmal Geduld aufbringen.

Veränderungen durchführen

Wie wir bereits früher diskutiert haben (siehe Seite 94), profitiert nicht jede Änderung davon, dass sie sanft eingeführt wird. Manchmal ist es besser, etwas so radikal zu verändern, dass die wirklich beabsichtigte Veränderung im Rahmen einer übertriebenen Änderung untergeht und deshalb als nicht mehr so schlimm empfunden wird.

Speziell in großen Projekten ist dabei regelmäßiges Feedback wesentlich. Auch aus diesem Grund sollten zum Beispiel Iterations- und Releasezyklen sehr viel kürzer als bei kleinen Teams sein. Nach meiner Erfahrung ist es am wichtigsten, aus allen möglichen Ecken schnelles Feedback zu erhalten: vom Unternehmen, der Umgebung, der lauffähigen Software, der Zufriedenheit aller Projektmitglieder (einschließlich der Kunden) und so weiter. Das Erste, was man einführen sollte, ist schnelles Feedback. Es gibt dabei keine Möglichkeit, kurze Feedback-Zyklen nach und nach einzuführen. Man muss diese Änderung in einem Schritt durchführen. Sobald diese Kultur etabliert ist, ergibt sich alles andere fast automatisch.

Die meisten anderen Veränderungen lassen sich jedoch besser nach und nach einführen. Es kann durchaus sein, dass einige Veränderungen für das ganze Team überhaupt nicht akzeptabel sind (zum Beispiel weil das Team die aktuelle Situation nicht als so schlimm empfindet), wenn man dann trotzdem auf diesen Änderungen besteht, kann es passieren, dass das Team auch jede andere Änderung unterminiert. Man sollte nicht vergessen, dass es sich vielleicht einfach nur um den falschen Zeitpunkt oder das falsche Tool handelt. Deshalb ist es manchmal besser, etwas zu warten, bis sich die Notwendigkeit dieser Veränderung von selbst ergibt und das ganze Team dahintersteht und diese Änderung auch entsprechend akzeptiert.

Auch wenn Sie selbst die besten Argumente für eine Veränderung haben und an die Philosophie, die Konfuzius vor 2.500 Jahren aufstellte, glauben, dass »Denken die nobelste Art des Lernens ist«, kann es sein, dass Ihr Team den »beschwerlichsten Weg des Lernens: Erfahrung« bevorzugt. Man muss respektieren, dass Menschen Veränderungen in diesem Sinne im Allgemeinen negativ sehen und sich immer in ihrer aktuellen Situation wohler fühlen werden, da sie diese kennen (und typischerweise meinen, dass Dinge nur schlechter werden können, wenn man sie verändert). Menschen werden Veränderungen daher nur willkommen heißen (und ich nehme mich dabei nicht aus), wenn ihre Schmerzgrenze überschritten ist. Sie müssen selbst erkennen, dass der einzige Ausweg darin besteht, alte Gewohnheiten aufzugeben und sich zu verändern.

Wann immer es Widerstand gegen eine (notwendige) Veränderung gibt, sollte man zunächst einmal vorschlagen, diese Veränderung doch zumindest für ein bis drei Iterationen zu versuchen. Manchmal stellt sich dann heraus, dass die Menschen gar nicht so viele Probleme bekommen, wie sie befürchtet haben, und stattdessen schnell von den Veränderungen profitieren. Die Angst vor Problemen ist oft größer als die Probleme selbst. Viele kennen dieses Phänomen vom Zahnarztbesuch.[4] Sie versuchen oft, die notwendigen medizinischen Maßnahmen so weit wie möglich hinauszuzögern, da sie die Schmerzen fürchten. Wenn sie dann beim Zahnarzt sind, ist der Schmerz oft lange nicht so schlimm, wie man ihn sich vorgestellt hat. Im Gegenteil, der Effekt der Behandlung ist so positiv, dass man nachträglich nur noch schwerlich verstehen kann, wieso man die Behandlung so lange hinausgezögert hat.

Darüber hinaus muss man die Menschen auch an die beabsichtigte Veränderung immer wieder erinnern. Das ist eine der Aufgaben der Coaches im Kommunikationsteam. Das ist ähnlich wie mit dem Sprechen in einer fremden Sprache. Stellen Sie sich vor, Sie können etwas Italienisch und etwas Spanisch, wobei Sie besser Spanisch als Italienisch sprechen. Wenn Sie dann zum Beispiel nach Italien fahren, werden Sie sich oft dabei ertappen, dass Sie statt eines italienischen ein spanisches Wort verwenden. Der Grund ist offensichtlich: Dinge, bei denen man sich zu Hause fühlt, sind einfacher zu verwenden und präsenter. Wenn man ungewohnte Dinge tut oder verwendet, ist dies immer eine große Herausforderung.

[4] Dank an Dierk König für die Metapher.

In großen Teams kommt außerdem hinzu, dass Menschen verschieden sind und es einigen Menschen leichter fällt, Veränderungen anzunehmen, während andere mehr Zeit und Unterstützung benötigen.

Courage fördern

Das Akzeptieren und Annehmen von Veränderungen bedeutet auch, dass man Fehler als Teil des Prozesses betrachtet. Nach James Highsmith ist es nicht die Aufgabe eines agilen Prozesses, es »von Anfang an richtig zu machen«. Eine derartige Aufforderung sendet vielmehr die falsche Botschaft, denn wenn man zum Ziel hat, von Anfang an alles richtig zu machen, bedeutet das, so James Highsmith ([*Highsmith00*], Seite 75):

- wir nicht unsicher sein können,
- wir nicht experimentieren können,
- wir nicht aus Fehlern lernen können,
- wir nicht von einem Plan abweichen können.

Zusammenfassend bedeutet das, dass wir uns mit dieser Strategie die Möglichkeit nehmen, von unseren eigenen Erfahrungen zu profitieren. Natürlich werden wir alle mit der Zeit besser und es wäre rausgeschmissenes Geld, wenn wir nicht von unseren Erfahrungen profitieren würden. Aus diesem Grund lautet die von James Highsmith[5] zusammenfassend formulierte Botschaft nicht nur für agile Prozesse:

> »*Mach dir keine Sorgen, es gleich beim ersten Mal richtig zu machen. Sorge dafür, dass es am Ende richtig ist.*«

Zu der Möglichkeit, Dinge später zu korrigieren, gehört auch, Personen in ihren Rollen zu hinterfragen. Oftmals schlagen Projekte nur deswegen fehl, weil einige Mitarbeiter an der falschen Position sitzen. Es ist aber meist gar nicht so einfach, eine falsche Entscheidung, wie zum Beispiel eine Fehlbesetzung, zuzugeben.

Ich habe zum Beispiel schon oft erlebt, dass guten Entwicklern nach dem Peter-Prinzip eine Managementposition angeboten wurde.[6] Das Problem ist nur, dass nicht jeder gute Entwickler eine gute Führungskraft ist. Wenn solch ein Entwickler dann das Angebot annimmt, hat man gleich zwei Probleme: Man hat einen guten Entwickler »verloren« und eine schlechte Führungskraft bekommen. Man kann oft beobachten, dass die Betroffenen auch selbst gar nicht froh darüber sind, dass sie die falsche Position innehaben, doch es fällt ihnen trotzdem nicht leicht, zuzugeben, dass sie den Schritt lieber wieder rückgängig machen würden.

[5] James A. Highsmith: *Adaptive Software Development.* Eingeladener Vortrag bei der OOPSLA 2000, Minneapolis, USA.

[6] Jeder wird ja bekanntlich so lange befördert, bis er eine Position bekommt, für die er nicht geeignet ist.

Finanzielle Aspekte und die Reputation hindern sie daran, ihrem eigenen Gewissen zu folgen. In den meisten Fällen wird Sie Ihr »Bauchgefühl« auf solche Situationen hinweisen, es gibt allerdings auch einige offensichtlichere Kennzeichen: Wenn der neue Manager zum Beispiel immer noch kräftig mitentwickelt oder nur technische Entscheidungen und keine Managemententscheidungen trifft.[7]

Um eine derartige Situation zu ändern, wird von allen Seiten Courage benötigt. Diejenigen, die die Veränderung vorgeschlagen haben, müssen zugeben, dass diese Entscheidung falsch war, derjenige, der die Führungsaufgabe übernommen hat, muss zugeben, dass ihm die Rolle nicht liegt. Für den Projekterfolg und nicht zuletzt für die Zufriedenheit der beteiligten Personen sollte man aber keine Angst davor haben, auf derartige notwendige Schritte hinzuweisen.

Auf unbefriedigende Situationen hinzuweisen, erfordert nicht nur Mut, sondern auch Aufrichtigkeit. Denken Sie daran, dass es immer wichtiger ist, aufrichtig zu sein, um in einem Projekt Vertrauen aufzubauen, anstatt schlechte Bedingungen zuzudecken. Bei guten Nachrichten ist es leicht, aufrichtig zu sein, doch in gewissem Sinne sind auch schlechte Nachrichten gute Nachrichten. Erst dadurch, dass diese Nachrichten und damit unakzeptable Umstände bekannt werden, wird es möglich, zu reagieren und die Umstände zu verbessern.

Zusammenfassung

Große Teams benötigen kurze Entwicklungszyklen. Das Problem besteht darin, dass es sehr schwierig ist, einen »Tanker«, der eine Weile in die falsche Richtung fährt, wieder auf den richtigen Kurs zu bringen. Der Tanker muss vielmehr ständig gesteuert werden, was nur dann möglich ist, wenn man jederzeit die exakte Position kennt. Und diese Position kann wiederum nur durch schnelles Feedback bestimmt werden.

Das Feedback hat immer einen Einfluss auf den Plan. Ein agiles Projekt ist insofern eher planungs- als plangetrieben. Oder, wie es Dwight D. Eisenhower einst formulierte:

> »*Ein Plan ist nichts, Planung ist alles.*«

Bei der Entwicklung in großen Teams ist die Integration organisatorisch und teilweise auch technisch eine der größten Herausforderungen. Durch Abwägen des Aufwands, der für das Aufsetzen einer perfekten Integrationsumgebung notwendig ist, und des Nutzens, den man dadurch erzielt, sollte man immer daran arbeiten, den steinigen Weg der Integration zu glätten. Nur ständige Integration ermöglicht es, schnelles Feedback über ein lauffähiges System zu bekommen.

Ein agiler Prozess wird sich immer im Laufe der Zeit verändern, um dem Projekt jeweils die beste Unterstützung zu bieten. Das bedeutet, dass es sich

[7] Dank an Dierk König für diesen Hinweis.

immer dann, wenn ein agiler Prozess im Detail erläutert wird, nur um eine Momentaufnahme handelt. Die Agilität des Prozesses ermöglicht es auch, auf ganz neue Umstände zu reagieren. Insofern besteht die Essenz eines agilen Prozesses darin, jeweils zu beobachten, wie sich das System unter realen Bedingungen verhält und es ggf. entsprechend anzupassen. Diese Anpassungen basieren vor allem auf den Ergebnissen von Retrospektiven. Diese stellen sicher, dass es die Projektmitglieder sind, die den Prozess formen.

5 Umgang mit der Technologie

Ein selbstständiger Architekt
soll sich nicht von Sensationen,
sondern von Reflektionen leiten lassen.
— Hans Scharoun

Conway formulierte 1968 eine Gesetzmäßigkeit, die allgemein als Conways Gesetz (englisch: Conway's Law) bekannt ist (siehe [*Conway68*]):

> »*Organisationen, die Systeme entwerfen, unterliegen dem Zwang, Systeme zu bauen, die Kopien ihrer Kommunikationsstrukturen darstellen.*«

Dieses Gesetz wurde von zahlreichen unbekannten Autoren aufgrund eigener Erfahrungen weiterentwickelt:[1]

- Die Architektur eines Systems ist eine Kopie der Architektur der Organisation.
- Die Struktur eines Systems ergibt sich aus der Struktur des Teams.
- Um ein Team einzuschätzen, muss man sich nur die Software ansehen, die das Team produziert. Falls diese langsam und aufgebläht ist, ist das Team langsam und aufgebläht. Falls sie schlank und schnell ist, ist das Team schlank und schnell.

All diese Erfahrungen verdeutlichen die unterschiedlichen (nicht technischen) Einflüsse auf eine Architektur. Ein Einfluss fehlt allerdings noch, der am treffendsten von Nicolai Josuttis im Rahmen seiner Erfahrung als Chefarchitekt eines großen kritischen Projekts formuliert wurde:

> »*Die Größe eines Projekts bzw. eines Teams hat Einfluss auf die Architektur.*«

Dieses Kapitel betrachtet die fundamentalen technischen Aspekte eines Systems aus verschiedenen Blickwinkeln und beschreibt, welchen Einfluss ein großes Team dabei hat. Wir werden die Rolle des Chefarchitekten, die Wichtigkeit einer einfachen Architektur und den Zweck einer Architektur bzw. eines Architekturteams diskutieren. Anschließend werden wir die Umstände betrachten, die zu merklichen Flaschenhälsen führen und den Entwicklungsprozess erheblich verlangsamen können. Danach betrachten wir den Einfluss verschiedener Verantwortlich-

[1] Diese Aussagen kann man unter `http://c2.com/cgi/wiki?ConwaysLaw` finden.

keitsstrategien und stellen dies in Beziehung zum Vertrauen, das Projektmitgliedern entgegengebracht wird. Zu einem bestimmten Zeitpunkt muss man sich bei der Entwicklung für eine Technologie entscheiden und wir gehen deshalb auf den Einfluss speziell von innovativen Technologien ein. Schließlich behandeln wir verschiedene Techniken und nützliche Praktiken, die dabei helfen, ein System zu implementieren, das Änderungen ermöglicht.

Architekt und Architektur

Der Begriff *Architektur* klingt recht etabliert, was man bereits als Widerspruch zu den Zielen eines agilen Prozesses betrachten kann. Wenn dann im weiteren Verlauf sogar von einem *Chefarchitekten* die Rede ist, kann dieser Eindruck noch verstärkt werden. Doch es geht nicht darum, besonders modern zu sein. Wichtig ist, das richtige Mittel (ob etabliert oder nicht) zu finden, ein flexibles System aufzubauen, das auch späte Änderungen noch unterstützt. Um dieses Ziel zu erreichen, braucht man in einem großen Projekt zwei Dinge: Vertrauen in die Projektmitglieder *und* die Verantwortung eines Chefarchitekten.

Der Chefarchitekt

Bei den gängigsten agilen Vorgehensweisen, ist die Rolle eines Architekten nicht vorgesehen. Diese Prozesse fokussieren alle vorrangig auf kleine Teams und hier geht man davon aus, dass sich das gesamte Team gleichermaßen verantwortlich für das Projekt fühlt. Dabei übernehmen alle Mitarbeiter eigenverantwortlich momentan anstehende Aufgaben. Auch wenn dies für große Teams ebenfalls ein Ziel sein könnte oder sollte, stellt sich doch heraus, dass dies schlichtweg nicht möglich ist, da ansonsten die Entwicklung vollkommen unkoordiniert auseinanderläuft.

Ein Grund liegt darin, dass viele Köche den Brei verderben. Je mehr Personen in einem Team sind, desto größer ist die Anzahl verschiedener Konzepte und Ideen für das System. Vermutlich werden sich diese verschiedenen Konzepte und Ideen widersprechen. Fred Brooks stellte in [*Brooks95*] bereits fest, dass die *konzeptionelle Integrität* die wichtigste Qualität in einem großen System ist:

> *»Es ist besser, wenn ein System auf bestimmte ungewöhnliche Features und Verbesserungen verzichtet und stattdessen eine zusammengehörende Menge von Entwurfsideen umsetzt, als viele gute, aber unabhängige und unkoordinierte Ideen umzusetzen.«*

Eine architekturelle Leitung in Form eines hauptverantwortlichen Systemarchitekten ist dabei der wichtigste Schritt zu einer konzeptionellen Integrität. Abhängig von der Projektkomplexität (der tatsächlichen Projektgröße, den technischen und fachlichen Rahmenbedingungen, dem vorhandenen Know-how und

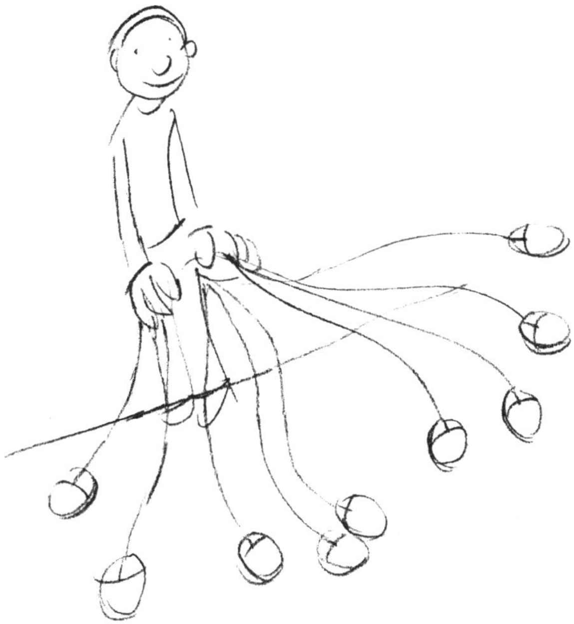

Einer sollte die Fäden zusammenhalten ...

den Fähigkeiten) benötigt der Chefarchitekt noch weitere Unterstützung, z.B. durch ein Architekturteam. Dieses Architekturteam kann als virtuelles Team aufgesetzt sein, d.h., in jedem Featureteam wird die Rolle des Architekten besetzt und diese Architekten unterstützen zusammen den Chefarchitekten als virtuelles Team. Eine andere Möglichkeit ist die Einrichtung eines separaten Architekturteams, das als technisches Serviceteam die Featureteams in allen architekturellen Belangen unterstützt.

Über die architekturelle Leitung hinaus gibt es aber noch weitere, nicht weniger wichtige Gründe für einen Chefarchitekten. Oft kann man zum Beispiel feststellen, dass nicht jeder im Team in der Lage ist, den Gesamtzusammenhang (englisch: big picture) zu beschreiben, in dem das Projekt sich befindet. Dies ist allerdings absolut notwendig, um (richtige) Entscheidungen zu treffen. Ohne den Gesamtzusammenhang passiert das, was Brooks wie folgt beschreibt:

> »*In großen Teams tendieren die Teilteams dazu, nur die eigenen Ziele zu berücksichtigen, anstatt auf die Gesamtauswirkung auf den Anwender zu achten. Diese Fehlorientierung ist eine der größten Gefahren bei großen Projekten.*«

Der Chefarchitekt ist derjenige, der immer in der Lage ist, das System als Ganzes zu beschreiben und anderen den Gesamtzusammenhang verständlich zu machen. Oder wie Alistair Cockburn es in [*Cockburn06*] formuliert:

> »*Der Beitrag dieser Person (des Chefarchitekten) besteht darin, die Erinnerung an entscheidende Konzepte bei wechselnden Entwicklungsteams am Leben zu halten.*«

Dies ist sowohl für Personen innerhalb als auch außerhalb des Projekts wichtig. Der Chefarchitekt ist der Hauptansprechpartner für zentrale technische Fragen. Ohne einen derartigen Hauptansprechpartner würden vor allem große Teams ins Chaos stürzen. Das liegt vor allem daran, dass alle Teammitglieder unsicher über zugewiesene Verantwortungen sind und nicht wissen, wer endgültige Entscheidungen trifft (siehe auch Seite 42). Der Chefarchitekt ist für diese Rolle prädestiniert. Konsequenterweise ist er es, der die Fäden in der Hand hält. Er muss dabei aber auch immer den anderen sein Wissen vermitteln, indem er zum Beispiel mit ihnen zusammenarbeitet, damit diese den technischen Gesamtzusammenhang erkennen und Verantwortung übernehmen, was auch dazu dient, seinen Arbeitsaufwand zu reduzieren. Der Chefarchitekt ist also nicht nur derjenige, der die Konzepte in Erinnerung behält, sondern auch derjenige, der diese Konzepte weiter verbreitet. Auf diese Weise erhalten immer mehr Menschen ein immer besseres Verständnis für das System.

Einfache Architektur

Eines der wichtigsten Ziele, die der Chefarchitekt eines agilen Projekts immer anstreben muss, ist eine *einfache* Architektur. Nach David Parnas ist mit dem Chefarchitekten bereits ein wichtiger Schritt in diese Richtung getan:[2]

> »*Einfachheit ist eine Folge von konzeptioneller Integrität.*«

Das Fokussieren auf eine einfache Architektur wird auch als *KISS-Ansatz* bezeichnet, bei dem es um das Ziel »Mach es einfach, damit es jeder Trottel versteht« geht.[3] Die Architektur muss einfach gehalten werden, damit sie wirklich die Anforderungen eines großen Teams erfüllt:

- Wenn die Architektur einfach ist, kann auch jedes »einfache« Projektmitglied sie verstehen. Deshalb muss eine einfache Lösung immer einer komplexen vorgezogen werden.

---

[2]David Parnas: *XP – Extremely What?* Eingeladener Vortrag auf der International Conference on eXtreme Programming and Agile Processes in Software-Engineering 2002, Sardinien, Italien.

[3]»KISS« steht für »Keep it simple stupid«, wobei es allerdings auch leicht modifizierte Formulierungen gibt.

- Die Architektur wird sich aufgrund geänderter Anforderungen (oder geänderter Bedürfnisse der Featureteams) im Laufe der Zeit verändern. Aus diesem Grund sollte die Architektur flexibel und einfach zu ändern sein.

Dies bedeutet offensichtlich auch, dass die Architektur die Umgebung, in der sie existiert (sprich: die Organisation), berücksichtigt.

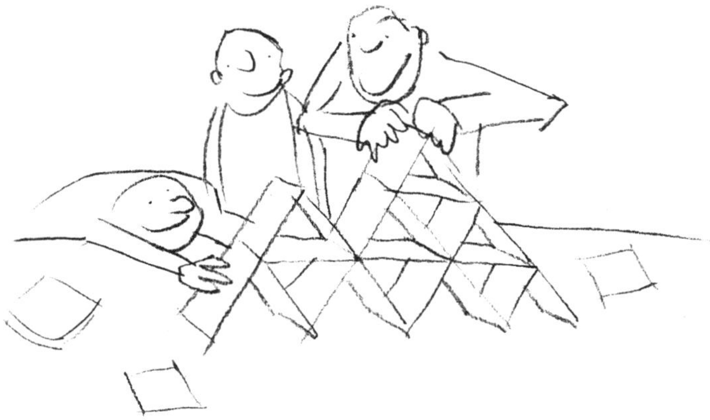

Einfache Architektur ...

Die Architektur sollte wie jeder andere Teil der Anwendung auch regelmäßigen Refactorings (siehe Seite 158) unterliegen. Refactorings und Veränderungen an der Architektur bedeuten dabei nicht unweigerlich, dass immer neue Funktionalität hinzugefügt wird. Es geht vielmehr auch darum, überflüssige Teile zu entfernen, um die Architektur weiter zu vereinfachen. Paul B. MacCready[4] von AeroVironment, Inc. berichtet, dass die Entwicklung des ersten – mehrfach ausgezeichneten – Flugzeugs ohne technischen Antrieb, der Gossamer Condor, nicht aufhörte, sobald das Flugzeug in der Luft war. Vielmehr wurde das Flugzeug kontinuierlich einfacher und leichter gemacht:

> »*Zerbrach ein Teil, ersetzten wir es mit einem schwereren und robusteren. Zerbrach ein Teil nie, machten wir es leichter und konsequenterweise schwächer. Auf diese Weise fanden wir heraus, was unbedingt notwendig ist, damit ein Flugzeug in der Luft bleibt.*«

In Anlehnung an Albert Einstein war das Ziel also:

> »*So einfach wie möglich, aber nicht einfacher.*«

[4]Paul B. MacCready: *Unleashing Creativity While Still Getting the Job Done.* Keynote auf der OOPSLA 1998, Vancouver, Kanada.

Dies ist eine Einstellung, die man bei der Softwareentwicklung leider nur selten antrifft. Sobald etwas läuft, wird es ausgeliefert. Es gibt dann kein weiteres Nachdenken über Teile, die auf dem langen Weg zu einer lauffähigen Version eingebaut wurden, inzwischen aber nicht mehr benötigt werden. Am Anfang ist dies kein großes Problem, doch mit der Zeit kann es eins werden. Weil jeder davon ausgeht, dass ein Teil notwendig ist und obwohl niemand mehr weiß, warum es eigentlich ursprünglich eingebaut wurde, wird es gewartet und weiterentwickelt. Es handelt sich also zumindest um unnötigen Ballast, der langfristig unnötig Zeit und Geld für die Pflege verbraucht. Auch der Rest der Anwendung sollte regelmäßig daraufhin untersucht werden, sodass nur Software vorhanden ist, die auch wirklich die gewünschte Funktionalität liefert. Da aber jeder auf die Architektur aufbaut, muss vor allem bei ihr darauf geachtet werden, dass sie in jeder Hinsicht verständlich bleibt.

Ich empfehle, auch darauf zu achten, dass die Architektur nicht aus einem Haufen eleganter abstrakter Frameworks besteht, die niemandem etwas nützen. Das Architekturteam muss sich deshalb daran gewöhnen, dass es sich nach seinen Kunden (den Featureteams) richtet, anstatt diesen eine Architektur vorzusetzen. Die Architektur muss also einzig und allein die Bedürfnisse der gewünschten Fachlichkeit abdecken. Aus diesem Grunde ist es besser, die (Weiter-)Entwicklung einer Architektur eher früher als später zu stoppen. Natürlich muss es ein Kernsystem geben, das oft das Ergebnis des Startteams und Teil einer Referenzimplementierung ist (siehe Seite 127). Dieses Kernsystem hat die Aufgabe, zu beweisen, dass die Anwendung prinzipiell gebaut werden kann. Darüber hinausgehende Anforderungen an die Architektur sollten ausschließlich von den Featureteams kommen. Ansonsten riskiert man, dass eine komplizierte und nicht wirklich einsetzbare Architektur entsteht oder dass eine »lebenslaufgetriebene« Architektur erstellt wird, in der nur deshalb bestimmte neue Technologien eingesetzt wurden, weil die Architekten es spannend fanden, mehr über diese Technologien zu lernen, um auf sie im eigenen Lebenslauf zu verweisen.

Architektur als Dienstleistung

In großen Firmen existieren oft zahlreiche Serviceteams, die sich jeweils um eine bestimmte Technologie kümmern. Ein Team ist verantwortlich für Datenbanken, eines für Middleware und eines für die Architektur. Diese Teams arbeiten oftmals mit dem Fokus auf den Hersteller, für den man sich unternehmensweit entschieden hat, und nicht mit dem Fokus auf das jeweilige Projekt. Die Featureteams würden von diesen Teams allerdings am besten profitieren, wenn diese sich als reine Dienstleister für die Projekte betrachten würden.

So muss eine Architektur, die das Architekturteam erstellt und unterstützt, immer das Ergebnis der Anforderungen der Featureteams sein. Kurz: Architektur muss immer als Dienstleistung betrachtet werden. Eine umgekehrte Beziehung, bei der die Featureteams die Architektur der technischen Teams einfach verwenden müssen, ist dagegen zu vermeiden. Wie man dies organisatorisch managt, darauf wird auf Seite 51 eingegangen.

Diese Herangehensweise führt zu einer Architektur, die das von *Extreme Programming* bekannte *YAGNI-Prinzip* unterstützt. *YAGNI* bedeutet »You ain't gonna need it« und schlägt vor, dass nur das implementiert wird, was wirklich benötigt wird. Es werden keine Annahmen darüber getroffen, was möglicherweise zukünftig benötigt werden könnte. Dieses Prinzip basiert auf der Erfahrung, dass die hellseherischen Fähigkeiten der meisten Leute nicht gut genug sind, um die Zukunft ausreichend gut vorherzusagen. Der Fokus der Architektur muss auf Einfachheit und benötigter Funktionalität und nicht auf unnötiger Flexibilität liegen. Je komplexer eine Architektur ist, desto wahrscheinlicher ist es, dass sie nicht von jedermann ausreichend gut verstanden wird und als Konsequenz fehlerhaft genutzt oder weiterentwickelt wird.

Um eine einfache Architektur zu entwickeln, darf das Architekturteam (sei es nun ein reales oder ein virtuelles Team) nur das einbauen, was wirklich von den Kunden, also den Featureteams, benötigt wird. Diese Anforderungen dienen dazu, die gewünschte fachliche Funktionalität zu realisieren, und sind somit letztlich eine Folge der Anforderungen des tatsächlichen Kunden des Systems. Um dieses dienstleistungsorientierte Verhalten von Anfang an in einem Projekt zu etablieren, ist es wichtig, dass das Projekt langsam wächst (siehe Seite 129).

Flaschenhälse vermeiden

Wenn man an Fortschritt interessiert ist, achtet man natürlich argwöhnisch auf jeden möglichen Engpass oder Flaschenhals, der das Tempo eines Entwicklungsteams bremsen könnte. Manchmal werden Flaschenhälse aber auch bewusst in Kauf genommen. Ein Beispiel dafür ist der zentrale Integrationspunkt, um Konflikte bei der Entwicklung zu vermeiden (siehe Seite 106). Doch generell ist es wichtig, jede Art von Flaschenhals, sei er technischer oder organisatorischer Natur, zu verhindern.

Die Flaschenhälse, die in großen Teams am häufigsten auftreten, sind folgende:

- **Enge Kopplung:** Eine Architektur muss darauf achten, dass die einzelnen Subsysteme so lose wie möglich gekoppelt sind. Ansonsten besteht die Gefahr, dass eine einzige kleine Änderung dazu führt, dass das gesamte System neu übersetzt werden muss. Da die Wahrscheinlichkeit hoch ist, dass das System (nach einiger Zeit) ziemlich groß wird, kann dies ansonsten ziemlich viel Zeit kosten.

  Ein Mittel, um dieses Problem zu lösen, ist die Aufhebung der Typbindung (entweder durch interpretierende Sprachen wie Ruby oder durch generische Interfaces wie bei Java). Der Nachteil ist, dass damit zur Kompilierzeit weniger Typüberprüfung durchgeführt wird.

- **Harmonisierung:** Lange Zeit hat sich die Überzeugung breit gemacht, dass gerade in Großunternehmen Systeme nur dann längere Zeit wartbar seien, wenn die unterschiedlichen Systeme harmonisiert werden. Das heißt, angestrebt wurde eine Vereinheitlichung der Architektur. In der Vergangenheit endete dieses Harmonisierungsbestreben üblicherweise damit, dass nicht die bestehenden Systeme wirklich in dem einen, harmonisierten System resultierten, sondern, dass ein zusätzliches System geschaffen wurde und somit die Wartbarkeit nochmals erschwert wurde. Das heißt, es wurde sehr viel Aufwand in eine Aufgabe gesteckt, die letztendlich die Komplexität der Systemlandschaft eines Unternehmens erhöhte. Je höher der Aufwand für die Erstellung dieses Vorhabens ist, desto mehr sollte man den Wert infrage stellen. Die Erstellung eines harmonisierten Systems ist schon deshalb so schwierig, weil jeder bzw. jedes Team eine andere Sicht und eine andere

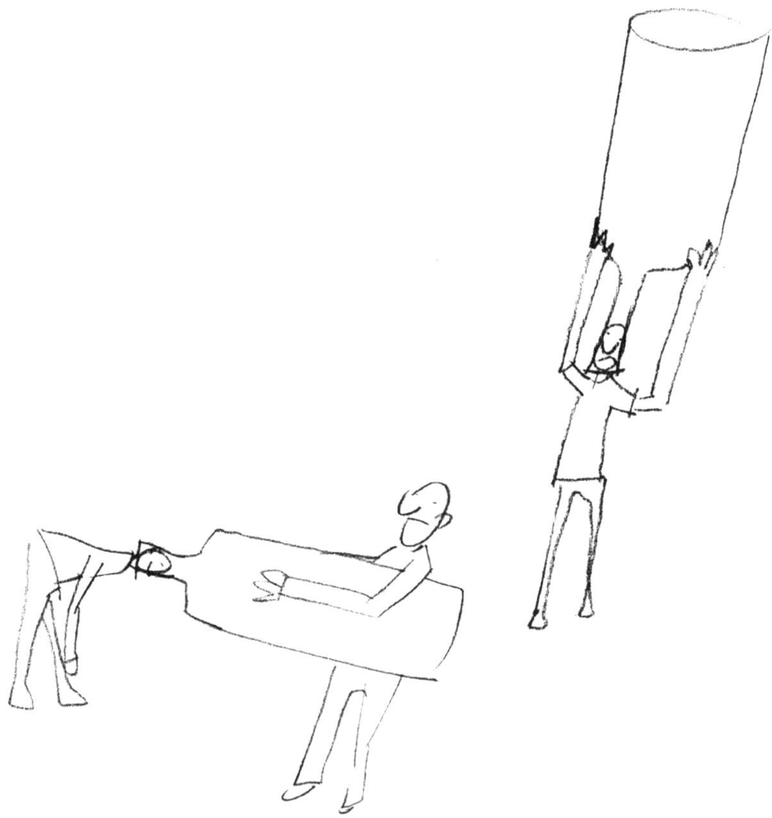

Flaschenhälse vermeiden ...

Zugriffsmöglichkeit benötigt. Das andere Problem eines harmonisierten Systems sind die vielen Abhängigkeiten. Sie entstehen insbesondere zwischen den Teams, sind sehr eng und vor allem zyklisch. Dies führt dazu, dass mit jeder Änderung an diesem harmonisierten System alles neu übersetzt werden muss.

Auch wenn es anders erscheint, ein unternehmensweites Modell ist eigentlich mehr ein organisatorischer als ein technischer Flaschenhals. Da hierfür jeder seine Schnittstellen mit jedem anderen abstimmen muss. Dies gilt vor allem bei enger Vernetzung. Darüber hinaus kann ein unternehmensweites Modell sogar ein Showstopper für die gesamte Entwicklung werden. Es kostet nämlich meist so viel Zeit, sich auf ein gemeinsames Modell zu einigen, dass man mit der eigentlichen Entwicklung nicht beginnen kann. Dieses Phänomen wird auch als *Analyse-Paralyse* bezeichnet.

Doch auch wenn man kein gemeinsames Modell hat, müssen verschiedene Teams sich auf gemeinsame Schnittstellen einigen. Man sollte darauf achten, dass diese Klärungen bilateral und pragmatisch und nicht bürokratisch durchgeführt werden. Das heißt, die Kommunikation darf sich nicht an den offiziellen Kommunikationspfaden der Organisation ausrichten, da man ansonsten Gefahr läuft, dass das System nachher genau diese Kommunikationspfade widerspiegelt (vergleiche Conways Gesetz).

Architektur und Größe
von Nicolai Josuttis

Jeder Entwickler weiß eigentlich, dass große Systeme nur dann skalieren, wenn Flaschenhälse auf ein Minimum reduziert werden. Weniger bekannt ist jedoch, dass dies nicht nur für die technischen Aspekte eines Systems gilt. In einem großen Projekt ist es für eine erfolgreiche Entwicklung notwendig, dass auch alle organisatorischen Flaschenhälse möglichst vermieden werden.

Agile Prinzipien wie gemeinsame Verantwortlichkeit und paarweises Programmieren helfen dabei insofern, als Kopfmonopole vermieden und Wissen auf mehrere Schultern verteilt wird. Doch auch die Architektur kann entscheidend dazu beitragen, organisatorische (und nicht nur technische) Flaschenhälse zu vermeiden.

Die Verwendung eines gemeinsamen Objektmodells für eine große Anwendung ist ein perfektes Beispiel für diesen Sachverhalt. Nicht selten wird gelehrt, dass es sinnvoll ist, ein sogenanntes *Business Object Model* zu erstellen. In diesem Modell werden alle Klassen und Objekte des zu erstellenden Systems gemeinsam zum Beispiel in Form von UML-Diagrammen modelliert und dann implementiert. Als Folge kann man am Modell (und am Code) wunderbar erkennen, welche Beziehungen zwischen den einzelnen Klassen und Objekten existieren (können).

In einer Anwendung im Bankenumfeld würde man auf diese Weise zum Beispiel die Klassen »Kunde«, »Konto« und «Aktie« mit den dazugehörigen Attributen und Beziehungen modellieren. Dabei fällt auf, dass es etliche Beziehungen zwischen diesen drei Klassen gibt (siehe die Abbildung unten):

- »ein Kunde hat ein Konto«,
- »ein Konto gehört zu einem Kunden«,
- »eine Aktie kann von einem Kunden gekauft werden und mit einem Betrag vom Konto bezahlt werden«,
- »eine Aktie kann sich in einem Depot befinden, das eine spezielle Form eines Kontos darstellt«,
- ...

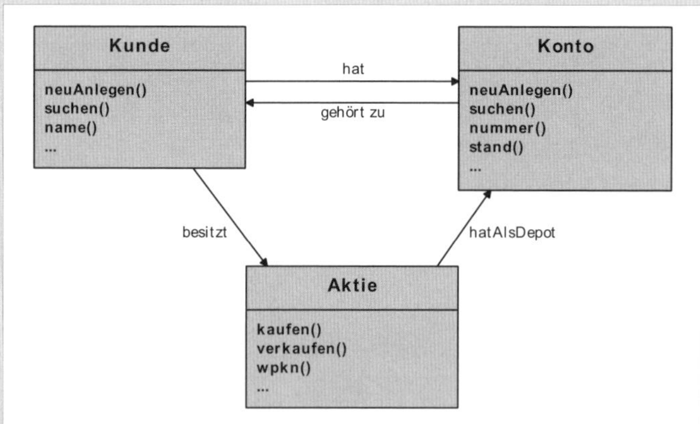

Eng gekoppelte Modellierung

Merken Sie etwas? Schon eine Aufzählung der einfachsten Beziehungen zwischen diesen drei Klassen führt zu zahlreichen Assoziationen und zyklischen Abhängigkeiten. Solange das Modell einigermaßen einfach ist, kann man das Problem vielleicht noch in den Griff bekommen. Doch ein derartiges System skaliert nicht. Das Problem ist, dass alle Klassen mit allen anderen zusammenhängen. Damit haben Änderungen globale Auswirkungen (und sei es nur, dass jedes Team neu kompilieren muss, was in großen Projekten Stunden dauern kann) und es lassen sich auch keine einzelnen Module testen und isoliert entwickeln, da die Datentypen der dazugehörigen Assoziationen bekannt sein müssen. Hinzu kommt, dass durch die komplexen Beziehungen nur ein bis zwei Personen überhaupt in der Lage sind, den Gesamtzusammenhang im Objektmodell zu überblicken und somit das Modell zu erstellen und zu pflegen.

Ich habe derartige Flaschenhälse in der Realität schon oft gesehen, was immer dazu führte, dass die Projekte mit immensen Kosten scheiterten. Dabei war es unerheblich, ob man versucht hat, das Modell vor Beginn der Implementierung komplett zu erstellen oder mit einer unfertigen Version einfach mit der Implementierung zu beginnen. Im ersten Fall wurde das Modell nie fertig und im zweiten Fall wurde das Modell entweder in keiner Weise den Anforderungen gerecht oder alle Featureteams mussten ständig auf Änderungen am Modell reagieren, selbst wenn sie fachlich davon eigentlich nicht betroffen waren.

Das Fatale an diesem Problem ist, dass es selten gelingt, das Problem hinter dem Problem zu erkennen. Anstatt den Ansatz, ein gemeinsames Objektmodell zu erstellen, infrage zu stellen, wundern sich nur alle, wieso das Objektmodell immer noch nicht fertig ist, schon wieder geändert wird oder den Anforderungen überhaupt nicht gerecht wird. Neben gegenseitigen Vorwürfen gibt es dann auch jede Menge Hilfskonstruktionen, die dazu führen, dass niemand mehr das System versteht und die Performance des Systems in den Keller geht.

Die eigentliche Lösung lässt sich mit wenigen Worten umschreiben: Modularisierung, Entkopplung, Schichtenbildung. Statt eines gemeinsamen Objektmodells erstellt man ein System, in dem es mehrere Subsysteme (mit eigenen Objektmodellen) geben kann. Diese Subsysteme sind sinnvollerweise in verschiedene Schichten aufgeteilt. Schließlich muss man noch darauf achten, dass vor allem statische Abhängigkeiten im Code vermieden werden. Anstatt alle Beziehungen in einem Modell zu modellieren und als Assoziationen zu implementieren, stellt man diese Beziehungen zwischen den einzelnen Objekten zur Laufzeit im Rahmen eines konkreten Geschäftsprozesses her.

In unserem konkreten Beispiel bedeutet das: Es gibt mehrere Schichten mit je einem Modul für die verschiedenen fachlichen Aspekte des Systems. Für alle Operationen und Daten von Kunden gibt es zum Beispiel die Module »Kunde« und »KundeService«. Für alle Operationen und

Daten von Konten gibt es zum Beispiel die Module »Konto« und »KontoService« und so weiter. Diese Module sind erst einmal unabhängig voneinander. Erst zur Laufzeit werden diese Daten dann im Rahmen eines konkreten Geschäftsprozesses in eine Beziehung gebracht (siehe die Abbildung unten).

Will man zum Beispiel den Geschäftsprozess »Kunde kauft Aktie« realisieren, dann lässt man das Kundenteam die Identifizierung des Kunden vornehmen und sich den identifizierten Kunden liefern. Anschließend überlässt man dem Aktienteam die Aufgabe, die zu kaufenden Aktien auszuwählen, und gibt dem Kontoteam schließlich die Aufgabe, das Konto mit den Kosten der Aktien zu belasten (und ggf. die gekauften Aktien im Depot abzulegen). Der entscheidende Punkt ist, dass die eigentlichen Abstimmungen nun nicht mehr zentral in ein gemeinsames Objektmodell münden: Der für die Realisierung des Geschäftsprozesses verantwortliche Entwickler gibt den einzelnen Teams die entsprechenden Aufgaben. Zusätzlich können diese Teams sich untereinander bilateral abstimmen (wenn zum Beispiel das Aktienteam an den Namen des Kunden herankommen muss).

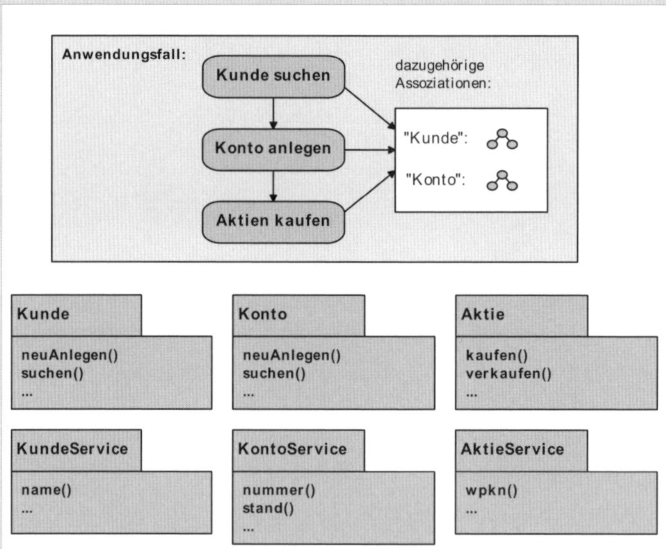

Lose gekoppelte Implementierung

Mit diesem Ansatz ist nicht nur das globale Objektmodell, sondern auch der dazugehörige Flaschenhals vom Tisch. Für jeden Geschäftsprozess können einzelne Entwickler Anforderungen an die verschiedenen Featureteams stellen. Diese Teams können die einzelnen Anforderungen sammeln und entsprechende allgemeine Datentypen zur Verfügung stellen, über die man mit den dazugehörigen Methoden operieren kann. Da die Assoziationen zwischen den Modulen bei den einzelnen Teams nicht modelliert werden, sind die einzelnen Module erst einmal unabhängig voneinander übersetz- und testbar. Und da die Beziehungen zwischen den Modulen auch nicht zentral, sondern für jeden Anwendungsfall individuell realisiert werden, besteht auch kein Bedarf für eine zentrale Instanz, die die Beziehungen modelliert.

Dieses Beispiel zeigt einige sehr wichtige Erfahrungen, die beim Erstellen großer Systeme beachtet werden müssen:

- Eng gekoppelte Systeme skalieren nicht. Dazu gehören insbesondere Objektmodelle. Stattdessen müssen Systeme modularisiert und lose gekoppelt werden.
- Jede Art von Zentralismus muss unbedingt vermieden werden. Das Design eines Systems muss so angelegt sein, dass Funktionalitäten dezentral realisiert werden können.
- Zyklische Abhängigkeiten zwischen Subsystemen sollten nicht statisch implementiert werden. Subsysteme müssen isoliert entwickelt und getestet werden können.

Hinter diesen Erfahrungen steckt aber noch eine »Meta-Erfahrung«, die mir noch wichtiger erscheint, da sie eines der Probleme großer Systeme verdeutlicht: Architekturen skalieren nicht. Eine Architektur, die in einem kleinen Projekt angemessen ist, kann für ein großes Projekt völlig unangemessen sein. Dies liegt daran, dass bei Systemen, die in großen Teams entwickelt werden, insbesondere auch darauf geachtet werden muss, dass keine organisatorischen Flaschenhälse auftreten. Insofern sind alle Empfehlungen und Erfahrungen, die auf kleinen Projekten oder kleinen Prototypen beruhen, mit äußerster Vorsicht zu genießen. Größe hat ihren Preis und auch Architekturen werden durch die Projektgröße beeinflusst.

Verantwortlichkeit

Ein typisches (kleines) agiles Team basiert auf Vertrauen. Dies gilt auch in Bezug auf Verantwortlichkeit (englisch: ownership). Jeder im Team ist in der gleichen Weise für alle Liefergegenstände, inklusive des Codes selbst, verantwortlich. Das bedeutet, dass es für keinen Liefergegenstand irgendeinen expliziten Eigentümer gibt. Wann immer ein Liefergegenstand verändert werden muss, kann dies jeder im Team tun.

Dieser Ansatz führt schon in kleinen Teams zu gelegentlichen Diskussionen. In großen Teams behaupten die Mitarbeiter meistens, dass eine derartige Herangehensweise weder durchführbar noch angemessen sei. Vor nicht allzu langer Zeit habe ich zu diesem Thema einen Vortrag gehalten und es dauerte nicht lange, bis zwei Personen im Publikum die klassische Diskussion dazu begannen (beide Personen arbeiteten in der gleichen Firma und sogar meistens im gleichen Team). Die erste Person argumentierte, sie könnte niemals allen Mitgliedern in ihrem Team so weit trauen, dass mit Sicherheit niemand »ihren« Liefergegenstand durcheinander bringen würde. Auf der anderen Seite konnte sie auch das Argument ihres Kollegen nachvollziehen, dass es dadurch häufig zu unnötigen Blockaden kommt, wenn der Verantwortliche im Urlaub oder krank ist. Beide fanden dies zumindest dann sehr ärgerlich. Ich habe daraufhin vorgeschlagen, die Argumente gegeneinander abzuwägen: Ist es wichtiger, dass jeder in der Lage ist, jede notwendige Veränderung durchführen zu können, oder ist es wichtiger, sicher zu sein, dass der »eigene« Liefergegenstand in dem Zustand erhalten bleibt, in den man ihn gebracht hat? Darüber hinaus kann man mit einem Versionsverwaltungssystem immer problemlos auf einen früheren Stand der Software wechseln. Unter Abwägung dieser Argumente kamen beide Kollegen überein, dass der Flaschenhals, der durch exklusives Besitztum entsteht, ein höheres Risiko birgt als die Gefahr unerwünschter Änderungen. In den mittleren bis großen Teams, in denen ich gearbeitet habe, trat das Problem der fehlerhaft weiterentwickelten oder veränderten Liefergegenstände durchaus mitunter auf. Dies war aber kein so großes Problem und niemand wollte deshalb die Freiheit aufgeben, dass jeder bei Bedarf Änderungen vornehmen kann.

Wenn jeder alles verändern kann, hilft das auch, das Wissen über das System zu verbreiten, und trägt somit zu einem gemeinsamen Gesamtverständnis bei.

Zur weiteren Diskussion über die Möglichkeiten von Verantwortlichkeit in großen Teams möchte ich zunächst die verschiedenen Strategien, wie mit Verantwortlichkeit umgegangen werden kann, klären:

- **Gemeinsame Verantwortlichkeit:** Jeder ist für alles verantwortlich. Dies ist das »klassische« Verantwortlichkeitsmodell in agilen Projekten. Es bedeutet, dass jede Person an jedem Liefergegenstand jede notwendige Änderung vornehmen kann.

  Der Vorteil dieser Strategie liegt auf der Hand: Sobald etwas geändert werden muss, wird es geändert. Es gibt keine Beschwerden, dass man deshalb seine eigenen Aufgaben nicht schafft, weil etwas im System die Fertigstellung der Aufgabe behindert. Dieses Verhalten verstärkt natürlich auch die Etablierung von selbstorganisierenden Teams, da sich jeder für das System als Ganzes und nicht nur für seinen Teil verantwortlich fühlt.

Der Nachteil besteht darin, dass bei sehr zentralen Liefergegenständen das Zusammenfügen verschiedener Änderungen mitunter Zeit kosten kann. Darüber hinaus gibt es vor allem in großen Teams das Problem, dass nicht alle Personen verantwortlich genug sind oder über ausreichend Wissen verfügen, um die notwendigen Änderungen geeignet durchzuführen. Solche Mitarbeiter können dann, wenn es gut läuft, unnötige Änderungen durchführen oder, wenn es schlecht läuft, dafür sorgen, dass das gesamte System nicht mehr korrekt funktioniert oder essenzielle Konzepte korrumpiert werden.

Diese Strategie der gemeinsamen Verantwortlichkeit basiert vollkommen darauf, dass sich die Teammitglieder untereinander vertrauen. Jeder vertraut darauf, dass alle gleichermaßen verantwortungsvoll mit dem System umgehen. Das heißt, jeder weiß, was er tut, und eventuelles Fehlverhalten wird durch die existierenden Unit Tests erkannt. Allerdings dauert es seine Zeit, bis alle Mitarbeiter das notwendige Wissen aufgebaut haben, sodass dieses Vertrauen gerechtfertigt ist.

- **Exklusive Verantwortlichkeit:** Die Person, die einen Liefergegenstand erstellt, besitzt diesen auch. Üblicherweise ist dies damit verbunden, dass der Ersteller des Liefergegenstands auch dafür verantwortlich ist, dass dieser brauchbar ist und funktioniert.

  Der Vorteil dieser Strategie ist, dass es immer klar ist, wen man bei einer notwendigen Änderung fragen muss (und wen man im Fehlverhalten verantwortlich machen kann).

  Der Nachteil besteht darin, dass man für jede Änderung auf den Eigentümer angewiesen ist: Dieser ist jedoch nicht immer verfügbar (und sei es nur, weil er andere wichtige Dinge zu tun hat). Exklusive Verantwortlichkeit kann deshalb zu einem enormen Flaschenhals werden. Darüber hinaus wird das Wissen über eine Komponente nicht breit gestreut, sondern steckt in einem einzelnen Kopf. Man denke daran, dass eines der Grundziele eines agilen Teams ist, dass jeder den Gesamtzusammenhang kennt und weiß, was wo passiert.

- **Team-Verantwortlichkeit:** Dies ist eine Kombination aus gemeinsamer und exklusiver Verantwortlichkeit und ist eine Besonderheit bei Großprojekten: Jedes Teilteam besitzt exklusiv alle Liefergegenstände, die von den einzelnen Teammitgliedern erstellt werden. Das heißt, Mitarbeiter anderer Teilteams dürfen die Liefergegenstände nicht verändern. Innerhalb des Teilteams hat hingegen jedes Mitglied Zugriff auf alles. Dies ist deshalb eine Besonderheit bei Großprojekten, da diese Strategie bei kleinen Projekten, die nur aus einem Team bestehen, der gemeinsamen Verantwortlichkeit entspricht.

Man beachte, dass man werkzeugunterstützt auch eine Mischung aus verschiedenen Verantwortlichkeitsstrategien verfolgen kann. So kann man zum Beispiel dafür sorgen, dass einzelne Personen exklusiv für bestimmte Teile verantwortlich sind, diese aber dennoch von allen Teammitgliedern geändert werden können. Dazu legen die anderen Teammitglieder jeweils spezielle Versionen (englisch: branches) an, die dann vom Eigentümer für die Hauptversion verifiziert und freigegeben werden können. Damit wird der Flaschenhals nicht zum Showstopper. Die Open-Source-Gemeinde verwendet üblicherweise ein ähnliches Modell: Für die eigentlichen Mitglieder existiert das Modell der gemeinsamen Verantwortlichkeit. Externe Änderungen müssen aber erst von einem internen Teammitglied freigegeben werden.

In mittelgroßen Teams (bis zu fünfzig Personen) funktioniert nach meiner Erfahrung auch das Modell der *wechselnden Verantwortlichkeit* sehr gut. Prinzipiell ist jeder für alles verantwortlich und kann auch alles verändern. Sobald er dies aber macht, wird er Eigentümer des Liefergegenstands. Ab dem Moment bleibt er so lange für diesen Liefergegenstand verantwortlich, bis ihn ein anderer übernimmt. Ich habe nie erlebt, dass bei wechselnder Verantwortlichkeit ein Liefergegenstand von jemandem übernommen wurde, der Veränderungen vornahm, ohne zu wissen, was er tat. Vertrauen ist immer notwendig, insofern als jeder im Team seine Verantwortung ernst nimmt. Üblicherweise läuft es darauf hinaus, dass jede Person sich für *ein* Aufgabengebiet verantwortlich fühlt und somit auch nur daran interessiert ist, Änderungen auf diesem Gebiet durchzuführen. Doch manchmal sind trotzdem Änderungen an ganz anderer Stelle notwendig. In dem Fall gibt es zwei Möglichkeiten: Zum einen bittet die Person, die die Änderung benötigt, die entsprechenden Eigentümer die Änderung durchzuführen. Dabei wird man natürlich die Gründe und Konsequenzen der Änderung erläutern. Zum anderen führt die Person, die die Änderung braucht, diese Änderung selbst durch und informiert den Eigentümer des entsprechenden Bereichs. In der Praxis habe ich festgestellt, dass meistens die erste Alternative verwendet wird, da man nicht die Verantwortung für die Liefergegenstände übernehmen will.

In großen Teams funktioniert nach meiner Erfahrung das Modell der Team-Verantwortlichkeit am besten. Wichtig ist dabei aber, dass immer eine Person des Teams für eventuelle Fragen und Änderungen zur Verfügung steht. So oder so ist die Entscheidung für ein Verantwortlichkeitsmodell, das auf Vertrauen basiert (wie bei wechselnder oder gemeinsamer Verantwortlichkeit), ein positives Signal und ein wichtiger Schritt für das gesamte Team auf dem Weg zu agiler Entwicklung.

Angemessene Technologie

Technologie ist ein heißes Thema: Manchmal hat man ein viel besseres Marketing für sein Projekt, wenn sich das Projekt auf Begriffe stützt, die den neuesten Trend ausdrücken. Darüber hinaus ist die Motivation der Projektmitglieder häufig höher, wenn diese in einem Projekt noch etwas lernen können, was ihren Lebenslauf positiv beeinflusst. Aus diesen Gründen wird man immer zahlreiche Mitarbeiter innerhalb und außerhalb des Teams finden, die die neueste Technologie einsetzen wollen, selbst wenn diese noch gar nicht einsatzbereit zur Verfügung steht.

Große Projekte mit großen Teams haben allerdings schon genug Risiken. Es gibt deshalb überhaupt keinen Grund, diese Risiken unnötig zu erhöhen. Pete McBreen formuliert dies in Bezug auf heiße Technologien in [*McBreen02*] wie folgt:

> »*Brandheiße Technologien liefern viele Gründe für subtile Fehler und Irrtümer. Um spätere Probleme zu vermeiden, muss das Entwicklungsteam frühzeitig ausreichend Zeit investieren, um alle Überraschungen und Fallen herauszufinden.*«

Genauer gesagt gibt es folgende besonders kritische Risiken, die die Verwendung neuester Technologie mit sich bringt:

- Je neuer eine Technologie ist, desto riskanter ist sie. Die Wahrscheinlichkeit ist gering, dass es andere Projekte gibt, die mit dieser neuen Technologie überhaupt schon erfolgreich waren. Damit wird das Projekt Probleme und Einschränkungen bei der Verwendung der Technologie erstmalig entdecken. Die Behebung dieser Probleme kostet allerdings Zeit und Geld und das Projekt hat eigentlich eine ganz andere Aufgabe zu erfüllen.
- Es gibt keine Personen im Unternehmen oder auf dem Markt, die mit Erfahrung zu der Technologie aufwarten können. Die erfahrensten Personen, die man bekommen kann, sind diejenigen, die zumindest *etwas* über das Thema gelesen oder geschrieben haben oder die ein einfaches »Hallo, Welt«-Programm erstellt haben. Diese Personen sind dann auch noch sehr teuer, da es sich um die einzigen »Experten« handelt. Auch für neue Technologien gilt, dass Erfahrung durch nichts zu ersetzen ist; auch nicht durch Begeisterung und Motivation.
- Der Entwickler der Technologie ist auf der Suche nach Versuchskaninchen, um die Technologie zu verbessern und das Wissen der eigenen Berater zu erhöhen. Vorsicht, auch diese Berater haben selten selbst eine wirkliche Anwendung mit dieser Technologie erstellt.
- Auch wenn Ihr Kunde meint, es wäre »cool«, wenn man der Erste ist, der diese Technologie einsetzt, wird er am Ende doch zufriedener sein, wenn die Anwendung wirklich läuft und die gewünschte Qualität hat.

Vorsicht vor neuen Technologien ...

All dies lässt nur einen Schluss zu: Man sollte die Risiken eines Projekts nie durch Verwendung neuester Technologien unnötig erhöhen. Wie begeistert man auch immer ist, ein erhebliches Maß an Skepsis in Bezug auf Aussagen zu neuen Technologien ist immer angebracht.

Man sollte sich grundsätzlich auf das Hauptziel eines Projekts konzentrieren und eine Technologie nur dann in Betracht ziehen, wenn sie dabei weiterhilft (eine Selbstverständlichkeit, die man leider allzu oft wiederholen muss). Dabei darf die Technologie durchaus veraltet, aber bewährt sein. Es ist gut, für Empfehlungen anderer Leute offen zu sein, doch sollte man sich bei jeder Empfehlung erklären lassen, warum sie erfolgt und welchen Nutzen man in seinem Projekt aus der Empfehlung zieht. Dabei sind Argumente wie »weil es cool ist«, »weil es gerade angesagt ist« oder »weil es in einem anderen Projekt gerade auch ausprobiert wird« schlicht unakzeptabel. Den wirklichen Grund für einen Technologievorschlag kann man mit folgenden Fragen herausfinden, die sich auch auf Entscheidungsfindungen in anderen Bereichen übertragen lassen:

- Welches Problem löst die Technologie? Oder löst die Technologie ein Problem, das wir gar nicht haben?
- Entstehen durch Verwendung der Technologie neue Probleme oder Risiken?
- Welche beiden anderen Lösungen nutzen wir nicht, weil diese das Problem nicht angemessen lösen?
- Was passiert, wenn wir der Empfehlung zuwider laufen?

Bevor man sich für eine vorgeschlagene Technologie entscheidet, sollte man klären, ob man das Problem, das diese Technologie löst, überhaupt hat und ob das Problem für das Projekt kritisch ist. Darüber hinaus sollten immer Alternativen untersucht werden. Zu Problemen gibt es immer mehrere Lösungen, die mit den Problemen unterschiedlich umgehen. Je nach Lösungsansatz kann die Lösung wirklich helfen oder zu neuen Problemen führen. Wenn man Lösungen in Betracht zieht, die der Empfehlung zuwider laufen, ist man manchmal auch in einer besseren Position, die vorgeschlagene Technologie zu beurteilen.

Generell sollte man vor allem mit proprietären Technologien vorsichtig umgehen. Standards haben eine höhere Wahrscheinlichkeit auch über die Dauer des Projekts erhalten zu bleiben. Wenn man die Verwendung von proprietären Lösungen nicht vermeiden kann, sollte man zumindest darauf achten, dass diese Lösung im System sauber gekapselt ist und im Notfall der Sourcecode zur Verfügung steht.

Nützliche Techniken und Praktiken

Wenn man nützliche Praktiken einführen will, braucht man ein gewisses Maß an Disziplin, um sich an sie zu gewöhnen. Je mehr diese Angewohnheiten verinnerlicht werden, desto einfacher wird es, notwendige Veränderungen am System durchzuführen. Je häufiger Projektmitglieder die Vorteile neuer Praktiken selbst erleben, desto weniger Disziplin brauchen sie, um den Angewohnheiten zu folgen. Man hat sich daran gewöhnt, d.h., man folgt ihnen wie selbstverständlich. Bei alledem ist wie immer schnelles Feedback (auch in Bezug auf die Praktiken) notwendig.

Wir schauen uns zuerst das Testen an, das die Voraussetzung für alle Arten von Veränderungen am System ist. Danach gehen wir auf eine dieser möglichen Veränderungen ein, das Refactoring. Schließlich diskutieren wir noch das Thema Standards, denn schließlich werden einige der nützlichen Praktiken am besten etabliert, wenn das Team sie zum Standard erhebt.

Testen

Unabhängig von der Teamgröße wird man immer von frühzeitig zur Verfügung stehenden Tests profitieren. Der offensichtlichste Vorteil ist dabei, dass die Tests (vor allem Unit Tests) direktes Feedback zu Design und Code liefern. Sie zeigen sofort, ob ein Design und der dazugehörige Code wie erwartet funktionieren. Doch Tests bieten noch mehr Vorteile:

- Tests bilden das Sicherheitsnetz für alle weiteren Aktionen. Ob sich Anforderungen ändern, regelmäßige Wartungsarbeiten notwendig werden oder ein Refactoring ansteht – die Tests stellen immer sicher, dass das System weiterhin wie gewünscht läuft.
- Tests dokumentieren Design und Code. Sie beschreiben explizites Wissen über die Schnittstellen und die unterschiedlichen Komponenten. Solange auf ständig lauffähige Tests geachtet wird, veraltet diese Art der Dokumentation auch nicht. Der Sinn und Zweck aller Methoden wird durch einen dazugehörigen Test klar zum Ausdruck gebracht.
- Tests zeigen, wie Code verwendet werden sollte. Sie liefern Beispiele für die Anwendung aller Module.

Wenn Tests, wie bei *Extreme Programming* vorgeschlagen, vor dem eigentlichen Code geschrieben werden (»test first«), dienen sie darüber hinaus auch als ausführbares Design. Wenn man zuerst die Tests implementiert, erhält man ein viel einfacheres Design, als wenn die Tests im Nachgang formuliert werden. Dies liegt daran, dass man im Vorfeld gezwungen wird, sich über die Nutzbarkeit des Codes Gedanken zu machen. Fängt man dagegen gleich mit dem Code an, liegt der Fokus der Implementierung eher bei der internen Funktionalität. Generell kann man sagen, dass je früher Tests entwickelt werden, desto testbarer das System wird, denn nach Eberhardt Rechtin und Mark Maier (siehe [*RechtinMaier00*]) gilt:

> »*Um getestet werden zu können, muss ein System testbar entworfen werden.*«

Mit den Tests zu beginnen bedeutet allerdings eine komplett andere Herangehensweise an die Entwicklung und stellt von daher eine große Veränderung für die Entwickler dar. Man kann deshalb zunächst erst einmal nur darauf bestehen, dass zur Fertigstellung von Code immer auch der dazugehörige Testcode erstellt werden muss. Das bedeutet, dass mit der Integration auch immer dazugehörige Tests integriert werden müssen. Gibt es keine dazugehörigen Tests, wird die Integration nicht zugelassen.

Normalerweise können die Entwickler nach kurzer Zeit gar nicht mehr ohne Tests auskommen, da man die damit verbundenen Vorteile nicht mehr missen möchte.

Man sollte jedoch beachten, dass Tests (Testcode und das Testen selbst) Zeit kosten. Aus diesem Grunde ist es wichtig, so viele Tests wie möglich zu automatisieren. Je größer das Team ist, desto umfangreicher ist normalerweise der Code und damit auch der dazugehörige Testcode. Das bedeutet unter anderem, dass schon die Durchführung aller Tests erhebliche Zeit in Anspruch nehmen kann.

Darüber hinaus muss berücksichtigt werden, dass mit zunehmender Anzahl von Teilteams die Auslieferung von Testcode einen entsprechenden Integrationsaufwand bedeutet. Das Integrationsteam (siehe Seite 108) sollte deshalb auch die Integration von Tests so gut wie möglich unterstützen.

Die Akzeptanztests, die die Funktionalität des Systems garantieren müssen, erfordern besondere Aufmerksamkeit. Zunächst einmal sollten sie zusammen mit dem Kunden, d.h.dem Product Owner oder allgemein der Fachseite, entwickelt werden, da nur diese wissen, was erfüllt sein muss, damit das System akzeptiert wird. In der Regel wird die Qualitätskontrolle (siehe Seite 180) in Form von Testern Unterstützung bei der Erstellung der Akzeptanztests leisten. Je nach System kann es auch notwendig sein, dass die Fachseite und die Tester dabei zusätzlich von Entwicklern unterstützt werden, da für manche Systeme Akzeptanztests am besten in Form von Code erstellt werden. Andere Tests können mithilfe von visuellen Tools erstellt werden, die dagegen kein Codieren benötigen. Diese Tools protokollieren die Anwendungsfälle und können diese dann wieder automatisch abspielen. Man beachte dabei aber, dass die Entwicklung und oft auch die Durchführung von Akzeptanztests sehr viel mehr Zeit in Anspruch nehmen als beispielsweise die von Unit Tests.

Der Zeitpunkt, zu dem Akzeptanztests entwickelt werden, muss entsprechend eingeplant werden. Falls man nicht in der Lage ist, das System ergebnisorientiert zu planen und zu erstellen, wird man Akzeptanztests sicherlich bis zum Ende der Entwicklung aufschieben müssen, da vorher keine fachlichen Funktionalitäten zur Verfügung stehen. Das bedeutet, dass es ungleich schwieriger wird, wertvolles Feedback von der Fachseite zu erhalten, da keine Funktionalität von dieser Seite *vor* dem Entwicklungsende verifiziert werden kann. Deshalb ist es wichtig, dass sich die Entwicklung immer auf die Funktionalitäten in Form von Anwendungsfällen oder Systemabläufen konzentriert. Um im vollen Umfang von den Akzeptanztests zu profitieren, erstellt man diese jedoch immer vor dem eigentlichen Code. Diese Vorgehensweise wird auch als verhaltensgetriebene Entwicklung (englisch: BDD: Behavior Driven Development) bezeichnet. Sobald sich die Product Owner in der Mitte der Iteration zur Vorplanung (siehe Seite 102) getroffen und sich auf die Priorisierung der Features geeinigt haben, können sie den Rest der laufenden Iteration nutzen, zusammen mit den Testern die Akzeptanztests zu erstellen. Somit stehen die Akzeptanztests bereits zu Beginn der nächsten Iteration als ausführbare Anforderungsspezifikation für die Entwickler zur Verfügung. Abhängig von der Projektkomplexität kann für die Erstellung der Akzeptanztests mehr Zeit als eine halbe Iterationslänge benötigt werden, dann dient vorrangig der rollierende vorgreifende Iterationsplan (siehe Seite 103) als Basis für die Erstellung der Akzeptanztests. Somit kann bereits bis zu drei Iterationen im Voraus mit der Erstellung der Akzeptanztests begonnen werden.

Testwerkzeuge

Die Testwerkzeuge, die sicherlich am häufigsten verwendet werden, sind die Werkzeuge für Unit Tests (siehe [*UnitTestTools*]). Diese Werkzeuge werden tagtäglich von den Entwicklern beim Implementieren verwendet. Für die meisten Programmiersprachen sind diese Testwerkzeuge kostenlos verfügbar.

Oft wird man feststellen, dass die Entwicklung von Unit Tests gar nicht so einfach ist, da die zu testende Einheit (englisch: unit) von anderen Systemen wie Datenbanken oder Großrechnern abhängt. Diese anderen Systeme stehen allerdings nicht immer von Anfang an zur Verfügung oder ihre Verwendung würde die Testdurchführung stark verlangsamen. Um dieses Problem zu lösen, stehen *Mock-Frameworks* zur Verfügung, mit denen man in der Lage ist, externe Systeme zu simulieren.[5]

Werkzeuge für die Durchführung von Akzeptanztests sind schwieriger zu finden. Die meisten kommerziell verfügbaren Werkzeuge orientieren sich an den grafischen Bedienoberflächen. Der Nutzen derartiger Werkzeuge hält sich leider in Grenzen, da grafische Bedienoberflächen während der Entwicklung nicht der stabilste Teil im System sind. Darüber hinaus unterstützen diese Art Werkzeuge nicht die Erstellung von Akzeptanztests vor dem Code, da sie zumindest das Vorhandensein der Benutzungsoberflächen voraussetzen. Da Akzeptanztests in Abhängigkeit von der Zielrichtung des Systems sehr unterschiedlich aussehen können, entwickeln viele Projekte ihre eigenen Werkzeuge für Akzeptanztests. Es gibt allerdings einige Frameworks, die einen dabei erheblich unterstützen können (siehe [*WebTest*], [*FIT*] [*FitNesse*] und [*Cucumber*]).

Ich höre gelegentlich, dass sich Mitarbeiter Sorgen um den Aufwand zur Automatisierung von Akzeptanztests machen. Ich habe jedoch noch nie erlebt, dass ein derartiger Aufwand jemals im Nachhinein als Zeitverschwendung betrachtet wurde. Einerseits werden die Anforderungen viel verständlicher, andererseits kann man sich, wenn man Akzeptanztests wirklich in Form von ausführbarer Anforderungsspezifikation versteht, die Zeit für die Erstellung der herkömmlichen Anforderungsspezifikation ersparen. Darüber hinaus wird das System sehr viel stabiler sein, wenn man in der Lage ist, alle Akzeptanztests regelmäßig, d.h.am besten automatisch, durchzuführen.

Refactoring

Wenn ein System im Laufe der Zeit immer weiter wächst, tendiert es dazu, immer ungeordneter zu werden. Dieser Effekt wird durch große Teams noch verstärkt, denn je mehr Mitarbeiter ein System erstellen, desto schwieriger ist es, das System sauber zu halten. Wenn aber jeder Projektmitarbeiter kontinuierlich Refactorings (siehe auch Seite 38) durchführt, gibt es eine Chance, dass das Design

[5]Siehe *EasyMock* unter `http://www.easymock.org` oder *MockObjects* unter `http://www.mockobjects.com`.

klar und verständlich bleibt. Refactoring liegt also in der Verantwortung aller Teammitglieder. Allerdings scheint es vor allemin großen Teams nicht sehr verbreitet zu sein. Dies liegt unter anderem daran, dass nach wie vor viele glauben, Refactoring verringere ihre Geschwindigkeit. Weiterhin kann es darin liegen, dass es für das jeweilige Projekt keine Werkzeugunterstützung für Refactoring gibt, was Refactoring sehr viel schwieriger macht, als es eigentlich ist. Dann fehlen oft auch die Tests, die das Sicherheitsnetz für jedes Refactoring bilden. Darüber hinaus kann auch die Strategie der exklusiven Code-Verantwortlichkeit (englisch: exclusive code ownership, siehe auch Seite 150) Refactoring erschweren. Ein weiterer Grund ist der, dass Entwickler sich oft davor fürchten, bloßgestellt zu werden, weil sie aufgrund der Refactorings keine Zeit dafür haben, neue Funktionalitäten einzubauen, d.h., mangelndes Verständnis und dadurch mangelnde Planung können ebenfalls Refactoring verhindern.

Der Hauptgrund dafür, dass Refactoring nicht regelmäßig durchgeführt wird, liegt aber darin, dass die Entwickler es nicht richtig gelernt haben. Sie wissen nicht wie, warum, wann und wo sie Refactorings durchführen sollten und scheuen sich aus diesem Grund, die Verantwortung für ein Refactoring zu übernehmen. Deshalb gilt:

- Man sollte notwendige Refactorings bei der Iterationsplanung (siehe Seite 97) immer mit berücksichtigen. Dabei muss der Wert eines Refactorings unter Umständen dem Kunden erläutert werden. Da jedes Refactoring letztendlich auch dem Kunden dienlich ist – und sei es nur, dass es zukünftig einfacher ist, neue Funktionalitäten zu implementieren.
- Man sollte Refactoring regelmäßig lehren und üben. Wenn ein Team sich einmal daran gewöhnt hat, Code kontinuierlich zu verbessern, sind die notwendigen Refactorings nicht mehr so schwierig.
- Hat man es verpasst, ständig auf Refactoring zu achten (was gerade bei Großprojekten aus unterschiedlichen Gründen schnell einmal vorkommt), bleibt meist nur die Lösung, gelegentlich eine spezielle Iteration nur für Refactorings einzuplanen. In einer derartigen Iteration geht es nicht darum, neue Features einzubauen, sondern nur darum, das existierende Design zu verbessern.
- Man sollte das Reviewteam (siehe Seite 196) bitten, notwendige Refactorings aufzuzeigen. Um dabei so viel wie möglich zu lernen, sollte man dabei auch erläutern, wie man das Refactoring durchführen könnte und welchen Zweck das Refactoring hat.

Das Wichtigste ist aber, dass man Refactoring zu einer Selbstverständlichkeit macht. Wenn dies gelingt, braucht man für die meisten Refactorings keinen speziellen Planungsaufwand bzw. für die Implementierung eines jeden Features wird automatisch auch ein gewisser Aufwand für die Aufräumarbeiten, d.h.das Refactoring, eingeplant. Das Team wird also in seiner täglichen Arbeit ständig

Refactorings durchführen, wenn diese notwendig sind. Nur wenn ein Refactoring einen größeren zeitlichen Umfang hat, wird man es explizit in eine Iteration einplanen.

Globale Refactorings

Manchmal gibt es das Problem, dass von einem Refactoring *alle* Teilteams betroffen sind, d.h., die dazugehörigen Änderungen haben eine globale Auswirkung. Dies kann dann sogar bedeuten, dass alle Teilteams diese Änderung zur gleichen Zeit durchführen müssen, um das System lauffähig zu halten. Schon das Einplanen einer derartigen Änderung ist nicht ganz einfach. Darüber hinaus muss sichergestellt werden, dass auch alle Teilteams die Änderung wie gewünscht durchführen. Eine gute Werkzeugunterstützung ist dabei wichtig (siehe Seite 161).

Einmal musste ich jedoch ein derartiges Refactoring ohne Werkzeugunterstützung koordinieren. Wir mussten die Schnittstelle einer Kernklasse der Architektur ändern. Bis die Änderung schließlich vollzogen war, dauerte es mehr als einen Monat, obwohl wir ursprünglich damit gerechnet hatten, dass wir das koordiniert mit allen Teilteams an einem halben Tag durchführen können. Nach dieser Erfahrung haben wir über unsere Möglichkeiten nachgedacht, mit derartigen globalen Refactorings zukünftig umzugehen. Am einfachsten erschien uns, solche Änderungen in Zukunft einfach nicht mehr durchzuführen. Diese Option haben wir allerdings nicht ernsthaft in Betracht gezogen. Stattdessen haben wir uns entschieden, für derartige Dinge spontan bei Bedarf ein spezielles Refactoring-Team zusammenzustellen.

Ein Refactoring-Team könnte sich je nach Bedarf aus (wechselnden) Mitarbeitern zusammensetzen, die gelegentlich auch zu ungewöhnlichen Zeiten arbeiten wollen und dürfen (Personalabteilung und Betriebsrat lassen grüßen). Als ungewöhnliche Zeiten gelten dabei Wochenenden und Feiertage. Sie haben den Vorteil, dass man zu dieser Zeit notwendige Änderungen vornehmen kann, ohne die normale Entwicklung zu behindern. Natürlich muss es für diese ungewöhnlichen Arbeitszeiten einen Ausgleich geben, denn auch diese Mitarbeiter sollten nicht dazu genötigt werden, Überstunden zu machen.

Bei dieser Arbeit wird man auf jeden Fall von einem Werkzeug zur Versionsverwaltung profitieren (siehe Seite 110). Ein derartiges Werkzeug ist vor allem dann hilfreich, wenn eines der Teams ein externes Team ist, das für seinen Code eine Gewährleistung bieten muss. In diesem Fall kann nämlich nicht einfach jemand anderes (aus einem Refactoring-Team) den existierenden Code oder das existierende Design verändern, da damit das externe Team dann für den Code haften würde, den es gar nicht selbst erstellt hat. Eine Versionsverwaltung würde das Refactoring-Team in die Lage versetzen, für die Änderungen eine spezielle Version (englisch: branch) anzulegen, die dann später vom externen Team verifiziert und akzeptiert wird.

Selbst für ein großes Team mit hundert und mehr Entwicklern braucht man für das Refactoring-Team nur jeweils zwei bis drei Mitglieder. In der Regel ist die Durchführung der Refactorings, selbst mit globalen Auswirkungen, in technischer Hinsicht nicht schwierig. Allerdings wird ein hohes Maß an Konzentration benötigt, um gerade bei globalen Refactorings die Auswirkungen auf das Gesamtsystem nicht aus den Augen zu verlieren. Noch schwieriger ist es jedoch, überhaupt die Notwendigkeit für ein Refactoring zu erkennen. Insofern sollte man sicherstellen, dass jeder aus der Diskussion um das Refactoring lernen kann. Das dazugehörige Wissen kann man zum Beispiel über das Wiki (siehe Seite 67) verbreiten oder als E-Mail in Form eines Rundbriefs (englisch: newsletter) publizieren. Je nach »Schweregrad« des Refactorings bietet es sich an, eine Vollversammlung kombiniert mit einem Codereview abzuhalten.

Werkzeuge für das Refactoring

Manches Refactoring wird durch entsprechende Werkzeugunterstützung vereinfacht. Ein derartiges Werkzeug unterstützt die meisten gängigen Refactorings. Wenn zum Beispiel eine Methode umbenannt wird, stellt das Werkzeug sicher, dass auch alle Aufrufstellen korrigiert werden und durch die Umbenennung keine Namenskonflikte entstehen. Zahlreiche integrierte Entwicklungsumgebungen bieten inzwischen ein Refactoring-Werkzeug als Teil ihrer Palette an. Für manche Sprachen existieren spezielle Refactoring-Werkzeuge, die das Ergebnis von Open-Source-Projekten sind.[6]

Allerdings müssen komplexere Refactorings nach wie vor manuell durchgeführt werden. Das heißt im Umkehrschluss, die Refactoring-Werkzeuge unterstützen üblicherweise nur die einfacheren Probleme, sobald es schwieriger und anspruchsvoller wird, ist Kopf- und Handarbeit vonnöten.

Programmierrichtlinien und Standards

Unabhängig davon, ob ein Team klein oder groß ist, sollte das gesamte Team den gleichen Code- und Designstandards folgen. Diese Standards werden normalerweise von einem dazugehörigen Programmiermodell begleitet.

Falls ein Standard nicht akzeptiert wird, muss man nach den Gründen suchen und diese dann abstellen. Mögliche Gründe sind in der Regel:

- Der Standard ist überfrachtet. Er ist entweder zu umfangreich, sodass ihn niemand liest, oder so feingranular, dass er der Kreativität des Entwicklers keinen Raum mehr lässt.
- Der Standard wurde nicht von den Entwicklern selbst definiert und wurde von diesen deshalb auch nie akzeptiert. Wie ein Prozess soll auch ein Standard den Entwicklern helfen und sie nicht gängeln. Deshalb muss ein

[6] Siehe `http://www.refactoring.com/tools.html`.

Standard von den Entwicklern selbst definiert und an ihre Bedürfnisse angepasst werden. Das Kommunikationsteam (siehe Seite 67) kann helfen, einen solchen Standard zu definieren und anzupassen.

Die einzigen Standards und Programmiermodelle, von denen ich erlebt habe, dass sie akzeptiert wurden, hatten die Entwickler selbst definiert und waren sehr kurz und einfach. Man kann nicht erwarten, dass Menschen ein hundert Seiten starkes Dokument gleichzeitig lesen, sich daran erinnern und es verinnerlichen. Es ist immer am einfachsten, mit einem Industriestandard zu beginnen und diesen an die eigenen Bedürfnisse anzupassen. Wenn ein Standard nicht akzeptiert wird, obwohl er nicht überfrachtet ist, muss man die Entwickler bitten, ihn zu verbessern.

Die Standards dienen auch als Basis für das Reviewteam (siehe Seite 196) und können außerdem beim Refactoring helfen. Für die meisten Entwicklungsumgebungen gibt es Code-Verschönerer (englisch: beautifier), die sich je nach Technologie mehr oder weniger automatisch um die Einhaltung von Codierrichtlinien kümmern. Diese Werkzeuge können im Allgemeinen an die eigenen Projektstandards angepasst werden. Einige der integrierten Entwicklungsumgebungen haben ein derartiges Werkzeug bereits integriert.

Zusammenfassung

Zur Sicherstellung der konzeptionellen Integrität in einer Architektur wird ein Chefarchitekt benötigt. Eine seiner Aufgaben besteht darin, sicherzustellen, dass die Architektur so einfach wie möglich ist, aber nicht einfacher.

Die Architektur wird sich im Laufe der Zeit weiterentwickeln und nicht fertig sein, wenn die fachliche Entwicklung beginnt, denn das Einfrieren einer Architektur verhindert Verbesserungen und Vereinfachungen. Die oft gehörte Forderung nach stabiler Software ist deshalb im Prinzip nichts anderes als der Ruf nach Hardware. Software ist eben von Natur aus soft und von daher änderbar. Das gilt auch für die Architektur.

Neue Technologien bereiten einem Projekt zusätzliche Schwierigkeiten, von denen es in einem großen Projekt eigentlich immer schon genug gibt. Man sollte diese Schwierigkeiten deshalb auf jeden Fall vermeiden und entsprechende Vorschläge infrage stellen. Denken Sie daran, was Rechtin und Maier in [*RechtinMaier00*] formuliert haben:

> »*"Bewährt" und "modern" sind zwei Qualitäten, die sich gegenseitig ausschließen.*«

Die Teamgröße hat einen großen Einfluss auf die Architektur. Testen, Refactoring und Standards helfen nicht nur dabei, das System flexibel und änderbar zu gestalten, sondern auch, dass es von jedem im Team verstanden werden kann, da jeder die gleichen hilfreichen Praktiken verwendet.

6 Umgang mit dem Unternehmen

Manchmal ist es der Gegenwind,
der dich höher und weiter bringt.
— Deutsches Sprichwort

Große Projekte werden häufig von großen Unternehmen durchgeführt. Die Organisationsform dieser Unternehmen sorgt dabei üblicherweise dafür, dass die Durchführung dieser Projekte auf eine ganz bestimmte Art erfolgt, woraus sich wiederum diverse Probleme ergeben können. Manchmal kann man im Englischen für dieses Problem die folgende »Lösung« hören: »If you cannot change the organization, change the organization«.[1] Ich glaube allerdings, dass es auch noch andere Möglichkeiten gibt, mit diesem Thema umzugehen. Die meisten auftretenden Probleme rühren von der etablierten Organisationsform der Unternehmen her. In der Regel ist deren Organisationsform eher auf Abteilungen als auf Projekte ausgerichtet. Diese Abteilungen wurden ursprünglich geschaffen, weil man sich einerseits mehr gegenseitige Unterstützung und andererseits mehr positiven Wettbewerb versprach. Das heißt, das Ziel war zumeist höhere Synergie und Produktivität. Allerdings führt diese Abteilungsstruktur selten (um nicht zu sagen nie, zumindest habe ich das so nie erlebt) zu diesen Zielen, sondern vielmehr dazu, die *Hierarchie* zu stützen und zu *kontrollieren*. Es geht also weniger darum, Projekten die notwendige Unterstützung zu geben. Das heißt, das inhärente Ziel dieser Abteilungen ist nicht, die Bedürfnisse der verschiedenen Projekte abzudecken, und somit betrachten sie die Projekte auch nicht als ihre Kunden. Daraus folgt leider üblicherweise, dass die existierenden Abteilungsstrukturen statt die Projekte zu stützen, diese eher behindern, indem sie z.B. auf Einhaltung von Regeln bestehen, von denen keiner (mehr) weiß, weshalb sie wer eingeführt hat. Dieser Effekt kann auch bei kleinen Projekten zum Tragen kommen, wenn sie in großen Firmen durchgeführt werden.

Diese zentrale Spannung zwischen Kontrolle und nun benötigter Unterstützung hat verschiedene Auswirkungen: Eine Auswirkung besteht darin, dass Projekte versuchen, diese (querschnittlichen) Abteilungen zu ignorieren. Falls dies nicht möglich ist, gibt es zahlreiche Auseinandersetzungen zwischen dem Projekt und den Abteilungen, die viel Zeit und Energie und damit natürlich auch Geld kosten. Die einzige Lösung besteht darin, alle Abteilungen unabhängig von der

[1] Ein Wortspiel, das aufgrund der doppelten Bedeutung von »change« leider nur im Englischen funktioniert. Zu deutsch bedeutet es: »Wenn du die Firma nicht ändern kannst, wechsle die Firma.«

Frage, wie gut sie Projekte unterstützen, in das Projekt zu integrieren und auf die Ziele des Projekts einzuschwören. Denn den wirklichen Nutzen agiler Vorgehensweisen erzielt man nur, wenn alle auch nur entfernt an der Entwicklung Beteiligten (wie z.B. Vertrieb, Marketing, Personal- oder auch die Rechtsabteilung) die agilen Werte verinnerlicht haben und demnach die Unternehmenskultur sich zu einer agilen gewandelt hat. Beschränkt man agile Vorgehensweisen auf die Entwicklung, wird man nie die Flexibilität erreichen, die man sich eigentlich erhofft. Doch Vorsicht, es kostet ein gewisses Maß an Zeit und Aufwand, eine gemeinsame Zielrichtung zu etablieren und all die verschiedenen Interessen der unterschiedlichen Abteilungen auf einen Nenner zu bringen.

Beispiele für querschnittliche Abteilungen, die oft eher die Projekte kontrollieren, anstatt sie zu unterstützen, sind die Abteilungen für Projektplanung und -steuerung, Qualitätssicherung sowie Controlling. Für ein agiles Projekt können diese Abteilungen sehr hilfreich sein, wenn sie sich als Dienstleister verstehen und die Projekte als ihre Kunden betrachten. Dazu muss man allerdings von vornherein darauf achten, dass diese Abteilungen in das Projekt integriert werden.

Dieses Kapitel konzentriert sich auf genau diese Änderung in einer Firma: der Wandel von Kontrolle zur Unterstützung. Zum Beispiel konzentriert sich das Kapitel darauf, inwiefern die Organisationsform die Kommunikationsstruktur beeinflusst. Danach betrachten wir die Auswirkungen verschiedener unternehmensweiter Abteilungen auf agile Projekte. Zunächst diskutieren wir, wie die Projektplanung und -steuerung am besten integriert werden kann. Anschließend sehen wir uns die Auswirkungen von unternehmensweiten Vorgehensmodellen auf die agile Entwicklung an. Aus einem eher technischen Blickwinkel diskutieren wir dann den Einfluss der Abteilung für Werkzeuge und Technologien sowie der Abteilung für Qualitätssicherung und -kontrolle. Als Abrundung des Abschnitts über Abteilungen befassen wir uns danach noch mit einigen anderen Abteilungen, mit denen agile Projektteams mitunter in Berührung kommen, die Personalabteilung, die Rechtsabteilung, Marketing und die Produktion.

Anschließend geht es um die Rolle des Kunden. Wird es in einem großen Projekt schwieriger, mit Kunden umzugehen?

Manchmal entscheiden sich große Projekte dafür, Teile des Projekts in andere Firmen auszulagern. Ein weiterer Abschnitt behandelt deshalb die Frage, ob und wie Outsourcing oder Festpreisprojekte (Werkleistungen) mit agiler Entwicklung zusammenpassen.

Schließlich betrachten wir noch die einzelnen Angestellten eines Unternehmens. Welchen Einfluss haben große Unternehmen auf einzelne Personen und was kann in Bezug auf andere Mitarbeiter, die nicht angestellt sind, gesagt werden?

Kommunikations- und Organisationsstrukturen

Große Firmen haben typischerweise eine Organisationsstruktur, die auf Abteilungen und nicht auf Projekten basiert. Wenn man in derartigen Firmen das erste agile Projekt durchführt, hat man sicherlich nicht die Macht, um die gesamte Organisation zugunsten des Projekts zu verändern. Auf der anderen Seite kann sich kein Projekt dem Einfluss seiner Umgebung entziehen. Das bedeutet einerseits, dass man mit der bestehenden Situation zurechtkommen muss und andererseits, dass die Organisationsstruktur das Projekt nicht unbedingt optimal unterstützt. Wenn man in der Lage ist, übergreifende Abteilungen von vornherein in das Projekt zu integrieren, werden diese frühzeitig damit beginnen, sich mit dem Projekt zu identifizieren. Eine derartige Integration ist oft auch ohne eine Umorganisation des gesamten Unternehmens möglich, indem man ungeachtet der etablierten Struktur einfach eine entsprechende Projekt- oder vielmehr Kommunikationsstruktur lebt. Übergreifende Abteilungen sind häufig sehr froh, wenn sie Teil eines Projekts sind. Für die übergreifende Abteilung ist es oft sehr viel effizienter und vor allem auch motivierender, mit dem Projekt an einem Strang zu ziehen und die Bedürfnisse des Projekts abzudecken, anstatt es zu beobachten und zu kontrollieren. Und je früher sie sich mit dem Projekt identifizieren, desto besser wird ihre Unterstützung aussehen, da sie die Bedürfnisse des Projekts besser verstehen.

Eine derartige Integration übergreifender Abteilungen stellt für diese Abteilungen meist eine große Veränderung dar. Man übernimmt plötzlich die Verantwortung für einen Kunden. Ohne diese Änderung betrachten die Projektmitarbeiter die Anforderungen der übergreifenden Abteilungen oft als nutzlose Belästigung. Manchmal stimmt dies sogar; besonders wenn die übergreifenden Abteilungen noch nicht verstanden haben, dass es eigentlich die Projektmitarbeiter sind, die die Anforderungen formulieren. Dies führt dann typischerweise zu einem Defizit im Verständnis und in der Kommunikation zwischen den übergreifenden Abteilungen und den Projekten.

Die meisten Probleme zwischen übergreifenden Abteilungen und Projekten ist man auf einen Schlag los, wenn man dafür sorgt, dass die Mitarbeiter der übergreifenden Abteilungen wirklich Teil der Projekte werden. Das bedeutet entweder, dass die Mitarbeiter der übergreifenden Abteilungen (zeitweise) zu normalen Mitgliedern eines Projekts werden, oder, dass sich die übergreifende Abteilung aus wechselnden Mitarbeitern zusammensetzt, indem Mitarbeiter von beendeten regulären Projekten jeweils zeitweise für diese Abteilungen arbeiten.

Die etablierte Organisationsstruktur definiert den Kommunikationsfluss. Dieser Kommunikationsfluss basiert oft auf linearer Projektentwicklung. Da in einem agilen Projekt aber alle *Phasen* des Projekts am gleichen Tag auftreten können, die Entwicklung also nicht linear ist, behindert der festgelegte Kommunikationsfluss häufig das Projekt. Um Projekten keine Steine in den Weg zu legen, sollte die Organisation bessere Formen der Kommunikation ermöglichen. In diesem Sinne formulierte Enrico Zaninotto:[2]

> »*Die Übermittlung sollte direkt und nicht gemäß irgendeiner Hierarchie erfolgen.*«

Der erste Schritt besteht also darin, dass man die Tatsache, dass Organisationsstrukturen den Kommunikationsfluss definieren, nicht einfach als gottgegeben hinnimmt.

Projektplanung und -steuerung

Große Firmen haben in der Regel eigene Abteilungen für die Projektplanung und -steuerung. Dabei liegt der Schwerpunkt darauf, komplette Komponenten (oder Subsysteme) in Abhängigkeit voneinander einzuplanen. Ziele, wie ein immer lauffähiges System zu haben, das dem Kunden zu jedem Zeitpunkt den größtmöglichen Geschäftswert bietet, spielen dagegen keine Rolle.

Planung

Die Mitarbeiter der Projektplanung sind es normalerweise gewohnt, am Anfang des Projekts einen Plan für dieses Projekt zu erstellen und danach darauf zu achten, dass die Projektmitarbeiter diesem Plan auch folgen. Natürlich muss man den Plan gelegentlich anpassen, wenn das Projekt einen unerwarteten Verlauf nimmt. Eine derartige Kursänderung ist allerdings nicht gewünscht und wird bei der traditionellen Planung als schlechtes Zeichen angesehen.

Für ein agiles Projekt ist es dagegen völlig normal, den Kurs zu korrigieren. Die Zielrichtung wird durch den Kunden bestimmt und ihm wird, wie jedem anderen Projektmitglied auch, erlaubt, im Projektverlauf dazuzulernen. Das führt dann dazu, dass die Projektplanungsabteilung ständig neu planen muss. Somit ist nicht mehr der Plan als Artefakt, sondern die Planung als ständige Aktivität ein fester Bestandteil des Projekts. Für die Mitarbeiter der Abteilung gibt es also die beiden Hauptforderungen, dass man von einer komponentenorientierten zu einer ergebnisorientierten Planung kommt (siehe Seite 98) und dass Planung eine kontinuierliche Aktivität ist.

Wenn es gut läuft, ist die Projektplanungsabteilung (lediglich) für die langfristige Planung zuständig. Dieser langfristige Plan richtet sich am höchsten Geschäftswert des Kunden aus, d.h., die Informationen für diesen Plan kommen von der Gemeinschaft der Product Owner. Man kann somit die Projektplanungsabteilung auch als den verlängerten Arm der Product Owner verstehen.

---

[2]Enrico Zaninotto: *From Extreme Programming to Extreme Organization?* Eingeladener Vortrag auf der International Conference on eXtreme Programming and Agile Processes in Software-Engineering 2002, Sardinien, Italien.

Dieser langfristige Plan dient einerseits als Vorgabe für die detaillierten Pläne, die von den einzelnen Teilteams für jede Iteration erstellt werden. Und andererseits dienen die Ergebnisse der Iterationen der Teilteams als Vorgaben für den langfristigen Plan. In der Vorplanung (siehe Seite 102) ist für die Product Owner der langfristige Plan richtungsweisend bei der Priorisierung der anstehenden Features. Darüber hinaus ermittelt jeder Product Owner zusammen mit seinem Teilteam die jeweilige Entwicklungsgeschwindigkeit (siehe Seite 94). Die Projektplanungs- und -steuerungsabteilung kann dann anhand dieser Entwicklungsgeschwindigkeiten zusammen mit den neuen Erkenntnissen dann gegebenenfalls den langfristigen Plan korrigieren. Folglich tragen nicht nur die Kunden (mit ihren geänderten Anforderungen) zur Aktualisierung des langfristigen Plans bei, sondern auch die Teilteams.

Durch dieses Vorgehen wird deutlich, dass der langfristige Plan wie er zu Beginn erstellt wurde, zunächst einmal eine grobe Ausrichtung darstellt und über die Zeit verfeinert wird. Man trägt damit dem Rechnung, dass man am Anfang die Details noch nicht wissen kann (weder vonseiten des Kunden noch des Lieferanten – was übrigens auch bei linearem Vorgehen der Realität entspricht), mit jeder Iteration jedoch dazu lernt und von daher der Plan über die Zeit immer realistischer wird.

Die Projektplanungs- und -steuerungsabteilung koordiniert und überwacht also den Projektfortschritt aller Teilteams. Dazu können die üblichen Werkzeuge zur Planung und Steuerung verwendet werden, falls diese nicht auf einer Planung von Abhängigkeiten der Komponenten basieren. Nach meiner Erfahrung ist es wichtig, in den Werkzeugen *nicht* die Informationen der Detailpläne aller Teilteams aufzunehmen. Ansonsten wird man unter einer Flut von Informationen begraben.

Steuerung

Die Mitarbeiter der Projektsteuerung fühlen sich häufig zunächst unwohl, wenn sie mit einem Projekt konfrontiert werden, das iterativ abläuft. Es ist für sie einfacher, zu kontrollieren, ob eine Komponente fertig entwickelt wurde, als zu überprüfen, ob die aktuelle Software den höchsten Geschäftswert für den Kunden beinhaltet. Damit sind wir schon bei der nächsten Schwierigkeit: Für die Projektsteuerung ist es meist auch völlig ungewöhnlich, dass der Kunde die Projektentwicklung so massiv beeinflusst, indem er durch ständiges Priorisieren vorgibt, was als Nächstes entwickelt wird (zumal dies dann oftmals konträr zum ursprünglichen Plan ist). Jedoch muss die Kundenzufriedenheit immer als der wichtigste Erfolgsfaktor betrachtet werden, wie es auch Martin Fowler indirekt formulierte:[3]

[3] Martin Fowler, auf der International Conference on eXtreme Programming and Agile Processes in Software-Engineering 2002, Sardinien, Italien.

»Wenn ein Projekt "in time" und "in budget" fertiggestellt wird, bedeutet das noch lange nicht, dass es ein erfolgreiches Projekt ist. Es bedeutet nur, dass die Schätzung stimmte.«

Die Mitarbeiter der Projektsteuerungsabteilung befürchten oft, dass iterative Projekte, die vom Kunden gesteuert werden, endlos laufen. Dieser Eindruck kann ja auch leicht entstehen (und evtl. ist er gar nicht so weit weg von der Realität), wenn immer nur die Iterationen ähnlich einem Hamsterrad durchlaufen werden und das Gelernte nicht auf den langfristigen Plan abgebildet wird. Das heißt, der langfristige Plan und die Rückmeldungen über die Entwicklungsgeschwindigkeit sollte der Projektsteuerungsabteilung genügend Sicherheit geben, sodass sie zu jedem Zeitpunkt eine Aussage über den aktuellen Stand und Fortschritt des Projekts machen kann.

Darüber hinaus, kann die Steuerung über einen rollierenden vorgreifenden Plan zusätzlich unterstützt werden (siehe Seite 103). Dafür wird neben dem langfristigen (und groben) Plan und den kurzfristigen (und detaillierten) Iterationsplänen noch ein mittelfristiger Plan erstellt. Dieser greift zwei bis drei Iterationen vor und bietet dadurch eine bessere Planungs- und auch Steuerungssicherheit.

Festpreisprojekte

Viele Projekte werden in Form von Festpreisprojekten (Werkleistungen) durchgeführt. Dies betrifft große Unternehmen auf zweierlei Arten: Sie werden oft gebeten, Projekte zu einem Festpreis durchzuführen, und vergeben auch (Teil-)Projekte an andere Firmen (etwa im Rahmen von Outsourcing). So oder so sollte man einiges beachten, wenn dies im Rahmen des agilen Ansatzes geschieht.

Was erwartet eigentlich der Auftraggeber eines Festpreisprojekts oder warum will er die Entwicklung zu einem Festpreis durchführen? Der wichtigste Grund ist sicherlich der, dass man eine (trügerische) Sicherheit in Bezug auf die Kosten und den Lieferumfang des Projekts bekommt; etwas, was die Gesamtkalkulation sicherlich enorm erleichtert. Doch Festpreisprojekte treffen in Bezug auf alle Projektparameter typische Annahmen, wie es zum Beispiel von Kent Beck in [*Beck00*] formuliert wird:

- Die **Kosten** sind fest.
- Der **Umfang** ist normalerweise ebenfalls fest. Ansonsten würde der Auftragnehmer den Vertrag sicherlich nicht akzeptieren. Die Kosten werden in der Regel in Bezug auf einen bestimmten Umfang definiert.
- Die Erwartungen in Bezug auf **Qualität** sind dagegen oft unklar. Es gibt keine eindeutige Methode, Qualität zu messen. Die Abmachung in Bezug auf Qualität besteht üblicherweise darin, dass die ausgelieferte Software im

Rahmen von Akzeptanztests abgenommen werden muss. Diese Tests sind dem Lieferanten aber normalerweise im Vorfeld nicht bekannt.

- Der letzte Projektparameter, **Dauer**, wird festgelegt, indem man einen Zeitpunkt definiert, zu dem die Software spätestens geliefert werden muss.

Somit ist also die Qualität der einzige variable Projektparameter. Manchmal wird außerdem im Laufe des Projekts über eine Terminverschiebung verhandelt. Beides kann aber nur negative Auswirkungen haben: Auf der einen Seite wäre niemand glücklich, wenn die Qualität mangelhaft ist. Auf der anderen Seite kann es fatale Auswirkungen haben, wenn die Software zu spät auf den Markt kommt. Meistens ist es die Qualität, die leidet, wie Kent Beck und Dave Cleal in [*OptionalScope*] über Verträge mit festem Preis, Termin und Umfang formulieren:

> »*Wenn alle vier Parameter spezifiziert werden, ist es die Qualität, die als Erstes leidet, denn sie ist am wenigsten sichtbar – bzw. sie ist am wenigsten sichtbar, solange die Software noch nicht ausgeliefert wurde.*«

Das Hauptproblem für den Auftraggeber besteht darin, dass der Umfang festgelegt ist. Sobald es bei den Anforderungen Änderungen gibt, wird es kompliziert. Ein Auftragnehmer mag ausnahmsweise eine Änderung akzeptieren, doch wenn es dann bei der Erfüllung des Vertrags Probleme gibt (zum Beispiel bei Nichteinhaltung des Termins), wird diese Änderung immer als Begründung herangezogen werden. Dadurch wird es dann schwierig, auszuhandeln, ob der Vertrag nun erfüllt wurde oder nicht. Wenn man Festpreisprojekte genauer untersucht, wird man feststellen, dass diese sowohl für den Auftraggeber als auch für den Auftragnehmer immer eine Situation darstellen, bei der man nur verlieren kann. Dies ist bemerkenswerterweise genau das Gegenteil von dem, was man durch den Vertrag erwartet, dass nämlich beide Seiten nur gewinnen können.

Um dieses Problem zu adressieren, sollte man dafür sorgen, dass der Umfang der einzige variable Projektparameter ist, damit man sicher sein kann, dass man als Auftraggeber für einen festen Preis, zu einem bestimmten Zeitpunkt und mit einer vordefinierten Qualität eine laufende Software erhält. Die Basis dafür ist, dass der Umfang so wie er zu Beginn bekannt ist, geschätzt wird (siehe Seite 100). Dieser geschätzte Umfang dient dann als Basis für den Vertrag. Auch wenn es gefährlich klingt, sich am Anfang eines Projekts über den Umfang nicht im Detail im Klaren zu sein, da vermutlich nur Featurebündel und nicht die Features im Detail geschätzt werden können, ist es die einzige Möglichkeit, am Ende zufriedenstellende Ergebnisse zu bekommen, wie das auch Kent Beck und Dave Cleal weiter ausführen:

> »*Wenn man die Illusion aufgibt, am Anfang Kontrolle über den Umfang eines Vertrags zu haben, bekommt man etwas viel Wertvolleres. Anstatt nur das zu erhalten, was man* am Anfang *des Projekts haben wollte, bekommt man nun das, was man* am Ende *eines Projekts (nach Durch-*

> *lauf des gesamten Lernprozesses) haben will. Das, was man über seine Bedürfnisse lernt, unterscheidet sich signifikant von dem, was man sich am Anfang eines Vertrags überhaupt vorstellen konnte.«*

Kent Beck und Dave Cleal bezeichnen diese Art von Vertrag als *Vertrag mit variablem Umfang* (englisch: optional scope contract).

Man sollte sicherstellen, dass sich der Umfang nur in Bezug auf seinen Inhalt und nicht in Bezug auf seine Größe ändert. Das heißt, der ursprünglich geschätzte Umfang bleibt gleich, jedoch die Art der Features oder Featurebündel kann variieren. Dazu müssen neue (oder auch geänderte) Features erst geschätzt werden und durch Priorisierung entschieden werden, welche anderen (alten) Features in insgesamt gleicher Größe dafür nicht realisiert werden können. Dies bedeutet natürlich, dass man sich immer über die Prioritäten im Klaren sein muss, um bei derartigen Verhandlungen nicht die größten Geschäftswerte zu verlieren. Falls sich doch die Größe des Umfangs ändert (da keines der alten Features aussortiert werden soll), muss sich notwendigerweise der Liefertermin ändern. Dieser kann auf Basis der Entwicklungsgeschwindigkeit relativ einfach hochgerechnet werden.

Üblicherweise arbeiten agile Teams bei einem Festpreisprojekt mit der Variante des variablen Umfangs. Alternativ kann man, wie oben bereits erwähnt, auch den Zeitrahmen als einzig variablen Projektparameter verwenden. Es sollte aber definitiv nicht die Qualität sein, die variabel ist.

Unternehmensweite Vorgehensmodelle

> *»Es gibt nun den Beweis, dass das evolutionäre Vorgehen bei der Softwareentwicklung zu einem schnelleren Prozess und zu Produkten mit höherer Qualität führt.«*[4]

Kleinere Firmen verwenden fast immer flexible Vorgehensmodelle, die sie für jedes einzelne Projekt »definieren«. Oft kann man das gar nicht »Definition« nennen, weil sich die Vorgehensmodelle eher evolutionär herausbilden (manchmal sogar ohne, dass dies wahrgenommen wird). Große Unternehmen tendieren dagegen dazu, Vorgehensmodelle frühzeitig festzulegen. Diese unternehmensweiten Vorgehensmodelle haben den Anspruch, alle möglichen Projekte des Unternehmens zu unterstützen.

Die Idee an sich ist sehr lobenswert, denn falls der Anspruch erfüllt wird, würde dies die Bildung einer Prozessdefinition während der Projektentwicklung erheblich beschleunigen. Darüber hinaus sollte es für alle am Prozess beteiligten Personen einfacher sein, zu jedem Zeitpunkt ein gutes Verständnis über den

[4] Alan MacCormack, *Product-development practices that work*, MIT Sloan Management Review, Ausgabe Winter 2001, in einer Randbemerkung.

Zustand des Projekts zu bekommen, wenn jedes Projekt den gleichen Prozess verwenden würde. Schließlich würden die vielen Erfahrungen mit dem Prozess aus fertiggestellten Projekten das Verständnis fördern.

Das Problem ist nur, dass es schlichtweg nicht möglich ist, einen Prozess zu definieren, der *alle* Arten von Projekten unterstützt, da kein Projekt dem anderen gleicht. Projekte unterscheiden sich in Inhalt, Dauer, Projektmitarbeitern, Risiken und vielem mehr. Ein unternehmensweiter Prozess birgt die Gefahr, die Abraham Maslow wie folgt formulierte:

> »*Wenn man als Werkzeug nur einen Hammer hat, sieht jedes Problem plötzlich wie ein Nagel aus.*«

Mit einem unternehmensweiten Prozess versucht man, jedes Projekt auf die gleiche Art und Weise zu entwickeln, und vergisst dabei, dass das, was dem einen Projekt nützt, dem anderen schaden kann. Manchmal wird dem auch Rechnung getragen, indem man den unternehmensweiten Prozess als eine Art »eierlegende Wollmilchsau« definiert, d.h., dieser Prozess denkt an alles und jeden. Die Idee ist dabei (ähnlich wie beim Unified Process), dass sich die Projekte das herausziehen, was sie tatsächlich als Unterstützung benötigen. Das Problem ist aber immer, dass sich keiner traut, etwas wegzulassen, weil man ja nie weiß, ob man es nicht doch noch benötigen wird (oder auch ob einem genau dieses Weglassen bei einem möglichen Fehlschlag nachher vorgehalten wird). Das heißt, ein unternehmensweiter Prozess kann nur dann zielführend sein, wenn dieser sehr abstrakt definiert wird, sodass er allerhöchstens als »Startlinie« für die Projekte herhalten kann. Es bleibt immer Aufgabe eines jeden Projekts, den eigenen Prozess zu finden.

Methoden- und Verfahrensabteilungen

Auch für die Erstellung und Pflege eines unternehmensweiten Vorgehensmodells gibt es in großen Firmen im Allgemeinen eine eigene Abteilung, die Abteilung für *Methoden und Verfahren.* Wie jede querschnittliche Abteilung achtet diese Abteilung dann auch gleich darauf, dass der Prozess von allen Projekten auch eingehalten wird. Projekte müssen dann nachweisen, dass das von ihnen eingesetzte Vorgehensmodell mit dem unternehmensweiten (zertifizierten) Prozess konform ist. Aufgrund dieser kontrollierenden Aufgabe bezeichnet Ed Yourdon in [*Yourdon99*] diese Abteilung auch als die Methodenpolizei.

Wenn nun ein Projekt einen agilen Prozess verwenden will, muss es diese Idee erst einmal der Methoden- und Verfahrensabteilung »verkaufen«. Dabei kann es zwei große Probleme geben, die eine Akzeptanz durch die Methoden- und Verfahrensabteilung äußerst schwierig machen: Das erste Problem ist die Tatsache, dass das Projekt nicht den vorgegebenen Prozess verwenden will, sondern seinen eigenen Prozess einführt. Das andere Problem besteht darin, dass man am An-

Methodenpolizei und Qualitätssicherung früh mit einbeziehen ...

fang des Projekts noch gar nicht in der Lage ist, den Prozess zu präsentieren, da er sich im Laufe des Projekts erst herauskristallisiert und auch häufig ändert.

Beide Probleme rütteln am Selbstverständnis der Methoden- und Verfahrensabteilung: Es gibt dann nicht mehr nur ein unternehmensweites Vorgehensmodell, auf dessen Anwendung und Einhaltung man zu achten hat. Plötzlich kann sich ein Projekt die Freiheit herausnehmen, dem offiziellen etablierten Prozess nicht zu folgen. Schlimmer noch, da ein agiles Team immer einen Prozess verwendet, der seine Bedürfnisse am besten abdeckt, und da diese Bedürfnisse unterschiedlich sind, kann es einen vordefinierten Prozess, dem man einfach nur folgen muss, auch gar nicht geben.

Es ist völlig klar, dass man in einer solchen Situation Schwierigkeiten hat, Unterstützung für einen agilen Prozess zu bekommen. Wie kann man also erreichen, dass die Methoden- und Verfahrensabteilung ein agiles Vorgehen unterstützt? Wichtig ist, die Vorteile eines agilen Prozesses zu verdeutlichen. Dazu kann man zunächst einmal im Unternehmen herumfragen, inwiefern das unternehmensweite Vorgehensmodell und die dazugehörige Abteilung bekannt und akzeptiert sind. Werden beide in verschiedenen Projekten gut akzeptiert, sollte man den Einsatz des unternehmensweiten Vorgehensmodells durchaus in Betracht ziehen, da es offensichtlich hilfreich ist. Zudem stellt der Wechsel auf einen unbekannten agilen Prozess auch ein Risiko dar. Falls das Feedback aber eher verdeutlicht, dass beide nicht wirklich willkommen sind, hat man dieselbe Ausgangssituation, die ich meistens vorfinde. Nach meinen Erfahrungen existieren in Unternehmen in der Regel drei Arten von Vorgehensmodellen:

- **Das öffentlich vertretene Vorgehensmodell:** Dies ist das Vorgehensmodell, das von der Methoden- und Verfahrensabteilung vermarktet wird. Es ist damit häufig gleichbedeutend mit dem unternehmensweiten Vorgehensmodell. Dieses Vorgehensmodell wird allerdings in der Praxis nie verwendet, es handelt sich laut Chris Argyris und Donald Schön um eine sogenannte »espoused theory« (siehe [*ArgyrisSchoen78*]). Das heißt, obwohl die Firma viel Aufwand in die Entwicklung und Vermarktung des Prozesses steckt, wird dieser in der Praxis ignoriert.
- **Das wahrgenommene Vorgehensmodell:** Hier spreche ich über das Vorgehensmodell, das die Teammitglieder anderen als ihr Vorgehensmodell »verkaufen«. Es kann sogar sein, dass sie selbst meinen, diesem Ansatz zu folgen. Tatsächlich ist es jedoch ein ganz anderer.
- **Das tatsächliche Vorgehensmodell:** Dies ist das Vorgehensmodell, dem das Team tatsächlich folgt, wird auch »theory-in-use« genannt (siehe [*ArgyrisSchoen78*]). Ich erlebe dabei manchmal, dass man das tatsächliche Vorgehensmodell als *kein Vorgehensmodell* bezeichnet. Das Vorgehensmodell wird als solches gar nicht wahrgenommen. Das ist ein Zeichen dafür, dass es die Bedürfnisse perfekt erfüllt.

Der entscheidende Punkt ist, dass nur das tatsächliche Vorgehensmodell in der Praxis eine Rolle spielt. Alle anderen Vorgehensmodelle existieren nur in der Theorie.

Nicht selten wird die Methoden- und Verfahrensabteilung von den Projektteams einfach ignoriert. Die Projektteams zweifeln manchmal sogar daran, dass diese Abteilung überhaupt irgendeine Ahnung von wirklicher Softwareentwicklung hat, da man deren Mitarbeiter selten als Entwickler in Projekten erlebt. Dies trägt auch zu der Annahme bei, dass die Mitarbeiter der Methoden- und Verfahrensabteilung Vorgehensmodelle erstellen, die normalerweise nichts und niemandem nützen. Diese Einschätzung bleibt der Abteilung natürlich nicht verborgen. Und das ist auch genau der Hebel, über den man erreichen kann, dass ein agiler Ansatz akzeptiert wird: Eine unbefriedigende Situation ist die beste Voraussetzung für eine Veränderung. Den besten Ansatzpunkt für eine positive Veränderung erhält man, indem die Mitarbeiter der Methoden- und Verfahrensabteilung immer wieder für eine bestimmte Zeit regulär in einem Projekt mitarbeiten. Dabei tragen sie die Idee ihrer Abteilung aktiv in die Projekte und können sich gleichzeitig über ihre Erfahrungen in den Projekten mit ihren Kollegen der Methoden- und Verfahrensabteilung austauschen. Gerade dieser Austausch ermöglicht es, einerseits einen realistischen (sprich anpassbaren) Prozess zu definieren und andererseits die notwendige Unterstützung für ihre Kunden, das heißt die Projektteams, zu leisten.

Bis diese Veränderung der Rotation zwischen Projekt und Abteilung etabliert ist, kann man durch aktive Integration bereits die gegenseitige Unterstützung maximieren. So kann zum Beispiel das agile Projekt den von der Methoden- und Verfahrensabteilung vorgeschlagenen Prozess erst einmal als »Startlinie« verwenden (wobei dieser Prozess jedoch auf ein absolutes Minimum reduziert werden muss) und diesen Prozess dann über die Laufzeit des Projekts entsprechend anpassen. Ist dieser vorgeschlagene Prozess sehr rigide, müssen eben bereits zu Beginn einige Anpassungen gemacht werden. Wichtig ist dabei, die Mitarbeiter der Methoden- und Verfahrensabteilung bei den Anpassungen einzubeziehen (am besten natürlich als reguläre Projektmitarbeiter), sodass sie auch ihre Unterstützung anbieten können. Eine Möglichkeit besteht darin, die Abteilungsmitarbeiter zu den Retrospektiven einzuladen oder sie zumindest über die Beschlüsse der Retrospektiven regelmäßig zu informieren.

Wie auch immer man das Problem löst, der springende Punkt ist der, die Personen, die für den Prozess zuständig sind, nicht von den Personen, die den Prozess einsetzen und mit diesem leben, zu trennen. Dies ist eine Forderung, die eigentlich für alle übergreifenden Abteilungen gilt. Selbst wenn es formal diese Trennung gibt, sollte man so agieren, als gäbe es sie nicht.

Unternehmensweite agile Vorgehensmodelle

Nun mag der Eindruck entstanden sein, dass Methoden- und Verfahrensabteilungen immer Schwierigkeiten mit agilen Prozessen haben, da sie das Selbstverständnis dieser Abteilungen hinterfragen. Doch es kann auch umgekehrt laufen, nämlich, dass genau diese Abteilungen agile Vorgehensweisen im Unternehmen verbreiten wollen. Auch in dem Fall muss sowohl in der Abteilung selbst als auch bei den betreuten Projekten einiges beachtet werden.

Wichtig ist, dass sich das Selbstverständnis wie bei allen querschnittlichen Abteilungen in das eines Dienstleisters wandelt. Die Abteilung hat dabei die Aufgabe, die Erfahrungen aus verschiedenen Projekten in ein oder mehrere Prozesse umzusetzen, die je nach Aufgabenstellung als Ausgangspunkt für neue Projekte verwendet werden können. Außerdem muss man lernen, den Projektmitarbeitern klarzumachen, dass es deren Aufgabe ist, den Prozess an die eigenen Bedürfnisse mit Unterstützung der Methoden- und Verfahrensabteilung anzupassen, und es nicht beabsichtigt ist, dass ein Projekt dem vorgeschlagenen Prozess blind folgt. Das heißt, dass es auch nicht zielführend ist, z.B. *Scrum* als unternehmensweiten Prozess etablieren zu wollen, da man mit dieser Strategie allenfalls dogmatisch, nicht aber agil ist. Wie bereits mehrfach betont, muss es bei einem agilen (eigentlich sollte es bei jedem) Prozess darum gehen, dass der Prozess immer abhängig von den aktuellen Bedürfnissen der Projekt- oder Produktentwicklung angepasst wird. Die Methoden- und Verfahrensabteilung kann hervorragende Dienste leisten, indem sie die Veränderung und Anpassung des agilen Prozesses entsprechend unterstützt. Wie immer ist dabei die auf Seite 165 angesprochene

Rotation der Mitarbeiter zwischen Projekten und übergreifenden Abteilungen äußerst hilfreich, damit die Unterstützung nicht auf theoretischen, sondern auf praktischen Kenntnissen und Erfahrungen basiert.

Die besten Erfahrungen habe ich damit gemacht, dass es keine etablierte Abteilung war, die sich diesem Thema angenommen hat, sondern, dass sich die agilen Vorgehensweisen über einen Erfahrungsaustausch über die Projektgrenzen hinweg etabliert haben. Das heißt, Mitarbeiter verschiedener agiler Projekte treffen sich regelmäßig, um voneinander zu lernen und um sich gegenseitig zu unterstützen. Mit dieser Strategie kann immer noch jedes Projekt seinen eigenen agilen Prozess etablieren, aber dennoch auf die Erfahrungen von anderen Projekten zurückgreifen. Natürlich ist es durchaus denkbar, dass die Methoden- und Verfahrensabteilung genau diesen Austausch motiviert und dafür sorgt, dass er regelmäßig stattfindet. Dieser Erfahrungsaustausch kann recht zwanglos (am besten unterstützt durch *Do Food*, siehe Seite 59) vonstatten gehen oder fokussiert, indem sich Mitarbeiter, die bestimmte Rollen in den Projekten innehaben, austauschen. Alternativ kann dieser Erfahrungsaustausch auch als eine Art Schulung durchgeführt werden, indem Mitarbeiter eines Projekts über ihre neuesten Erkenntnisse berichten. Oftmals ist es für die Abteilung einfacher, Räume zu reservieren oder auch die Verpflegung sicherzustellen als für die Projektmitarbeiter.

Prozesszertifizierung und -standardisierung

Im Zuge von ISO 900x wurden zahlreiche unternehmensweite Softwareentwicklungsprozesse zertifiziert. Eine *Zertifizierung* steht erst einmal in keinem Widerspruch zu einem agilen Prozess, sofern die Zertifizierung nicht zu Stagnation führt.

Monika Bobzien weist allerdings auf Folgendes hin:[5]

> *»In der Regel führt die Zertifizierung zur Erstarrung. Die Zertifizierung dient jedoch lediglich zum Festhalten des Status quo. Innovationen entstehen nicht dadurch, dass man an etwas festhält. Innovationen entstehen dadurch, dass man Regeln bricht.«*

Dabei ist es mit Sicherheit nicht das Ziel einer Zertifizierung, eine Stagnation herbeizuführen. Viel zu oft sind aber Menschen, die die Zertifizierung bestanden haben, so froh darüber, dass niemand das ganze Material nochmals anfassen will. Und schon haben wir die Stagnation. Dies ist natürlich nicht im Sinne der Zertifizierung. Im Gegenteil, es ist notwendig, nach einer Zertifizierung den Prozess des Wahrnehmens und Hinterfragens fortzuführen und nicht mit einem Seufzer der Erleichterung aufzuhören. Jedoch kann ISO 900x auch dazu beitragen, die

[5] Private Unterhaltung mit Monika Bobzien, Management-Beraterin, Total-Quality-Managerin und ISO-9000-Auditorin.

agilen Prinzipien und Praktiken disziplinierter umzusetzen, wie Bill McMichael in [*McMichaelLombardi07*] berichtet:

> »*Genauso wie die Annahme falsch ist, dass es bei Agilität darum geht, nicht zu dokumentieren, ist auch die Annahme falsch, dass ISO ein beschwerlicher Prozess zu sein hat. ISO 9001:2000 ist nicht nur kompatibel mit Agilität, sondern bietet darüber hinaus genau die notwendige Struktur, um zu gewährleisten, dass der agile Prozess eingehalten wird.*«

Wenn der zertifizierte Prozess berücksichtigt, dass sich die Welt ändern kann oder der Prozess Anpassungen unterliegt, ist es einfach, ihn zu verändern. Ansonsten ist der Aufwand für eine Veränderung sehr hoch und notwendige Änderungen werden niemals erfolgen.

Gemäß Christine Demmer in [*Demmer02*] gewährleistet ein nach ISO 900x zertifizierter Prozess weder die Qualität des Prozesses noch die Qualität seiner Ergebnisse (wie die erstellte Software). Das Einzige, was die Zertifizierung sicherstellt, ist die Dokumentation jedes einzelnen Schrittes und die Abfolge dieser Schritte. Dabei spielt es keine Rolle, ob ein Schritt zum Beispiel die Qualität des Ergebnisses wirklich unterstützt.

Ein agiler Prozess verlangt, dass er an die individuellen Bedürfnisse eines Projekts angepasst wird. Projekte sind allerdings niemals gleich. Sie unterscheiden sich in ihrer Projektkomplexität, d.h.in Bezug auf Größe, Teams, Wissen und Fähigkeiten der Beteiligten, Technologie, Fachgebiet und so weiter. Darüber hinaus benötigen Projekte oft zu unterschiedlichen Zeiten der Entwicklung unterschiedliche Arten von Prozessen. Eine Standardisierung nimmt auf diese Unterschiede wenig Rücksicht; sie versucht eher, alles über einen Kamm zu scheren.

Es gilt also, Folgendes festzuhalten: Zum einen kann es so etwas wie einen unveränderlichen unternehmensweiten Prozess nicht geben. Zum anderen ist es unmöglich, einen Prozess zu Beginn eines Projekts endgültig festzulegen. Das bedeutet, dass sich der Prozess selbst im Verlauf eines Projekts ändert und der Prozess erst mit Ende des Projekts fertig ist.

Regelmäßige Retrospektiven sind ein gutes Mittel, um den Fortschritt eines Projekts zu messen. Dies ist aber nicht der einzige Zweck von Retrospektiven. Noch wichtiger ist es, dabei jeweils das derzeitige Maß an Unterstützung durch den Prozess zu hinterfragen. Dazu gehört die Frage, ob der Prozess das Projekt immer noch optimal unterstützt. Auf Basis dieser Reflektionen wird der Prozess kontinuierlich angepasst. Bei der Anpassung eines Prozesses muss man darauf achten, dass nicht nur immer neue Dinge eingeführt werden, sondern auch ineffiziente Dinge entfernt oder außer Kraft gesetzt werden. Dies ist eine Falle, in die man bei Standards und Regeln immer wieder tappt: Es ist meistens ziemlich gut definiert, wie man Dinge einführt. Es gibt dagegen fast nie Hinweise darauf, wie man unnötige Regeln oder Richtlinien wieder los wird (siehe auch [*DeMarco01*]). Wenn der zertifizierte Prozess auf einer abstrakteren Ebene definiert wird, gibt es weniger Probleme, da er dann auf verschiedene Arten angewendet werden kann, ohne dass eine Anpassung der Prozessdokumentation notwendig wird.

Manchmal wird man mit der Frage konfrontiert werden, inwiefern ein agiler Prozess mit dem *Capability Maturity Model Integration* (CMMI) kombiniert werden kann. Nach Hillel Glazer ([*Glazer01*]) gibt es keinen Widerspruch zwischen CMMI und agilen Prozessen. Der Hauptunterschied ist der, dass es sich bei agilen Prozessen um Methoden für die Software*entwicklung* handelt, während es bei CMMI um Methoden für das Software*management* geht. Oder, wie Carsten Ruseng Jakobsen, Projektmanager bei Systematic, anmerkte:[6]

> »*CMMI ist ein prozessorientiertes Wertesystem, während Agilität ein mitarbeiterorientiertes Wertesystem ist. Das Wertesystem von CMMI sorgt für eine kulturelle Veränderung im Unternehmen hinsichtlich ständiger Verbesserung, indem Anpassung eines Prozesses (und nicht Schuldzuweisung) und Entscheidungen aufgrund objektiver Fakten und nicht Gefühlen zu treffen sind. Diese Werte stehen in keinem Widerspruch zur Agilität, aber werden durch die agilen Werte erheblich verstärkt.*«

Sowohl CMMI als auch agile Prozesse können (und sollten) an die jeweiligen Bedürfnisse angepasst werden. Sie widersprechen sich also nicht, sondern ergänzen sich gegenseitig. CMMI fordert laut Carsten Ruseng Jakobsen auch die Anpassung der Praktiken in Abhängigkeit des fachlichen Kontext. CMMI erlaubt (oder verlangt) damit konkret, dass verschiedene Firmen, Standorte oder auch Projekte den gleichen Prozess unterschiedlich implementieren, insofern dies z.B. die Kultur, der fachliche Kontext oder auch der Managementstil erfordern. CMMI macht keinerlei Vorgaben zum Managementstil, während die Agilität konkret einen mitarbeiterzentrierten, respektvollen und kooperierenden Managementstil einfordert.

Zwischenzeitlich gibt es nicht nur verschiedene Studien, sondern auch viele Erfahrungsberichte, die zeigen, wie Agilität und CMMI erfolgreich kombiniert werden können, teilweise sogar bis zur Erfüllung des CMMI-Level fünf (siehe [*Sutherland+07*], [*Paulk01*] und [*Jeffries00*]). Insgesamt lässt sich also festhalten, dass zertifizierte, standardisierte Prozesse nicht im Widerspruch zu Agilität stehen. Und dies gilt unabhängig davon, ob es sich um ISO 900x, CMMI oder auch SPICE handelt. Ein (agiles) Kundenprojekt von mir wurde gerade kürzlich nach SPICE-Level drei zertifiziert. Die meisten so zertifizierten Projekte sprechen fast durchweg von positiven Erfahrungen und betonen, dass der standardisierte Prozess den agilen sehr gut ergänzt.

---

[6] Carsten Ruseng Jakobsen in einer privaten Unterhaltung.

Unternehmensweite Werkzeuge und Technologien

Große Firmen entscheiden sich oft dafür, ihre Werkzeuge und Technologien unternehmensweit zu vereinheitlichen. Dadurch sollen zahlreiche Dinge vereinfacht werden. Man kann zum Beispiel in einer eigenen Abteilung First-Level-Support liefern und gleichzeitig eine gemeinsame Schnittstelle zum Werkzeuglieferanten bieten. Diese Abteilung könnte auch dabei helfen, das notwendige Wissen über die Werkzeuge oder Technologien in Form von Schulungen oder Coaching zu vermitteln. Ein anderer Vorteil besteht natürlich auch darin, dass ein Werkzeug sehr viel günstiger wird, wenn ein Unternehmen Hunderte oder Tausende Lizenzen davon bestellt. Schließlich entbindet diese Abteilung die Projektteams von dem Aufwand, jeweils selbst verschiedene Werkzeuge und Technologien zu untersuchen und gegeneinander abzuwägen; eine Aufgabe, die wirklich enorm viel Aufwand kosten kann.

Auf der anderen Seite sind unternehmensweite Werkzeuge und Technologien nicht für alle Arten von Projekten gleichermaßen geeignet. In den meisten Fällen sind unternehmensweite Werkzeuge für die Projekte außerdem überdimensioniert. Die Gründe dafür sind offensichtlich: Die Tool-Abteilung muss nach Werkzeugen schauen, die alle Bedürfnisse erfüllen. Das Ergebnis ist meist auch hier (ähnlich wie bei den unternehmensweiten Prozessen) eine »eierlegende Wollmilchsau«. Dadurch wird das Werkzeug viel zu komplex und hilft jedem zwar wohl ein wenig, niemandem aber wirklich richtig. Als Konsequenz ignorieren die Projektteams unternehmensweite Vorgaben oft und verwenden *unerlaubterweise* ihre eigenen Werkzeuge. Häufig handelt es sich dabei um verschiedene Arten von frei verfügbaren Werkzeugen, die statt der offiziellen verwendet werden. Es kann aber auch schlimmer kommen; beispielsweise wenn Teammitglieder sich dazu entschließen, wirklich illegale Software einzusetzen, die nicht bezahlt wurde und zu der es auch keinen offiziellen Vertrag mit dem Lieferanten gibt.

All dies ist keine zufriedenstellende Situation. Man sollte deshalb die Mitarbeiter der Tool-Abteilung fragen, ob sie die Projektmitarbeiter bei deren Suche nach geeigneten Werkzeugen unterstützen können. Dabei darf aber nicht auf den unternehmensweiten Werkzeugen bestanden werden, denn ein falsches Werkzeug behindert das Team und verlangsamt sein Tempo. Man wird übrigens oft erstaunt feststellen, dass die dann ausgewählten Werkzeuge viel billiger als die unternehmensweiten Werkzeuge sind. Oftmals wird das beste Werkzeug sogar ein mehr oder weniger frei verfügbares Werkzeug (Freeware, Open Source, Shareware) sein. Doch muss man auch die indirekten Kosten beachten. Diese steigen natürlich, wenn man immer noch den Anspruch hat, dass die Tool-Abteilung sich mit jedem verwendeten Werkzeug auskennt. In dem Fall müssen die Mitarbeiter sich in ein neues Werkzeug einarbeiten, was allerdings auch dazu führt, dass sie das nächste Projekt besser bei deren Evaluation beraten können.

In einem Projekt hatte die Tool-Abteilung gerade in Bezug auf das Entwicklungswerkzeug eine Entscheidung getroffen. Dieses Werkzeug war allerdings für das Projekt völlig überdimensioniert und hatte seinen Schwerpunkt in der Erstellung von grafischen Bedienoberflächen, einem Feature, das dieses Projekt überhaupt nicht benötigte. Die Situation war für beide Seiten demotivierend: Das Projektteam fühlte sich von der Tool-Abteilung im Stich gelassen und ignorierte das ausgewählte Werkzeug. Als Konsequenz hatte jeder Entwickler seine eigene Entwicklungsumgebung. Die Tool-Abteilung war frustriert, da sie überzeugt war, ihr Bestes zur Unterstützung der Entwickler getan zu haben, indem sie das beste (und teuerste) Werkzeug auf dem Markt ausgewählt hatte, niemand aber ihre Arbeit honorierte. Da es der Tool-Abteilung aber nicht gelang, die Entwickler zu überzeugen, mussten sie letztlich (nach einigen Eskalationen) nach einer anderen Entwicklungsumgebung Ausschau halten. Ich konnte sie nur schwer daran hindern, nach genau den gleichen Evaluierungskriterien wie zuvor den Markt zu untersuchen, doch schließlich gelang es mir, sie zu überzeugen, dass sie am besten doch einmal ihre Kunden, also die Entwickler, fragen sollten. Auch wenn einige Mitarbeiter der Abteilung diese Idee komisch fanden, folgten sie schließlich meinem Vorschlag. Letztendlich wurde ein perfekt passendes Werkzeug für genau dieses Projektteam gefunden, was darüber hinaus auch noch wesentlich billiger war. Gerade Letzteres war vor allem auch deshalb interessant, da es sich um circa 120 Arbeitsplätze handelte, bei denen jeweils weit über 2.000,– Euro eingespart werden konnten.

Für Projekte ist es oftmals gar nicht so einfach, eine passende Entwicklungsumgebung zu erhalten. Das größte Problem ist dabei meistens, dass sich das Unternehmen bereits strategisch für bestimmte Werkzeuge entschieden hat und infolgedessen auch entsprechend in diese Werkzeuge investiert hat. Das heißt, es wird erwartet, dass das Projekt die Werkzeuge verwendet, die strategisch ausgewählt wurden. Manchmal war ein Werkzeug zum Zeitpunkt der Auswahl auch das richtige, doch die Qualität änderte sich mit der Zeit. Eine spätere Version eines Werkzeugs kann zum Beispiel wesentlich besser oder eben auch erheblich schlechter als eine frühere Version sein. Das Schlimmste, was allerdings auch passieren kann, ist ein Werkzeug, das nicht dabei hilft, Probleme bei der Entwicklung in den Griff zu bekommen, sondern sie intensiviert (oder neue hinzufügt). Das Projekt kämpft dann mit der Herausforderung, die einmal getätigten strategischen Entscheidungen zu hinterfragen und neue projektspezifische Entscheidungen herbeizuführen.

Vergessen Sie nicht, dass die meisten Probleme bei der Softwareentwicklung auf einem Mangel an Kommunikation basieren; diese Probleme kann kein Werkzeug beheben. Die Werkzeuge führen sogar oft dazu, dass die Kommunikation nachlässt (mit einigen Ausnahmen, wie spezielle Kommunikationsplattformen). Man sollte die Bedeutung von Werkzeugen daher nicht überschätzen und auch keinen Versprechungen glauben, ein Tool löse alle Probleme oder führe dazu, dass Softwareentwicklung ein Kinderspiel werden würde. Stattdessen sollte man auch bei diesem Thema offen und ehrlich sein: Wir hofften, ein allumfassendes und für jeden Zweck geeignetes Werkzeug zu kaufen (oder auch zu entwickeln), doch das gibt es nicht, da jedes Projekt andere Bedürfnisse hat. Mitarbeiter sind wichtiger als Werkzeuge. Bis jetzt gibt es kein Projekt, das aufgrund seiner verwendeten Werkzeuge ein Erfolg oder ein Fehlschlag war, denn mit den richtigen Mitarbeitern wird man immer die richtigen Werkzeuge finden – legal oder illegal. Oder, um Alistair Cockburn aus [*Cockburn06*] zu zitieren:

> »*Ein gut funktionierendes Team mit den geeigneten Personen wird ein Projekt nahezu immer fertigstellen, unabhängig vom Prozess oder der Technologie, die sie verwenden müssen. (Der Prozess und die Technologie können sie dabei aber sehr wohl unterstützen oder auch behindern.)*«

Sie sollten deshalb auf die Bedürfnisse des Projektteams hören. Das Team wird Sie schon wissen lassen, welche Werkzeuge und Prozesse es für am angemessensten hält und welche es am stärksten behindern. Stellen Sie sicher, dass die Werkzeuge und Prozesse nicht zu Hindernissen für das Team werden. Auch hier gilt, dass es sinnvoll ist, die Mitarbeiter der Tool-Abteilung gelegentlich in Projekten mitarbeiten zu lassen. Auf diese Weise werden diese Mitarbeiter am besten sehen, was in Projekten benötigt wird und welche Möglichkeiten verschiedene Werkzeuge und Technologien bieten. Die wichtigste Veränderung ist auch hier eine Veränderung im Selbstverständnis einer Tool-Abteilung: Sie muss sich als jemand verstehen, der Projekten *hilft* und nicht diktiert, was gut für sie ist.

Qualitätssicherung und Qualitätskontrolle

Zunächst möchte ich zur Klarstellung den Unterschied zwischen Qualitätssicherung (QS, englisch: quality assurance oder QA) und Qualitätskontrolle (englisch: quality control oder QC) gemäß Hillel Glazer erläutern (siehe [*Glazer01*]):

> »*Qualitätssicherung ist keine Qualitätskontrolle. ...*
> *Einfach formuliert ist Qualitätskontrolle das Gleiche wie testen. ...*
> *Qualitätssicherung ist prozessorientiert, während Qualitätskontrolle produktorientiert ist. ...*
> *Qualitätssicherung stellt sicher, dass die richtigen Dinge auf die richtige Art und Weise gemacht werden.*«

Qualitätskontrolle rückt bei agilen Prozessen im Gegensatz zu herkömmlichen Prozessen mehr ins Zentrum der Entwicklung. Qualitätskontrolle soll in enger Zusammenarbeit mit dem Kunden erfolgen. Es ist zum Beispiel die Qualitätskontrolle, die den Kunden (oder seinen Repräsentanten) bei der Spezifikation, Implementierung und Verifizierung der Akzeptanztests unterstützt. In traditionellen Projekten kommt Qualitätskontrolle dagegen oft eher am Ende ins Spiel: Tests werden bei linearer Entwicklung typischerweise an das Ende einer Entwicklung gelegt. Wenn aber das gesamte Projekt Zeitprobleme bekommt, passiert es fast immer, dass das Projekt beschließt, die »Testphase« abzukürzen oder sogar ganz ausfallen zu lassen. Dieses Beschneiden der Qualitätskontrolle bietet sich an, da am Ende eines linearen Entwicklungszeitraums nicht mehr viel anderes entfallen kann. Und es gibt auch erst zu diesem späten Zeitpunkt den zunehmenden Zwang, auf Verspätung zu reagieren. Das bedeutet, dass es oft einfach keine *explizite* Zeit mehr zur Qualitätskontrolle gibt. Dies ist einer der Gründe, weshalb Qualitätskontrolle zu einem *integralen* Bestandteil des Prozesses gemacht werden muss.

Qualitätssicherung ist in einem agilen Team im Idealfall Teil des Teams. Dies gilt aber nur, wenn es dem Unternehmen gelungen ist, von einer abteilungsorientierten zu einer projektorientierten Organisation zu wechseln. Mit diesem Wandel unterstützt und betreut die Abteilung für Qualitätssicherung und -kontrolle das Projekt in Hinsicht auf Qualität über die gesamte Projektlaufzeit. Dies ist für alle Beteiligten eine große Veränderung:

- Für die Qualitätssicherung bedeutet das, dass sie das Projekt von Anfang an beeinflussen kann.
- Für die Qualitätskontrolle bedeutet das, dass sie nicht mehr der letzte Schritt im Entwicklungszyklus ist.
- Für die Entwickler bedeutet das, dass Qualität von Anfang an unterstützt und sichergestellt wird, was oft zu einer Änderung und einer Verbesserung des Entwicklungsstils führt.

Die Qualitätskontrolle sollte nach der Vorplanung des Product Owner über die gewählten Features für die kommende Iteration informiert werden, sodass sie gemeinsam diese Anforderungen weiter präzisieren können. Diese Verfeinerung resultiert idealerweise in Akzeptanztests und somit in einer ausführbaren Anforderungsspezifikation. Es gibt keinen Grund, darauf zu warten, bis die Entwicklung mit der Implementierung der Funktionalitäten fertig ist, und dann erst mit dem Testen zu beginnen.

Qualität bedeutet natürlich viel mehr als das Nichtvorhandensein von Fehlern, wie Tom DeMarco in [*DeMarco01*] ausführt. In dem Buch stellt er eine Liste von Qualitätskriterien vor, bei der die Fehlerfreiheit nach seinem Ermessen die niedrigste Priorität hat. Diese These kann man nachvollziehen, wenn man sich selbst fragt, welche (Software-)Produkte man täglich verwendet. Ich wette, dass Ihr Werkzeug zur Textverarbeitung oder Ihr Internetbrowser oder was auch immer Sie jeden Tag verwenden, nicht fehlerfrei sind. Aber trotzdem verwenden Sie das Werkzeug täglich, und zwar weil es eine andere Art Qualität aufweist: Zum Beispiel Einzigartigkeit, da das Produkt Ihnen die Möglichkeit gibt, Dinge zu tun, die von keinem anderen Produkt angeboten werden.

Fehlerfreiheit ist im Übrigen die Qualität, die man bei allen Schwierigkeiten noch am einfachsten sicherstellen kann. Alle anderen Qualitäten müssen in direkter Kommunikation mit dem Markt bzw. mit dem Kunden erarbeitet werden. Es sollte aber dennoch die Entscheidung des Kunden sein, wie viel Aufwand ein Team in die Qualität, die Fehlerfreiheit bedeutet, investiert.

Fehlerfreiheit wird typischerweise durch den Entwickler selbst mithilfe von Unit Tests sichergestellt. Wenn die Qualitätssicherung nun in agilen Projekten plötzlich auch bei der Entwicklung in das Projekt integriert ist, kann das dazu führen, dass die Qualitätssicherung meint, nun auch alle Unit Tests in ihre Verantwortung übertragen zu müssen. Da auch die Qualitätssicherung etwas Zeit braucht, sich an ihre neue Rolle zu gewöhnen, kann dies zu merkwürdigen Reaktionen führen, wie Dierk König mir in einer privaten E-Mail mitteilte:

> »*Wenn wir unserer Qualitätssicherung sagen würden, dass es so etwas wie Unit Tests gibt, dann müssten wir ab morgen für jede Klasse, die wir schreiben, ein Formblatt ausfüllen, das den dazugehörigen Unit Test beschreibt.*«

Eine andere merkwürdige Idee ist in dem Zusammenhang zum Beispiel die Forderung, Unit Tests zu kommentieren. Unit Tests sind durch die Einheit, die getestet wird, per se dokumentiert.

Die Qualitätssicherung sollte deshalb mit dem Kunden zusammenarbeiten, damit die Qualitätskriterien nach den Vorstellungen des Kunden erfüllt werden. Manchmal ist Qualität nicht das vorrangige Ziel des Kunden. Der Kunde muss die Wichtigkeit von Qualität priorisieren. Auf der anderen Seite sind es die Entwickler, die den Kunden auf mögliche Risiken hinweisen müssen, die auf fehlende Qualität in einigen (technischen) Gebieten zurückzuführen sind.

Wie bei allen anderen Mitarbeitern im Projekt ist es auch für die Qualitätssicherung wichtig, dass sie beim Rest des Teams sitzt. Dies wird die Kommunikation und das Verständnis zwischen dem Entwicklungs- und dem Qualitätssicherungsteam enorm verbessern. Beachten Sie, dass die Einführung dieser Kommunikationsmöglichkeit eines der schwierigsten Probleme sein kann, da die Qualitätssicherung den Ruf hat, zu kontrollieren und nicht zu unterstützen (und dies auch selbst oft so sieht). Dabei gibt es wohl keinen Entwickler, der nicht an Qualität interessiert ist und sich über jede Unterstützung bei der Verbesserung der Qualität freuen wird. Doch wenn man Qualitätsabteilungen als Kontrolleure (und Hemmschuhe) betrachtet, wird man nicht offen auf die Personen zugehen.

Apropos Kommunikation: Die Mitarbeiter der Qualitätskontrolle müssen über gute Kommunikationsfähigkeiten verfügen, denn sie sind die Hauptschnittstelle zum Kunden. Sie unterstützen den Kunden dabei, sein Feedback so zu geben, dass das System den Wünschen des Kunden gerecht wird.

Unterstützende Abteilungen

Es gibt einige Abteilungen, die von einem Wechsel auf agile Prozesse auf den ersten Blick zumindest nicht direkt betroffen sind. Aber oftmals stimmt das eben nur auf den besagten ersten Blick, deshalb sollte man sich im Klaren darüber sein, wie die Zusammenarbeit aussehen soll, um die bestmögliche Unterstützung zu erfahren. Die bisher schon mehrfach gegebene Empfehlung gilt auch hier: Es ist immer am erfolgversprechendsten, diese Abteilungen so früh wie möglich ins Boot zu holen, um das Risiko, über unnötige Hindernisse zu stolpern, die aufgrund von Missverständnissen entstanden sind, zu minimieren. Je besser alle informiert sind, desto wahrscheinlicher ist es, dass Ihr Fortschritt unterstützt und nicht behindert wird.

Personalabteilung

Die Einführung einer agilen Vorgehensweise bedeutet für ein Unternehmen vor allemeine kulturelle Veränderung, einen Wertewandel, eine andere (Geistes-) Haltung. Diese Veränderungen können von einem Unternehmen aber nur vollzogen werden, indem jeder einzelne Mitarbeiter diesen Wandel verfolgt. Das heißt, es geht letztendlich um Personalentwicklung und diese ist eine der Hauptaufgaben der Personalabteilung. Leistet die Personalabteilung hierfür die Unterstützung, so vereinfacht und beschleunigt sich nicht nur der agile Wandel, sondern man vollzieht auch gleichzeitig den ersten Schritt hin zu einer lernenden Organisation. Auch eine Organisation kann nur hinzulernen, wenn jeder einzelne Mitarbeiter dazulernt, was nicht nur über die agile Technik der Retrospektiven unterstützt wird (siehe Seite 113), sondern auch durch Kaizen, wie es durch Lean propagiert wird.

Zugegebenermaßen habe ich – abgesehen von einer großen Ausnahme – nicht allzu oft erfahren, dass dies von den Unternehmen oder auch der Personalabteilung selbst so gesehen wird. Bei dieser Ausnahme, bei der es dann auch direkt um die strategische Einführung agiler Vorgehensweisen in ein mittelgroßes Unternehmen (mit ca. 1000 Mitarbeitern) ging, war die positive Auswirkung der Personalabteilung auf dieses Unterfangen deutlich sichtbar. Sehr schnell wurde allen bewusst, dass man von dem allumfassenden Nutzen agiler Vorgehensweisen nur profitieren kann, wenn sich diese Veränderung nicht nur auf die Softwareentwicklung beschränkt, sondern alle Mitarbeiter, auch abteilungsübergreifend, mit einbezogen werden. Die Personalabteilung hat in diesem Fall auch die Aufgabe übernommen, den Erfahrungsaustausch unter den Mitarbeitern der verschiedenen Projekte zu gewährleisten. Durch eine gemeinsame Wiki-Plattform und auch Veranstaltungen wurde sichergestellt, dass projektübergreifend voneinander gelernt werden konnte. Diese Aufgabe kann natürlich auch von der Abteilung für Methoden und Verfahren übernommen werden (siehe Seite 174).

Nachdem viele Jahre mehr auf kurzfristige Ziele hingearbeitet wurde, durchlaufen Unternehmen zurzeit einen Wandel, bei dem sie eher langfristige Ziele verfolgen und dabei Nachhaltigkeit und die soziale Verantwortung der Unternehmen im Blick haben (Stichwort: CSR – Corporate Social Responsibility). Wird dieses Unterfangen als Unternehmensstrategie vor allemauf der höchsten Stufe angegangen, bei der es um die Erzeugung gemeinsamer Werte (Stichwort: CSV – Creating Shared Value) geht, so hat man auch hier die Personalentwicklung und individuelle ständige Verbesserung im Blick. Der agile Wandel kann damit als eine Art Werkzeug verwendet werden, um einen Teil dieser Strategie umzusetzen.

Die Personalabteilung kommt selbstverständlich auch ins Spiel wenn es darum geht, neue Mitarbeiter zu gewinnen. Natürlich möchte man immer, dass diese neuen Mitarbeiter so schnell wie möglich integriert werden können und sie auch den agilen Wandel oder – falls dieser bereits vollzogen ist – das agile Wertesystem mit unterstützen. Folgerichtig muss die Personalabteilung Kenntnis darüber haben, welches Personal hierfür am besten infrage kommt (siehe hierzu auch [*Rothman04*]). Auch dafür benötigt die Personalabteilung das Wissen über agile Vorgehensweisen oder zumindest die Unterstützung von anderen Mitarbeitern, sodass auch die richtigen neuen Kollegen mit der entsprechenden sozialen Kompetenz ausfindig gemacht werden.

Wenn es darum geht, neue Kollegen zu gewinnen oder existierende Mitarbeiter auszubilden, kann man schnell zu der Auffassung gelangen, dass man auf der sicheren Seite ist, wenn man sich auf die Zertifizierungen, die es im agilen Umfeld zuhauf gibt, verlässt[7]. Das trifft aber nicht zu. Einerseits bietet natürlich die schiere Masse an Zertifizierungen nicht wirklich eine Sicherheit, andererseits kann man sich auf diese Zertifikate auch nicht wirklich verlassen, da die meisten der Zertifikate nicht wie von der Agile Alliance gefordert (siehe [*AgileCertification*]) die Fähigkeiten überprüfen und schwierig zu erhalten sind. Die Zertifikate, wie sie heute am Markt existieren, vor allemdie gängigsten Zertifikate, weisen in keiner Weise die Erfahrungen der zertifizierten Person nach.

Da ich selbst neben einigen anderen Zertifikaten als Taucherin das Zertifikat des *Dive Master* besitze, möchte ich diese Erfahrung nutzen, um darzulegen, was die Zertifizierung zum ScrumMaster inhaltlich bedeutet. Würde die Dive-Master-Ausbildung analog der ScrumMaster-Ausbildung ablaufen, so würde man dafür einen zweitägigen Kurs besuchen, in dem einem viel über Tauchmedizin, -physik, -technik und anderes vermittelt werden würde. Nach den zwei Tagen wäre man zu einer Prüfung zugelassen, bei der die übermittelten Kenntnisse abgeprüft werden würden. Nach Bestehen der Prüfung hätte man die Bescheinigung dafür, dass man mit einer Gruppe von Tauchern ins Wasser gehen dürfte und diese während des Tauchgangs sicher durch das Wasser führen könnte. Wohlgemerkt

[7] Der aktuelle Stand ist folgender: Die ScrumAlliance.org bietet alleine sechs Zertifizierungen vom ScrumMaster, Product Owner, Developer, Professional, Trainer bis zum Coach an. Scrum.org wartet auch nochmals mit vier Zertifizierungen auf: ScrumMaster, Developer, Team Member und Product Owner. Weiterhin bietet FeatureDrivenDevelopment.com fünf Zertifizierungen an vom FDD-Aware, -Associate, -Practitioner, -Project Manager bis zum FDD-Consultant. DSDM.org hat mit dem DSDM Professional nur eine Zertifizierung. Dafür bietet ICAgile.com nochmals vier Zertifizierungen an, nämlich den ICAgile-Associate, -Professional, -Expert und den ICAgile-Fellow. Und recht aktuell gibt es weiterhin von der PMI.org den PMI Agile Certified Practitioner.

man selbst wäre als *Dive Master* bis dato noch *nie* im Wasser gewesen[8]. Meist liegt die Erwartung bei einem *ScrumMaster* sogar noch höher – ihm würde sogar zugetraut werden, die Verantwortung für blutige Tauchanfänger zu übernehmen. Ich möchte nicht unerwähnt lassen, dass in anderen Bereichen mit solchen Zertifizierungen noch wesentlich vorsichtiger umgegangen wird. Im Handwerk erhält man z.B. nur eine Zulassung zur Meisterprüfung nach Vorweisen mehrjähriger Erfahrung, und *Zen Master* wird man üblicherweise nur, wenn man vorher dreißig Jahre praktiziert hat.

Das heißt im Gegensatz dazu lässt sich mit den gängigen agilen Zertifikaten allenfalls nachweisen, dass man über ein Thema Bescheid weiß, aber nicht, dass man dieses Thema auch beherrscht. Die Beherrschung eines Themas oder die Fähigkeiten sind jedoch allein ausschlaggebend über Erfolg oder Misserfolg. Aus diesem Grund rät die Agile Alliance in [*AgileCertification*], dass Arbeitgeber keine Zertifikate verlangen sollten. Einerseits, weil es eine Vielzahl von wirklichen Praktikern gibt, die nicht zertifiziert sind, und andererseits, weil es nicht darum geht, was ein Mitarbeiter irgendwann einmal wusste (oder besser: beherrschte). Wichtig ist nur, ob er in der Lage ist, das zu leisten, was heute gefordert wird, und er damit nachweist, dass er sich (ständig) weiterentwickelt.

Rechtsabteilung

Mit der Rechtsabteilung kommt man in Kontakt, wenn es um Vertragsfragen geht. Diese Vertragsfragen können vor allem das Outsourcing (siehe Seite 201) von Teilprojekten, Festpreisangebote und deren Umfang oder auch generell jede Verhandlung mit dem Kunden betreffen. Oft gibt es bereits Rahmenverträge, die sich um derartige Aspekte kümmern. Diese Verträge sind allerdings in der Regel auf lineare Entwicklung zugeschnitten, indem der Leistungs- und Funktionsumfang vorab festgeschrieben wird und spätere Änderungen nicht innerhalb des Vertrags, sondern lediglich mittels Änderungsaufträge (englisch: Change Requests) berücksichtigt werden. Das heißt, der Vorteil agiler Vorgehensweisen, nämlich Änderungswünsche als etwas »Normales« zu betrachten, geht dabei verloren. Auch bei agilen Verträgen gilt, dass sie vorrangig dazu dienen, die Erwartungen beider Seiten zu klären, um damit Missverständnissen vorzubeugen. Natürlich dienen sie auch dazu, vorab zu klären, was passieren soll, falls die Realität doch nicht mit den Erwartungen übereinstimmt.

Der Vertrag mit variablem Umfang (siehe Seite 168) als Abwandlung eines Festpreisvertrags ist dafür eine Variante. Eine andere Vertragsvariante ist laut Marina Haase, ihres Zeichens sowohl agile Softwareentwicklerin als auch Rechtsanwältin[9]:

---

[8]Keine Sorge, bei der Ausbildung zum *Dive Master* muss u.a. nicht nur Erfahrung nachgewiesen werden, sondern die praktischen Fähigkeiten werden ebenfalls geprüft.

[9]Marina Haase in [*AgileVertraege*]: *Statische Verträge für Agile Projekte.* Vortrag beim Agile Day der WJax 2007 in München.

»Der Werkvertrag mit Rahmenvertrag«

Dabei wird der Leistungsumfang in Form von Featurebündeln grob beschrieben und geschätzt. Eine vorläufige Priorisierung und entweder ein Festpreis, basierend auf diesem Funktionsumfang (wie beim Vertrag mit variablem Umfang), oder ein garantierter Maximalpreis werden vereinbart. Weiterhin erfolgt eine Festlegung des Endtermins sowie der Releasetermine. Marina Haase betont, dass eine

»... ausführliche und klare Beschreibung der Werte und des Vorgehens«

essenziell sind. Neben dem agilen Wertesystem gehört dazu auch die Regelung darüber, wie umpriorisiert werden kann, auf welcher Basis die Abnahme erfolgt und wie das Feedback des Kunden eingeholt bzw. abgegeben werden soll (juristisches Stichwort: Mitwirkungspflicht). Für die Releases oder evtl. auch die Iterationen sollte außerdem vereinbart werden, dass diese jeweils durch eine konkrete Liste der zu erstellenden und jetzt detaillierten Features als Anlage ein weiteres Bestandteil des Vertrags werden. Übliche Vereinbarungen wie Haftung, Kündigung sowie die Rechte an der Software sollten natürlich auch hier nicht fehlen. Marina Haase schlägt zusätzliche Regelungen vor, wie:

»Prioritäten der Anforderungen können verändert werden, solange nicht mit ihnen begonnen worden ist. Der Kunde kann den Rahmenvertrag kündigen, wenn ... 80% des Grundwertes erreicht ist.«

In einem meiner Projekte hatten wir eine sehr ähnliche Vereinbarung getroffen, und zwar hatten wir dort einen (regulären) Werkvertrag angereichert durch die Definition der agilen Werte und unserer Vorgehensbeschreibung. Weiterhin hatte sich der Kunde insofern abgesichert, als er monatlich nur nach erfolgreicher Lieferung eine Pauschale bezahlt hat.

Die Rechtsabteilung kann auch dann Präsenz zeigen, wenn das System ausgeliefert wird. Je nach Anwendung kann es möglich oder notwendig sein, dass die Rechtsabteilung die Anwendung juristisch überprüfen muss, bevor sie geliefert wird. Dazu können zum Beispiel bestimmte Auflagen für sicherheitskritische Systeme gehören. Dies kann für ein Team recht frustrierend sein, da es durch diese Prüfungen nach Fertigstellung eines Release eventuell Wochen oder sogar Monate dauert, bis es das erste Feedback vom Kunden bekommt. Meist kann diesem Problem begegnet werden, indem man entsprechende Prüfungen im Vorfeld in Form von Akzeptanztests formuliert und auf diese Weise die entsprechenden Regularien zu ganz normalen Anforderungen macht. Das ist allerdings nicht immer möglich und manchmal muss man in den sauren Apfel beißen und mit der Tatsache leben, dass das Feedback verspätet eintrifft.

Marketing

Die Marketingabteilung kommt typischerweise dann ins Spiel, wenn diese Abteilung den Kunden repräsentieren muss. In dem Fall gilt alles, was für den Kunden gilt, auch für das Marketing. Trifft dies bei Ihnen zu, so finden Sie auf Seite 189 weitere Informationen.

Wenn es im Projekt darum geht, ein Produkt zu entwickeln, kann es notwendig sein, dass das Marketing neue Features weit im Voraus kennen muss, um eine entsprechende Marketingkampagne planen und durchführen zu können. Das bedeutet dann natürlich auch, dass das Marketing (manchmal zusammen mit dem Vertrieb) der Hauptkunde des Projekts ist. Sie sind dann die Mitarbeiter, die am besten wissen, welche Funktionalität den höchsten Geschäftswert hat, damit das Produkt erfolgreich vermarktet (und verkauft) werden kann. Das Marketing sollte in dem Fall also die Releaseplanung steuern und die Features mit dem höchsten Geschäftswert definieren.

Sofern das Marketing den Kurs eines Projekts bestimmt, muss man explizit auf Qualität achten. Denn wie James Highsmith auf der OOPSLA 2000 einen anonymen Manager zitierte:

> *»Man kann sich über den Zustand der Softwarequalität (oder das Fehlen derselben) aufregen, wie man möchte, aber die Marketingleute diktieren die Welt und sie wollen den Marktanteil jetzt. – Punkt, Ende der Diskussion. Mein Job ist es, in der vorgegebenen Zeit, mit dem vorgegebenen Budget und mit den "angemessenen" Qualitätsmetriken zu liefern.«*

Das Marketing wird also selten zusätzliche Zeit zugunsten von Qualität akzeptieren. Es wird es fast immer lieber sehen, wenn stattdessen ein weiteres Feature eingebaut wird. Auch dies ist ein weiteres gutes Argument, Qualität zu einem integralen Bestandteil des Prozesses zu machen.

Produktion

Die Abteilung, die dafür verantwortlich ist, ein System in Produktion zu bringen, hat manchmal Probleme mit den kurzen Entwicklungszyklen. Sie hat oft nicht die Technologie und Manpower, um alle notwendigen Schritte zu automatisieren, und es dauert somit immer etwas, bis ein System erst einmal manuell in Betrieb genommen werden kann. Dadurch verzögert sich das Feedback vom Kunden.

Bei linearer Entwicklung ist dies kein wirkliches Problem, da die entsprechenden Schritte nur einmal durchgeführt werden müssen – nämlich am Ende der Entwicklung. Bei agiler Entwicklung wird die Produktionsabteilung mit dieser Anforderung viel häufiger (zum Beispiel monatlich) konfrontiert. Nach meiner Erfahrung wird dieser Umstieg an sich aber immer begrüßt, da man dann auch von der Produktion aus Einfluss auf die Entwicklung nehmen kann, sodass Produktionsaspekte bereits frühzeitig berücksichtigt werden. Aus diesem Grund haben sich auch relativ schnell Mitarbeiter von Produktionsabteilungen unterschiedlicher Firmen für die Notwendigkeit eines Wandels in ihrem Bereich stark gemacht und dies mit der Entwicklung von *DevOps* zum Ausdruck gebracht (siehe [*DevOps*]). *DevOps* wurde ursprünglich von Patrick Debois initiiert und hat sich in nur wenigen Jahren ausgebreitet. Dabei geht es darum, die agilen Prinzipien auch auf die Produktion anzuwenden. Oder in anderen Worten, es geht darum, dass die agile Entwicklung nicht an der Produktion haltmacht. Folglich sorgt *DevOps* dafür, dass ein System nicht nur schnell in Betrieb genommen werden kann, sondern auch nachfolgende Änderungen – das aufgenommene Feedback des Kunden – ebenso schnell in Produktion kommen. Letztendlich geht es um eine agile Art der Systemadministration und des Managements von Änderungen am System.

Soll nicht nur häufig das System in Betrieb genommen werden, sondern auch ständig, so handelt es sich dabei um die Umsetzung von *Lean Startup*. In diesem Zusammenhang besteht das häufigste Problem darin, dass die Produktion oft personell den vielen Lieferungen nicht nachkommt. Manchmal kann man zu diesem Zweck in die Anwendung bestimmte Dinge zur Produktionsvereinfachung einbauen. Am besten berücksichtigt man dies von Anfang an und integriert aus diesem Grund auch die Produktionsabteilung von Beginn an in das Projekt. Das bedeutet natürlich nicht, dass sofort alles reibungslos verläuft, aber man hat die Gelegenheit, von Anfang an aus den Fehlern zu lernen, solange das System noch klein ist. Je mehr Erfahrung man dabei hat, das System in Produktion zu bringen, desto schneller wird es gehen. Damit kommt man auch einer der agilen Kernstrategien nach: Wann immer etwas schwierig ist, muss man dieses Etwas häufiger ausführen. Meist führt das in diesem Bereich dazu, dass mit jeder Inbetriebnahme noch mehr Automatisierung erfolgt.

Der Kunde

Oft ist der Kunde einer großen Firma die Firma selbst oder ein anderes Unternehmen im Konzern. Dies ist eine völlig andere Situation als in kleinen Projekten, in denen der Kunde fast immer ein anderes Unternehmen ist, zu dem es erst einmal keine Beziehung gibt. Wenn der Kunde zur eigenen Firma oder zum eigenen Konzern gehört, hat man einen großen Vorteil: Das fachliche Wissen ist im Haus (auch wenn es politisch nicht immer einfach ist, an das Wissen heranzukommen).

Das andere typische Szenario bei Projekten, die von großen Unternehmen durchgeführt werden, ist, dass der Kunde in Wahrheit eine ganze Gruppe von Kunden ist. In diesem Fall wird das Projektergebnis oft Standardsoftware oder etwas Ähnliches darstellen. Wenn man für eine Kundengruppe entwickelt, besteht das Problem darin, dass es nicht den einen Kunden gibt, den man in das Projekt integrieren kann. Dieses Problem verstärkt sich noch, wenn die Mitglieder dieser Kundengruppe untereinander in Konkurrenz stehen. In dem Fall ist es besonders schwierig, einen Kunden in das Projekt zu integrieren, da es keinen repräsentativen Vertreter der ganzen Kundengruppe gibt. Ein Projekt kann natürlich nicht diese Konkurrenzsituation aufheben. Es kann aber dennoch um Feedback bitten, das dann allerdings auch widersprüchlich und somit nicht immer wirklich hilfreich ist.

Weiterhin kann es auch vorkommen, dass die Kunden selbst anonym und damit nicht greifbar sind. Dabei steht die Projektgröße meistens in Relation zur Anzahl der Kunden. In einem solchen Fall gibt es oft viele Kunden, die nicht sichtbar sind (wie bei Standardsoftware), oder es gibt einen Zusammenschluss von Kunden, die ähnliche, doch leider nicht die gleichen Interessen haben.

Unter all diesen Umständen ist es am besten, den Kunden durch einen Stellvertreter, den Product Owner, zu ersetzen, der fachlicher Experte ist und im Idealfall die Kundenseite aus eigener Erfahrung bereits kennt (indem er zum Beispiel bereits bei einem der Kunden gearbeitet hat). Personen aus der Marketingabteilung bieten sich ebenfalls an, die Rolle des Kunden zu übernehmen, da diese den Markt und damit die Bedürfnisse des Kunden sehr gut kennen.

Eine andere Option bei widersprüchlichen Kundeninteressen besteht darin, sich auf einen Kunden zu konzentrieren und im Zweifelsfall dessen Anforderungen zu erfüllen. Dahinter steckt die Erfahrung, dass der Markt ein System oft besser akzeptiert, wenn das System eine Anforderung zu hundert Prozent erfüllt, anstatt verschiedene Anforderungen nur zu fünfzig Prozent zu erfüllen. Diese Erfahrung wird zum Beispiel von Alan Cooper in [*Cooper99*] beschrieben:

> »*Ein Design für einen einzelnen Anwender ist die effektivste Möglichkeit, eine breite Masse zufriedenzustellen.*«

Oder, wie Joseph Pelrine die gegensätzliche Strategie kommentierte:[10]

> »*Ein Kompromiss ist, wenn jeder bekommt, was niemand wirklich will.*«

Die Rolle des Kunden

Die größte Herausforderung besteht aber darin, dem Kunden (der dabei aus mehreren Personen bestehen kann) seine Rolle bzw. seine Mitwirkungspflicht klarzumachen. Ein Kunde verhält sich bei der Formulierung seiner Wünsche in Bezug auf ein Softwareprodukt oft nicht anders, als wenn er Schuhe zur Reparatur gibt. Dabei sollte man das Ganze besser mit der Herstellung eines individuell gefertigten Anzugs vergleichen. Man geht zum Schneider und beschreibt, was für eine Art Anzug man haben will. Der Schneider wird dann einige Beispiele zeigen, damit man den richtigen Schnitt wählen kann. Darüber hinaus wird man mithilfe des Schneiders den geeigneten Stoff aussuchen. Nachdem man einige weitere Fakten wie Größenangaben gesammelt hat, wird der Schneider damit beginnen, den

[10] Joseph Pelrine in einer privaten Unterhaltung.

Anzug anzufertigen. Doch wird es vor der Fertigstellung noch einige Anproben geben, um den Anzug an die Größe und die Bedürfnisse des Kunden im Detail anzupassen. Ein Anzug kann ohne Rückmeldung von und ohne Zusammenarbeit mit dem Kunden also wohl nur schwerlich perfekt sitzen. Je weniger Interaktion es gibt, desto höher ist das Risiko, dass der Anzug nicht richtig passt.

Softwareentwicklung ist jedoch sehr viel komplexer als die Herstellung eines Anzugs. Aus diesem Grund muss die Interaktion mit dem Kunden noch viel intensiver ausfallen. Die Kunden von Softwareprodukten sind sich über diese Tatsache allerdings leider oft nicht im Klaren. Sie müssen daher erst lernen, dass sie es sind, die das Produkt im Laufe seiner Entwicklung formen. Sie müssen festlegen, welches die wichtigsten Features sind, welche Qualität erzielt werden soll und wie das Produkt aussehen soll. Dabei hilft es wenig, den Kunden einfach nur die Wichtigkeit ihrer Rolle mitzuteilen. Nach meiner Erfahrung ist vor allem am Anfang eine intensive Betreuung des Kunden notwendig. Erst nach einigen Entwicklungszyklen wird dem Kunden klar, welche Art Macht er hat, wie er das Projekt steuern kann und wie wichtig er im gesamten Projektverlauf ist. Diese Rolle verlangt einiges und es mag für den Kunden einfacher sein, zu Beginn einige Anforderungen zu formulieren und die Entwickler später bloßzustellen, wenn zwar alle Anforderungen, nicht aber die wirklichen (geänderten) Bedürfnisse erfüllt wurden. Ist der Kunde direkt oder über einen Stellvertreter, den Product Owner, ins Team integriert, so kann (und muss) er das Projekt ständig so steuern, dass seine aktuellen Anforderungen auch wirklich umgesetzt werden. Der Kunde sollte deshalb von Anfang an integriert werden.

In einem meiner Projekte beschwerte sich der Kunde, dass das System nie so aussah, wie er es sich eigentlich vorgestellt hatte, wodurch das System nie abgenommen wurde. Dies führte natürlich auch zu frustrierten Entwicklern, da sie den Eindruck hatten, dass sie es dem Kunden nie recht machen konnten. Das Problem war nur, dass der Kunde im Verlauf der Iterationen nie zur Verfügung stand. Als ich den Kunden darauf ansprach, widersprach er erst meiner Beobachtung, worauf ich ihn beim Wort nahm und jeden Tag zum Entwicklungsteam führte. Dort wurde er dann mit jeder Menge offener Fragen bombardiert. Nach einiger Zeit wurde dem Kunden so seine Macht und Wichtigkeit für das Team klar. Sein Erstaunen formulierte er nach der Diskussion einiger Punkte einmal wie folgt:

> *»Ich kann nun schon nach Minuten oder Stunden den Unterschied sehen. Ich habe meinen Einfluss auf ein Softwareprojekt vorher noch nie so stark empfunden.«*

Integration des Kunden ins Team

Agile Prozesse bestehen deshalb darauf, dass der Kunde permanent vor Ort ist. Bei *Scrum* ist das nicht immer ganz eindeutig, ob der Product Owner nun persönlich der Kunde sein muss oder ob es sich dabei auch um einen – wie auch von mir vorgeschlagenen – Stellvertreter handeln darf. *Extreme Programming* erwartet hier definitiv den Kunden höchstpersönlich und keinen Stellvertreter. Auch wenn der direkte (und permanente) Kontakt zum Kunden erst einmal eine gute Idee ist, so habe ich dennoch mit dieser Konstellation gelegentlich schon einige Probleme erlebt. In einem meiner Projekte war der Kunde zum Beispiel so angetan von seiner Rolle, dass er sich nach einiger Zeit mehr mit dem Entwicklungsteam als mit seinen eigenen Kollegen identifiziert hat. Der Kunde begann sogar, Code zu schreiben, und veränderte auf diese Weise seine Sicht auf das System. Die Tatsache, dass die Identifizierung mit dem System so weit ging, war nicht das eigentliche Problem. Aber dadurch dass der Kunde (schleichend) nicht mehr den eigentlichen Kunden repräsentiert hatte, war der ganze Vorteil, einen Kunden vor Ort zu haben, hinfällig. Das heißt, bei einem Kunden, der im Team arbeitet, muss immer darauf geachtet werden, dass er die Sichtweise vertritt, die er und seine Kollegen als Kunden vereinbart haben, und noch wichtiger, dass er den Kontakt zu seinen Kollegen nicht verliert.

Wie vorher bereits erwähnt wurde, hat man bei einem großen Team oft auch viele Kunden. Aufgrund der mangelnden Infrastruktur ist es dann nicht immer möglich, diese Kunden direkt mit den Teilteams zusammenzusetzen. Wenn man verschiedene Teilteams benötigt, die alle verschiedene Fragen an den Kunden haben, muss man sich überlegen, mit welcher Person aus der Kundengruppe man dann das Teilteam zusammensetzen sollte. Diese Entscheidung ist nicht immer einfach zu treffen. Die Fragen der einzelnen Teilteams können sich zum Beispiel überlappen, weshalb ein Kunde möglicherweise für mehrere Teilteams zur Verfügung stehen muss. In einem meiner Projekte standen wir genau vor diesem Problem. Die Lösung sah so aus, dass wir für den Kunden an unserem Ort ein eigenes Büro einrichteten. Dies bedeutete zwar, dass der Kunde nicht direkt mit den Entwicklern zusammenarbeitete, auf der anderen Seite war dies aber die einzige Möglichkeit, dass er den Entwicklern an einer zentralen Stelle ständig zur Verfügung stand.

In dem gleichen Projekt machten wir außerdem die Erfahrung, dass nicht immer nur der »offizielle« Kunde hilfreich ist, wichtiger ist vielmehr, auch den späteren Benutzer des Systems zu beteiligen. Dabei stellte sich des Öfteren heraus, dass der spätere Anwender durchaus nochmals andere Anforderungen an das System hatte als der offizielle Kundenrepräsentant. Da sich die Akzeptanz des Systems jedoch hauptsächlich über den Benutzer definiert, ist es unerlässlich, gerade diesen miteinzubeziehen.

James Johnson betonte auf der XP 2002, dass nach seinen Untersuchungen über Erfolgsfaktoren von Softwareentwicklungsprojekten der zweitwichtigste Erfolgsfaktor die Beteiligung des Anwenders ist (als wichtigster Erfolgsfaktor wurde die Unterstützung des Managements genannt).[11]

Die besten Erfahrungen haben wir – gerade in Großprojekten – mit Product Owner gemacht, die Stellvertreter des Kunden waren. Dabei halten die Product Owner selbst den Kontakt zu den unterschiedlichen Kundengruppen, einschließlich den Anwendern, stehen aber andererseits ihrem Teilteam nahezu permanent zur Verfügung. Als Stellvertreter gehören sie üblicherweise zur Lieferanten- und nicht zur Kundenseite, was vor allemdann vorteilhaft ist, wenn die Kundengruppen untereinander in Konkurrenz stehen. Wichtig ist dabei, dass die Product Owner sich untereinander häufig abstimmen (siehe Seite 102), um die fachliche Integrität des Systems zu wahren. Darüber hinaus muss die Gemeinschaft der Product Owner auch dazu bevollmächtigt sein, Entscheidungen über die Priorisierung (natürlich mithilfe des Inputs der tatsächlichen Kunden) zu treffen. Product Owner, die immer wieder von anderer Seite überstimmt werden, sind für ein (Teil-)Team nicht nur nicht hilfreich, sondern tatsächlich hinderlich. Voraussetzung dafür, dass ein Product Owner seiner Rolle gerecht wird, ist folgerichtig die entsprechende Ausstattung mit Entscheidungsmacht.

Unternehmenskultur und die Auswirkung auf den Einzelnen

In den meisten Fällen wird man feststellen, dass große Unternehmen vor allem Entwickler anlocken, die durchschnittliche oder sogar unterdurchschnittliche Fähigkeiten haben. Es ist deshalb entscheidend, dass man eine Umgebung schafft, in der die Fähigkeiten und der Spaß am Lernen gefördert werden. Dies verbessert nicht nur das Wissen, sondern macht die Arbeit auch interessanter und schafft mehr Herausforderungen.

Fähigkeiten

Der Grund dafür, dass große Firmen eher unterdurchschnittliche Entwickler anziehen, mag darin liegen, dass ambitionierte Entwickler meinen, in großen Firmen nichts verändern zu können und durch die Bürokratie an ihrer Kreativität gehindert zu werden. An der Vermutung ist etwas dran, denn wenn der Mitarbeiter dann doch ausnahmsweise sehr motiviert ist, wird die Bürokratie tatsächlich oft dafür sorgen, dass dies in Frustration umschlägt.

Darüber hinaus zahlen große Firmen häufig nach Tarif und nicht nach den Fähigkeiten jedes Einzelnen. Kleine Firmen bieten auch weniger Sicherheit (vor allem aus Sicht der Arbeitsplatzgarantie) als große Firmen, was oft Grund genug

---

[11] James Johnson, eingeladener Vortrag auf der International Conference on eXtreme Programming and Agile Processes in Software-Engineering 2002, Sardinien, Italien.

ist, eine große Firma zu bevorzugen. Deshalb sind es vor allem Personen, die nicht gern Risiken eingehen, die zu größeren Firmen tendieren.

Was auch immer die Gründe sind, man muss sich der Tatsache stellen, dass große Projekte in Bezug auf qualitativ hochwertige Mitarbeiter oft allein durch die schiere Masse unterdurchschnittlich besetzt sind. Man muss deshalb berücksichtigen, dass Dinge sehr viel langsamer vorankommen, als man erwarten würde. Fähigkeiten sind eine der Schlüsselfaktoren für den Projekterfolg. Oder wie Dave Thomas in [*McBreen02*] schreibt:

> »*... der wirkliche Wert entsteht bei der Softwareentwicklung erst dann, wenn fähige Entwickler qualitativ hochwertigen Code schreiben und damit liefern, was der Kunde benötigt. Vorgehensmodelle liefern diese fähigen Entwickler nicht.*«

Pete McBreen meint im gleichen Buch dazu:

> »*Software-Engineering verdrängt aus unserem Bewusstsein, dass die wirklich wichtigen Dinge in einem Projekt die Fähigkeiten, das Wissen und die Erfahrung der einzelnen Softwareentwickler sind.*«

Wenn ein Unternehmen sich dazu entschieden hat, eine lernende Organisation aufzubauen (siehe auch Seite 130 und Seite 183), wird man nach Arie de Geus eine großartige Unterstützung für Veränderungen haben:[12]

> »*Die Fähigkeit, schneller als die Mitbewerber zu lernen, mag der einzige wesentliche Wettbewerbsvorteil sein.*«

Eine bessere Ausbildung der Mitarbeiter ist nur eine Seite der Medaille. Man muss den Job auch interessant machen und Herausforderungen schaffen. Man muss eine Umgebung aufbauen, die den Angestellten ehrgeizig »macht«, ihm erlaubt, Spaß am Job zu haben, und ihm aufzeigt, wie man mit jedem Tag besser wird. In zahlreichen Projekten habe ich zum Beispiel die Erfahrung gemacht, dass es ungemein motiviert, mehr dazuzulernen, wenn die Mitarbeiter des Projekts von ihren Erfahrungen in Form eines Zeitschriftenartikels oder eines Konferenzbeitrags berichten.

Weiterbildung

In einem Projekt gibt es immer wieder den Bedarf nach Weiterbildung. Die Art der Weiterbildung kann dabei je nach Projektzustand sehr unterschiedlich ausfallen. Weiterbildung kann zum Beispiel dann zum ersten Mal ein Thema werden,

[12] Ein Zitat von Arie de Geus in [*Senge90*] (als Planungsverantwortlicher bei Royal Dutch Shell).

wenn es gilt, das Wissen eines Startteams über die Referenzimplementierung einer Architektur (siehe auch Seite 127) auf weitere Mitarbeiter im Team zu übertragen. Weiterbildung ist natürlich auch immer dann ein Thema, wenn sich etwas an der Technologie, zum Beispiel in der Architektur, ändert, was alle Teammitarbeiter betrifft. Weiterbildung ist ebenfalls angeraten, wenn das Reviewteam (siehe Seite 196) Defizite beim Programmierstil und bei der Anwendung guter Designpraktiken feststellt. Und schließlich kommt es auch immer wieder vor, dass neue Mitarbeiter in das Projekt integriert werden müssen, die dann alles Dazugehörige (Konventionen, Architektur und so weiter) lernen müssen.

Die Weiterbildung selbst sollte nicht immer nur in Form von Schulungen erfolgen (zumal dafür in einem Projekt gar nicht unbedingt die entsprechenden Mitarbeiter zur Verfügung stehen). Es gibt vielmehr verschiedene Ausbildungsformate, die unterschiedliche Bedürfnisse abdecken:

- **Traditionelle Schulung (im Klassenraum):** Diese Art der Weiterbildung bietet sich vor allem zum Schulen von grundlegenden Konzepten an. Allgemeine Basiskonzepte, wie Programmiersprachen oder Entwurfsmuster, können dabei von einem externen oder internen Schulungsanbieter gelehrt werden. Für wesentliche Aspekte, die projektspezifisch sind, kann man im Projekt eigenes Schulungsmaterial erstellen. Dies ist allerdings oft schwierig, da sich die Basiskonzepte durchaus aufgrund geänderter Anforderungen von Zeit zu Zeit ändern können. Der Aufwand für ständig aktuelle Schulungsunterlagen kann also sehr viel Zeit und damit Geld kosten. Wenn es den Aufwand aber wert ist und man die entsprechenden Ressourcen hat (Personal, Geld, Zeit), dann kann dieser Ansatz einfach umgesetzt werden.
- **Persönliche Betreuung (englisch: mentoring):** Wenn einzelne Mitarbeiter bestimmtes Wissen erwerben oder einzelne neue Mitarbeiter ins Team integriert werden sollen, ist eine persönliche Betreuung der ideale Weiterbildungsansatz. Dabei kann dann auch gleich die Projektkultur vermittelt werden. Außerdem entsteht meist eine enge Beziehung zwischen dem Mentor und den Personen, die er betreut (eine Beziehung, die oft länger als die eigentliche Betreuung dauert). Die Betreuung kann auch in Form von paarweisem Programmieren (eine Praktik von *Extreme Programming*) erfolgen.
- **Agenten:** Man kann auch ein (virtuelles) Team aus Agenten bilden, die die anderen Teams betreuen. Diese Agenten geben ihr Wissen an die von ihnen betreuten Teams weiter. Zusätzlich stellen sie durch den Austausch mit ihren eigenen Teamkollegen sicher, dass das Wissen, das sie bei den von ihnen betreuten Teams erfahren haben, auch anderen zugänglich wird. Diese Vorgehensweise ist eine gute Möglichkeit, auch komplizierte Technologieänderungen zu vermitteln (um beispielsweise einen guten Programmierstil oder gute Designpraktiken, die sich aus der Architektur ergeben, zu kommunizieren). Die Agenten »vermarkten« ihre Konzepte an die von ihnen betreuten Teams,

und diese Teams wiederum tragen dann dazu bei, eben diese Konzepte zu verbessern.

- **E-Learning:** Es ist meistens zu teuer (in Bezug auf Ressourcen, Zeit und Geld), für jedes einzelne neue Teammitglied Schulungen für die Basiskonzepte und die Projektkonventionen durchzuführen. Deshalb bieten sich E-Learning-Möglichkeiten an, mit deren Hilfe die Neueinsteiger in das System eingeführt werden. Ein entsprechender Kurs kann ziemlich einfach aufgebaut sein und zum Beispiel über ein Wiki für alle zugänglich gemacht werden. Der Ausgebildete kann dann dort direkt anmerken, was nach seiner Einschätzung schwierig zu verstehen war. Außerdem kann man neben den Erklärungen auch gleich den Sourcecode im Web zur Verfügung stellen. Natürlich müssen die Teilnehmer am E-Learning dabei entsprechend betreut werden und Ansprechpartner haben, die ihre Fragen beantworten.

Das Problem mit jedem Schulungsmaterial, das nicht auf direkter Kommunikation basiert, ist die Tatsache, dass es veraltet sein kann. Man kann versuchen, dies zu umgehen, indem Verantwortliche für das Schulungsmaterial bestimmt werden. Doch auch dies ist keine Gewähr für die Aktualität der Unterlagen, da im Alltagsgeschäft die Priorität für die Schulungsunterlagen immer wieder niedriger ist als die für die wirkliche Projektentwicklung. Natürlich kann man die Pflege der Unterlagen zu einem Fulltimejob machen, doch dann ergibt sich ein anderes Problem: Wie bekommen die Ausbilder die neuesten Änderungen mit? Die Verantwortlichen für Schulungsunterlagen sollten daher immer zum regulären Projektteam gehören und dabei nur ihre Priorität mehr auf die Erstellung von Schulungsmaterial als auf die Projektentwicklung legen.

Eine andere Möglichkeit, die sich vor allem beim E-Learning anbietet, besteht darin, das Schulungsmaterial als Referenz für das gesamte System zu betrachten, für das alle Teammitglieder verantwortlich sind. Das bedeutet, dass eine Änderung (z.B. an der Architektur) immer auch in Einklang mit dem Schulungsmaterial gebracht werden muss. Folglich ist die Aktualisierung des Schulungsmaterials Bestandteil der *Definition von fertig* (mehr dazu Seite 90). Das Schulungsmaterial unterliegt damit dem üblichen Prinzip der gemeinsamen Verantwortlichkeit und Entwickler dürfen etwas nur dann freigeben, wenn sie sichergestellt haben, dass das Schulungsmaterial immer noch stimmt. Dies funktioniert natürlich am besten, wenn das Schulungsmaterial auf dem aktuellen Code und den dazugehörigen Tests basiert. Das Kursmaterial ist damit Teil der Akzeptanztests. In dem Fall muss man sich nicht separat um das Schulungsmaterial kümmern und das *DRY-Prinzip* (»Don't Repeat Yourself« wie in [*HuntThomas00*] erläutert) wird respektiert.

Für das gesamte Schulungsmaterial sollte man didaktische Grundregeln berücksichtigen. So sollte es zum Beispiel *einen* logischen Pfad für Neueinsteiger geben, bei dem es für Experten und Details spezielle Verweise gibt.

Neue Projektmitglieder kommen häufig mit den gleichen Fragen. Zumindest einige der Fragen sollten im Basis-Schulungsmaterial beantwortet werden, doch meistens gibt es noch weitere typische Fragen. Bei direkter Kommunikation entsteht dann ein kleiner Konflikt: Soll jeder mit demjenigen, der die Antwort weiß oder die entsprechende Technologie entwickelt hat, sprechen können oder sollen die Experten vor zu vielen immer wiederkehrenden Fragen geschützt werden? Die naheliegenden Antworten auf diese Frage sind:

- Man sollte das Schulungsmaterial verbessern, damit diese Fragen nicht immer wieder auftreten. Diese Aktualisierung kann durchaus auch vom Ausgebildeten vorgenommen werden.
- Man kann eine Webseite für häufig gestellte Fragen (englisch: frequently asked questions oder FAQ) einrichten.
- Man kann die Dokumentation verbessern, damit diese Fragen beantwortet werden.

All diese Antworten lösen natürlich nicht wirklich das Problem, denn Menschen vergessen, was sie in Schulungen gelernt haben, lesen nicht gern Dokumentation und haben Probleme, die richtigen Stellen in den Unterlagen zu finden. Es bietet sich daher an, ein internes Supportteam zu bilden, das die grundlegenden Fragen beantworten kann und bei schwierigeren Fragen die Ansprechpartner kennt. Dieses Team kann auch virtuell sein und muss natürlich ausreichend Zeit für den Support haben. Manchmal ist dieses Team das gleiche, das für Schulungsunterlagen verantwortlich ist.

Einrichten einer Lernumgebung

In diesem Abschnitt betrachten wir verschiedene Möglichkeiten, die dazu beitragen, eine Lernumgebung zu etablieren. Dazu gehört erst einmal das Lernen aus Erfahrungen, die im Team gemacht werden und durch das Reviewteam ans Tageslicht kommen. Außerdem diskutiere ich hier die Rolle des Lernens aus Fehlern bzw. in diesem Zusammenhang, inwiefern eine Fehlerkultur zu einer besseren Lernumgebung beitragen kann. Zum Abschluss dieses Abschnitts erörtere ich noch die Möglichkeit des individuellen Lernens während der Projektlaufzeit.

Reviewteam

Neben einem virtuellen technischen Serviceteam (siehe Seite 51) kann man auch überlegen, ein virtuelles Reviewteam für den Code und das Design zu bilden. Jeder Entwickler kann zu diesem Team gehören, was bedeutet, dass nicht nur die besten in diesem Team sitzen müssen. Ein derartiges Reviewteam bietet allen eine wunderbare Möglichkeit, dazuzulernen. Die Reviewer werden viel lernen, indem sie unterschiedliche Arten von Code sehen, und die Reviewten werden viel von den Anmerkungen der Reviewer lernen. Ein internes Reviewteam verbessert nicht nur Code und Design, sondern auch die Qualifikation des Teams allgemein.

Man kann oft feststellen, dass es für die Entwickler eine große Motivation ist, zum Reviewteam zu gehören. Damit jeder die Gelegenheit hat, durch Reviewen dazuzulernen, sollte sich die Zusammensetzung des Reviewteams von Zeit zu Zeit ändern. Oft bleibt die Zusammensetzung des Teams nur für eine Iteration oder einen Releasezyklus stabil. Das Reviewteam muss sehr darauf achten, dass es nicht zu pingelig ist, ansonsten bekommt es Akzeptanzschwierigkeiten.

Damit die Erkenntnisse allen zugutekommen, sollte das Reviewteam die häufigsten guten und schlechten Angewohnheiten festhalten. Je nach Angewohnheit kann dann das ganze Team wie folgt damit umgehen:

- Irgendjemand kann einfach mal über diesen Punkt berichten. Falls es die Situation (Zeit und Geld) zulässt, kann man auch einen externen Experten einladen, der über das Thema spricht.
- Man kann Arbeitsgruppen zu einem bestimmten Thema einrichten (zum Beispiel Pattern-Reading-Groups, in denen bestimmte Patterns besprochen werden). Laden Sie alle Teilnehmer dazu ein, sich auf das Thema vorzubereiten. Dies wird die Möglichkeit erhöhen, aus dem Thema zu lernen. Lassen Sie die Teilnehmer darüber reden, was sie in der Auseinandersetzung mit dem Thema gelernt haben und welche Fragen noch offen sind.
- Man kann einen Rundbrief publizieren, in dem die Dinge, die man machen, und die Dinge, die man nicht machen sollte, zusammengefasst werden. Das Reviewteam wäre in dem Fall der Verfasser des Rundbriefs. Die Organisationsstruktur des Rundbriefs kann dabei denkbar einfach sein. Man kann ihn zum Beispiel als E-Mail versenden oder im Wiki veröffentlichen. Achten Sie darauf, dass der Rundbrief nicht zu lang ist. Ein halbe Seite sollte reichen. Ansonsten läuft man Gefahr, dass ihn niemand liest. Er sollte sehr konkret mit einfachen selbsterklärenden Beispielen und Gegenbeispielen formuliert sein.
- Definieren Sie ein bis drei wichtige Punkte als Schwerpunkte für die nächste Iteration. Das bedeutet, dass die Entwickler sich zum einen daran machen, ihren Code durch Refactoring ggf. zu verbessern, und zum anderen bewusst darauf achten, dass sie die Punkte in neuem Code richtig machen.

Man kann natürlich auch gelegentlich externe Reviewer bitten, Fortschritt und Ergebnis des Teams zu hinterfragen. Manchmal ist es gerade der Blick von außen, der neue Einsichten in ein Thema bietet. Nach meiner Erfahrung liefert ein externes Review allerdings selten einen Mehrwert, wenn das interne Reviewteam seinen Job versteht.

Fehlerkultur

Reviews dienen oft auch dazu, eine Fehlerkultur zu entwickeln. Wir werden so erzogen, dass Fehler immer etwas sind, was schlecht ist und was man unbedingt vermeiden sollte. Doch wenn man einmal genau darüber nachdenkt, wird jeder zustimmen, dass man vor allem aus Fehlern lernt. Dies liegt daran, weil man gar nicht so einfach nachvollziehen kann, warum etwas funktioniert. Es ist viel einfacher, Fehler zu finden, die man dann beheben kann. Die Reviews helfen dabei, Fehler als eine Möglichkeit des Lernens zu begreifen: Man macht einen Fehler, hinterfragt ihn und passt sein Verhalten entsprechend an.

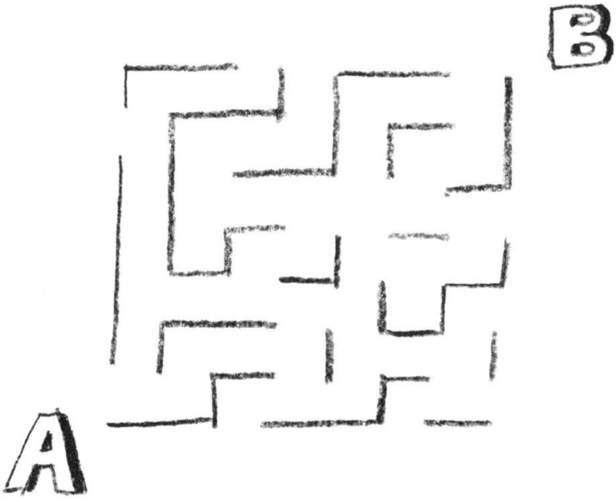

Innehalten, nachdenken, korrigieren ...

Je nach Organisationskultur muss man ein wenig vorsichtig bei der Veröffentlichung von Fehlern und schlechten Angewohnheiten sein. In manchen Firmen ist dies völlig problemlos und man kann offen darüber reden. Doch in Unternehmen, in denen eine Fehlerkultur nicht sehr ausgeprägt ist, kann es wichtig sein, den Verursacher zu verschweigen, damit dieser nicht bloßgestellt wird oder andere Konsequenzen befürchten muss (oder auch der Betriebsrat auf den Plan gerufen wird).

Individuelles Lernen

Individuelles Lernen kann man auch mithilfe der *Gold-Card-Methode* fördern, die von Tim Mackinnon und seinem Team entwickelt wurde (siehe [*GoldCard*]). Die *Gold Card* ist eine Art Gutschein, mit dem ein einzelner Entwickler etwas freie Zeit erhält, in der er sich mit etwas anderem (aber für die Arbeit Relevantem) beschäftigen kann. Die Gold Card wird wie jede andere Funktionalität eingeplant, d.h., sie findet ebenfalls in einer Timebox statt. Normalerweise dauert die Timebox für eine Gold Card eine Iteration.

Mitarbeiter

Unabhängig davon, wie groß die Firma und das Projekt sind, habe ich es noch nie erlebt, dass ein Team nur aus internen Mitarbeitern bestand (zumindest war ja ich als Externe dabei). Auch wenn man meint, dass ein großes Unternehmen eigentlich genügend Mitarbeiter haben sollte, gibt es überraschend viele Gründe, weshalb die eigenen Angestellten entweder nicht die richtigen sind oder nicht ausreichen. Ein Unternehmen nimmt dies dann üblicherweise zum Anlass für *Insourcing* oder *Outsourcing*. Beim Insourcing werden externe Mitarbeiter oft für die gesamte Dauer des Projekts eingekauft. Diese Personen sind dann immer vor Ort, also am Ort der Projektentwicklung. Beim Outsourcing werden Teile des Projekts von einem anderen Unternehmen durchgeführt. Dies sitzt in der Regel nicht am gleichen Ort wie die Projektentwicklung. In einem Projekt kann natürlich auch beides, Insourcing und Outsourcing, auftreten.

Darüber hinaus gibt es oft auch das Problem, dass interne Mitarbeiter manchmal parallel an anderen Dingen arbeiten. Es kann zum Beispiel sein, dass sie noch ein älteres System warten, während sie ein neues System entwickeln. Dies hat zur Folge, dass diese Mitarbeiter dem Projekt nur teilweise zur Verfügung stehen.

All diese Ressourcenstrategien haben einen signifikanten Einfluss auf ein Projekt, weshalb ich nachfolgend darauf eingehen und einige Empfehlungen aussprechen werde.

Insourcing

Oftmals werden zusätzlich zu den eigenen Angestellten, Personen mit einem – meist technischen – Spezialwissen dazugeholt, um das Team zu unterstützen. Manchmal reicht auch einfach die eigene Entwicklerkapazität nicht aus, sodass der Großteil der Entwickler von außen zugekauft wird. Diese Art des Insourcings erhöht natürlich das Risiko, dass das Wissen nicht im eigenen Haus aufgebaut und für spätere Zwecke (wie die Wartung und Weiterentwicklung) zur Verfügung steht. Da diese externen Entwickler jedoch üblicherweise vor Ort sitzen, werden sie meist nicht anders behandelt wie die eigenen Mitarbeiter. Das heißt, sie arbeiten in Teilteams mit oder bilden auch eigene Teilteams.

Ein andere Art des Insourcings ist die Beratung. Es gibt anscheinend kein großes Projekt ohne externe Berater. Auch wenn Firmen oft den Anspruch haben, auf Berater zu verzichten, um unabhängiger zu sein, gelingt ihnen dies selten.

Externe Berater bieten typischerweise ein spezielles Wissen. Wichtiger ist aber oft noch, dass sie von außen auf eine Firma und ein Projekt blicken und dabei ihre Erfahrung von anderen Unternehmen und Projekten mit einbringen können. Dadurch spielen externe Berater bei Veränderungen oft eine spezielle Rolle. Der Hauptvorteil externer Berater besteht darin, dass sie im Gegensatz zu Angestellten keinen politischen oder sozialen Zwängen zwischen Menschen und/oder Abteilungen unterliegen. Daher ist es für sie oft viel einfacher, den offiziellen Kommunikationsfluss zu ignorieren. Zum Beispiel ist ihnen *gestattet*, Hierarchien zu ignorieren und Informationen direkt dem gewünschten Empfänger zu überbringen. Für Externe ist es auch viel einfacher, unangenehme Wahrheiten aufzuzeigen. Sie sind bei der Firma nicht angestellt und müssen deshalb keine politischen und sozialen Konsequenzen befürchten.

Mir haben aber trotzdem schon externe Berater erzählt, dass sie Angst davor haben, das Management über ernsthafte Probleme in der Firma zu unterrichten. Wenn das Management wirklich dumm ist, kann eine derartige Nachricht den Berater natürlich seinen Job kosten. Doch in der Regel ist das Management dankbar dafür, dass ihm endlich auch jemand die schlechten Nachrichten übermittelt, sodass es die ernsthaften Probleme kennt, *bevor* es zu spät ist.

Ein anderer Vorteil externer Berater besteht darin, dass sie die Vorgeschichte in einer Firma nicht in vollem Umfang kennen. Manchmal gibt es diese merkwürdige Situation, bei der aus historischen Gründen Abteilung A nicht mehr mit Abteilung B spricht und umgekehrt. Oder Abteilung A meint, Abteilung B würde immer nur gegen sie arbeiten. Als Folge geht Abteilung A dann Abteilung B nur noch aus dem Weg, obwohl vielleicht gerade dort viel Hilfe zu finden wäre. Derartige Zustände werden oft einfach toleriert (»das war schon immer so«) oder vom Management mit all seinen Konsequenzen gar nicht wahrgenommen. Vielleicht fällt es dem Management manchmal noch auf, dass Dinge sich als viel komplizierter herausstellen, als sie eigentlich sind, doch werden dann nicht unbedingt die wirklichen Gründe dafür erkannt. Ein externer Berater kann diese Situation einfach ignorieren, da er es ja nicht besser weiß. Obwohl er in Abteilung A arbeitet, spricht er einfach mit Abteilung B, da er nicht weiß, dass dies politisch unkorrekt ist. Wahrscheinlich wird ihn dann schon jemand darauf hinweisen, dass sich das nicht gehört, was er dann aber als guter Berater zum Anlass nimmt, die Gründe für das Problem herauszufinden und zu beseitigen. Das Management muss sich darauf verlassen, dass es über solche Probleme informiert wird, da es sonst nicht entsprechend reagieren kann.

Ich erinnere mich an ein Status-Meeting, bei dem ich nebenbei erwähnte, dass ich mich in Bezug auf einen bestimmten Punkt auch mit Abteilung X abgestimmt hätte. Die Abteilung, in der ich das berichtete (und die mich angeheuert hatte), war ziemlich entsetzt, denn zu der Zeit war es völlig ausgeschlossen, mit Abteilung X zu reden, geschweige denn zusammenzuarbeiten. Auf der anderen Seite waren die Mitarbeiter auch recht erstaunt, weil sie sahen, dass dort »wirkliche Menschen« saßen, mit denen man sogar zu einem gemeinsamen Ergebnis kommen konnte.

Das Management muss den externen Beratern klarmachen, dass es auch schlechte Nachrichten hören will. Schlechte Nachrichten sind gute Nachrichten in dem Sinne, dass man von Problemen erfährt und darauf reagieren kann. Wenn eine Firma sich noch nicht einmal darauf verlassen kann, dass wenigstens externe Berater auf Probleme hinweisen, wird niemand daraus lernen und an einer

Lösung arbeiten können. Das führt dann dazu, dass die Angestellten über die ständigen (sozialen) Probleme frustriert sind und keinen Fortschritt sehen, was wiederum zu dem typischen Verhalten führt, dass nur die wenig ambitionierten Angestellten bleiben werden.

Outsourcing

Große Unternehmen entscheiden sich oft dazu, einige Teile der Entwicklung an andere Firmen zu vergeben. Derartiges Outsourcing basiert auf der Erwartung, dass man einfach nur die Anforderungen formuliert, den Vertrag aushandelt und dann das externe Team mit beidem wegschickt, bis es zum abgemachten Zeitpunkt mit der fertigen Lösung wiederkommt. Doch das Risiko, dass sich Anforderungen oder die darunter liegende Architektur geändert haben, ist groß. Beides kann aber bedeuten, dass man mit dem Ergebnis alles andere als zufrieden ist. Dies ist aber nicht die Schuld des externen Teams, denn dies hat genau das geliefert, was man von ihm verlangt hat.

Trotzdem gibt es viele gute Gründe, Teile der Entwicklung extern zu vergeben:

- **Spezialwissen:** Das externe Team kann über Wissen verfügen, das intern nicht vorhanden ist.
- **Schnellere Entwicklung:** Externe Teams sind oftmals viel kleiner und deshalb hoffentlich flexibler. Dies kann dazu führen, dass die Entwicklung erheblich schneller vorangeht.
- **Risikoverlagerung:** Ein guter Grund mag darin liegen, dass man das Risiko, das in der Entwicklung einer bestimmten Komponente liegt, auf eine andere Firma verlagern will. Der Grund ist oft das mangelnde Spezialwissen. Zum Beispiel kann eine Technologie, die man nicht im Griff hat, ein unkalkulierbares Risiko darstellen.
- **Reduzierung der Fixkosten:** Typischerweise ist das externe Team nicht vor Ort angesiedelt, weshalb man Platz und Infrastruktur sparen kann.

Der Umgang mit Outsourcing ist allerdings immer auch ein Problem, da sich das externe Team bis auf die Auslieferungen sämtlicher Kontrollen entzieht. Bei nicht agiler Vorgehensweise liefert das externe Team üblicherweise erst am Ende eines Vertrags. Somit wird man erst mit Erreichen des Abgabetermins wissen, ob das Team wirklich liefern kann, ob es womöglich (unlösbare) Probleme gibt und ob die Lieferung den Erwartungen entspricht.

Was man wirklich will, ist eigentlich eine Kombination aller Vorteile: schnellere Entwicklung, Nutzung von Spezialwissen *und* die Möglichkeit, das externe Team steuern zu können. Dazu sollte zunächst einmal genau untersucht werden, ob es nicht besser ist, das Projekt ohne Outsourcing durchzuführen, da man sich bewusst machen muss, dass durch Outsourcing aus dem Projekt immer automatisch ein verteiltes Team wird mit allen Konsequenzen der globalen Entwicklung (siehe Seite 72 und [*Eckstein09*]). Wenn man nur externe Unterstützung braucht, ist es normalerweise besser, externes Wissen durch Insourcing in das Projekt zu integrieren. Falls dies aber nicht möglich ist oder es um Punkte wie Risikoverlagerung geht, muss man wahrscheinlich das Rahmenabkommen mit den externen Teams in Bezug auf die Bedürfnisse eines agilen Teams ändern.

Der entscheidende Punkt für einen Vertrag ist, dass Sie als agiler Kunde, Anforderungen im Laufe der Entwicklung ändern können und frühzeitig und häufig Feedback geben möchten. Dazu gehört, dass Sie nicht einfach nur als Verhandlungspartner betrachtet werden, sondern gefragt werden, wenn Dinge unklar sind. All dies kann man am besten dadurch sicherstellen, dass man dem Team als Kunde vor Ort bzw. als Product Owner zur Verfügung steht. Das heißt, wenn Sie etwas nach außen vergeben und agile Entwicklung voraussetzen, dann müssen Sie sich auch wie ein agiler Kunde verhalten (siehe auch Seite 188). Man sollte den Auftrag weniger als Festpreisprojekt, sondern als Entwicklung betrachten, bei der pro gelieferter Funktionalität gezahlt wird (siehe Seite 185). Dadurch, dass zu jeder Lieferung auch der jeweilige Release- und Iterationsplan gehören, sollte man dann auch nach jedem Release (oder jeder Iteration) entscheiden können, ob der Vertrag verlängert wird.

Zusammenfassend lauten die Hauptpunkte, die bei einem Vertrag mit einem externen Team in einem agilen Umfeld neben den üblichen Aspekten zu berücksichtigen sind, wie folgt:

- ❑ Das externe Team muss die eigenen Entwicklungszyklen an die des restlichen Projekts anpassen. Es muss bei jeder Iteration und jedem Release seinen aktuellen Stand der Software liefern, um Integrationsprobleme frühzeitig zu erkennen.
- ❑ Das externe Team muss seine jeweiligen Iterations- und Releasepläne bekannt geben. Sie müssen als Product Owner dabei sicherstellen, dass dabei immer der von Ihnen bestimmte höchste Geschäftswert abgedeckt wird.
- ❑ Die Programmierkonventionen des Projekts müssen auch vom externen Team berücksichtigt werden. Dazu gehört insbesondere auch die Einhaltung von Konventionen in Bezug auf Umfang und Art von Unit und Akzeptanztests. Weiterhin gehört dazu auch das Einhalten der Architekturrichtlinien und Programmiermodelle, die man natürlich idealerweise im Bedarfsfall verbessert.
- ❑ Das externe Team muss offen für Veränderungen sein, selbst bei Anforderungen und bei der Architektur. Dazu gehört die Verwendung eines einfachen Designs, sodass Änderungen leicht möglich sind. Falls die Änderungen dennoch nicht einfach sind, muss das Design durch Refactoring verbessert werden. Durch Zurverfügungstellung entsprechender Tests muss gewährleistet sein, dass der Code durch Änderungen nicht unbemerkt fehlschlägt. Schließlich ist das Team aufgerufen, selbst die Architektur zu verbessern und zu vereinfachen.

- ❏ Das externe Team macht keine Annahmen über unklare Dinge. Stattdessen werden Sie als Product Owner gebeten, diese Dinge klarzustellen.
- ❏ Das externe Team kommuniziert offen und ehrlich über den Status seiner Entwicklung.

Die Details sind natürlich verschieden, doch diese Punkte sollten auf jeden Fall erwähnt werden. Man wird dabei oft feststellen, dass es sich damit gar nicht mehr lohnt, dem externen Team eine *komplette* Anforderungsspezifikation auszuhändigen. Dies liegt unter anderem daran, dass die Anforderungen mit ziemlicher Sicherheit nie komplett sind. Sie werden ja im Laufe der Zeit geändert und man will dann nicht über jede einzelne Änderung verhandeln (oder über die Rechtsabteilungen in Vertragsverhandlungen treten). Deshalb sollte man für jedes Release eher einen spezifischen Umfang oder eine spezifische Liste an Features beschreiben. Lassen Sie das externe Team schätzen, wie groß der Umfang ist, und zeichnen Sie das dann ab. Je nach Projektkultur können Sie auch anstelle der Features die dazugehörigen Akzeptanztests als ausführbare Anforderungsspezifikation übergeben und das externe Team dann mit der Erfüllung dieser Tests beauftragen. In diesem Fall haben Sie und das externe Team ein klares Messinstrument, wann der Auftrag erfüllt ist.

Bei der Formulierung und Umstellung der Rahmenverträge für das Outsourcing bei agilen Projekten ist man natürlich auf die Unterstützung der Rechtsabteilung angewiesen (siehe Seite 185). Falls es diese Unterstützung nicht gibt, sollte man zunächst noch einmal prüfen, ob es sich wirklich lohnt, mit externen Teams zu arbeiten. Man kann auch versuchen, sie von der agilen Entwicklung zu überzeugen. Das bedeutet, dass man losgelöst vom Vertrag die oben genannten Punkte lebt, die zur agilen Entwicklung dazugehören. Dabei kann es auch möglich sein, einen Nachtrag zum eigentlichen Vertrag zu formulieren, der auf die wichtigsten Aspekte agiler Entwicklung eingeht.

Sie sollten das externe Team dazu einladen, zumindest gelegentlich vor Ort zu arbeiten. Am besten wäre es sogar, wenn das externe Team mit Ihnen zusammen vor Ort entwickelt, was das Outsourcing zu einem Insourcing macht. Der Vorteil ist die direkte Kommunikation, die immer noch die effektivste Art der Kommunikation darstellt.

Oft ist es gar nicht so schwierig, ein externes Team von den Vorteilen agiler Entwicklung zu überzeugen, da die Teammitglieder eventuell auch schon diverse Erfahrungen mit unzufriedenen Kunden in der Vergangenheit gemacht haben. Durch das häufige Feedback können sie jedoch sicher sein, dass der Kunde am Ende zufrieden ist. Ein Vorteil für das externe Team wäre auch, dass es in der Lage ist, die Architektur auch in Hinsicht auf die eigenen Bedürfnisse zu verbessern. Falls es einen existierenden Vertrag gibt, der auf Komponenten oder schlechter noch auf linearer Entwicklung basiert, kann man natürlich nie sicher sein, was passiert, wenn Dinge schieflaufen. Denn falls sich das externe Team dann auf den Vertrag zurückzieht, können Sie erst am Ende des Projekts feststellen, was funktioniert und was nicht. Das heißt, gerade bei einem solchen Vertrag beruht die Beziehung zwischen Ihnen und dem externen Team vor allem auf Vertrauen. Um zu betonen, dass Sie dem externen Team wirklich vertrauen, sollten Sie es zu den regelmäßigen Projektteamretrospektiven einladen. Dies wird die Kommunikation mit dem externen Team signifikant verbessern, da es dadurch viel besser integriert wird. Ohne besondere Maßnahmen beginnt das externe Team dadurch, sich mit den internen Teilteams zu identifizieren. Falls das externe Team sowieso bereits ein agiles Team ist, sollten Sie natürlich auch an seinen Retrospektiven teilnehmen, um mehr aus seiner Vorgehensweise zu lernen und Ihren Beitrag als Product Owner zu leisten.

Die Kombination von Outsourcing und agilem Vorgehen kann nur dann funktionieren, wenn das externe Team den Wechsel auf agile Entwicklung akzeptiert oder besser noch selbst bereits ein agiles Team ist.

Vollzeit- und Teilzeitmitarbeiter

Bei Projekten, die von großen Unternehmen durchgeführt werden, stehen viele Projektmitarbeiter oft nur teilweise zur Verfügung. Ich spreche dabei nicht davon, dass Mitarbeiter aufgrund von Halbtagsjobs der gesamten Firma nur zeitweise zur Verfügung stehen, sondern davon, dass die Arbeitszeit mancher Mitarbeiter auf mehrere Projekte und Aufgaben aufgeteilt wird. Oft müssen sie gleichzeitig ein System betreuen, das in Produktion ist, sie haben andere, manchmal organisatorische Aufgaben oder sie arbeiten an mehreren Projekten oder parallel. Dem Unternehmen geht es dabei darum, die Arbeitszeit dieser Entwickler möglichst effizient zu nutzen. Wenn ein Angestellter zum Beispiel eine bestimmte Aufgabe bekommt und einige Organisationsberater herausfinden, dass der Mitarbeiter dadurch nicht immer ausgelastet ist, wird vorgeschlagen, diesem Mitarbeiter eine weitere Aufgabe zu geben, die er in der restlichen Zeit wahrnehmen kann.

Eine andere Motivation für diese Art von Teilzeitarbeit kann darin bestehen, dass ein Unternehmen sich nicht entscheiden kann, welches Projekt die höchste Priorität hat, und deswegen alle mit gleicher Priorität vorantreibt. Da die Anzahl der Mitarbeiter meist begrenzt ist, hat dies zur Folge, dass die Mitarbeiter an mehreren Projekten gleichzeitig arbeiten. Dabei wird außer Acht gelassen, dass bei verschiedenen Aufgaben, die Kreativität benötigen (was sie in der Softwareentwicklung immer tun), der (geistige) Wechsel zwischen den Aufgaben viel zusätzliche Zeit kostet. Die Kosten für den Kontextwechsel zwischen Aufgaben werden oft erheblich unterschätzt. Dieser Punkt wird von Tom DeMarco in [*DeMarco01*] ausführlich diskutiert. Darüber hinaus wird meist übersehen, dass durch die fehlende Priorisierung der Projekte untereinander alle Projekte automatisch in der Priorität herabgestuft werden und später fertig werden als idealerweise möglich. Dies kann mit einem einfachen Rechenmodell belegt werden: Angenommen Ihr Unternehmen hat vier unterschiedliche Projektvorhaben, die alle, der Einfachheit halber, genau drei Monate dauern, so würden bei paralleler Projektentwicklung – ohne Berücksichtigung des Zeitverlusts durch Kontextwechsel – alle Projekte in einem Jahr in Produktion gehen und Sie könnten damit Geld verdienen. Priorisieren Sie hingegen diese Projekte gegeneinander und stellen eines nach dem anderen fertig, so können Sie bereits nach drei Monaten mit einem Projekt Geld verdienen, nach 6 Monaten mit zwei usw. Wie gesagt, bei paralleler Projektentwicklung kommen noch die Kosten für den Kontextwechsel hinzu, der manchmal mit bis zu 30% zu Buche schlägt. Darüber hinaus ist es für die Mitarbeiter zumeist auch sehr frustrierend, wenn unterschiedliche Projektleiter sie zeitlich unter Druck setzen und sie keine Chance haben, es allen recht zu machen.

Ein weiterer Grund für partielle Mitarbeit kann noch darin liegen, dass einige Mitarbeiter durch ihr Spezialwissen zu einem Kopfmonopol geworden sind und deshalb ihr Wissen in vielen verschiedenen Projekten gefragt ist. Mit dieser Strategie fährt ein Unternehmen ein hohes Risiko, da es sich von der Gesundheit und Motivation von diesen Personen hochgradig abhängig macht. Aus diesem Grund sollte man immer eine hohe Priorität auf Wissenstransfer legen.

Partielle Mitarbeit hat dabei noch mehr Auswirkungen:

- Die Mitarbeiter identifizieren sich weniger mit dem Projekt.
- Die Mitarbeiter nutzen die *Projektunterstützungszeit*, d.h.die Zeit, in der nicht eigentlich entwickelt wird (also zum Beispiel Retrospektiven, Meetings, Schulungen usw.), für ihre anderen Aufgaben. Dies liegt daran, dass die produktive Zeit immer als wichtiger als die Projektunterstützungszeit betrachtet wird.
- Da die Mitarbeiter nicht ständig eingebunden sind, entgehen ihnen oft aktuelle Veränderungen. Kollegen müssen sie dann extra auf dem Laufenden halten, was für alle Seiten Zeit kostet.
- Darüber hinaus fühlen sich die Teilzeitmitarbeiter oft übergangen, weil sie aufgrund ihrer eingeschränkten Verfügbarkeit keine Möglichkeit hatten, an Veränderungen mitzuwirken.

Aus diesem Grund sollten dem Projekt unbedingt alle Projektmitarbeiter die ganze Zeit zur Verfügung stehen. Falls dies absolut nicht möglich ist, muss man zumindest berücksichtigen, dass die Teilzeitmitarbeiter nicht nur seltener anwesend sind, sondern auch zusätzliche Zeit für die Synchronisation mit den Kollegen benötigen. Zwei halbe Projektmitarbeiter leisten weit weniger als ein gleichwertiges Vollzeitmitglied. Dies muss auch bei der Planung der Entwicklungszyklen berücksichtigt werden. Man muss außerdem darauf achten, dass diese Mitarbeiter nicht die gesamte Projektunterstützungszeit fehlen und dass sie über Entscheidungen und Veränderungen, die während ihrer Abwesenheit getroffen werden, später entsprechend informiert werden. Eine andere Möglichkeit ist, die partielle Mitarbeit an den Iterationen auszurichten. Das heißt, in einer Iteration arbeitet der Kollege an Projekt A in der nächsten an Projekt B. Selbst die tageweise Konzentration auf ausschließlich ein Projekt ist bereits effektiver als die Erwartung eines ständigen Wechsels zwischen den Projekten.

Zusammenfassung

Es ist absolut unmöglich, ein Projekt innerhalb eines Unternehmens wie auf einer einsamen Insel durchzuführen. Der Aufbau der Organisation hat immer einen Einfluss auf Projekte und Produktentwicklungen. Dabei hat man natürlich am wenigsten Probleme, wenn das Projekt von einem Unternehmen durchgeführt wird, das bereits über eine (agile) projektorientierte Struktur verfügt.

Oft wird man allerdings auf eine abteilungsorientierte Struktur treffen, die in die agile Entwicklung auf vielen Ebenen hineinspielt. Deshalb ist es wichtig, dass alle übergreifenden Abteilungen so früh wie möglich in das Projekt integriert werden, damit sie sich an den geänderten Ansatz und ihre dazugehörige Rolle gewöhnen können. Wenn man mit diesen Abteilungen offen und ehrlich kommuniziert, werden sie das Projekt in kürzester Zeit unterstützen. Dieser Ansatz ist im Prinzip ein internes Marketing: Durch Einladung der übergreifenden Abteilungen vermarktet man seine eigene Vorgehensweise. Sobald diese Abteilungen die Vorteile der Vorgehensweise erkennen, werden sie bessere Unterstützung leisten und auf diese Weise dazu beitragen, den Prozess noch weiter zu verbessern.

Etablieren Sie eine Lernumgebung, um Wissenslücken zu schließen und den Job der Projektmitarbeiter interessanter zu gestalten.

Wenn Sie Hilfe von außen benötigen, beachten Sie, dass es keinen Ersatz für direkte Kommunikation gibt. Man sollte daher immer die Anwesenheit von externen Mitarbeitern vor Ort vorziehen. Falls dies nicht ständig geht, sollte dies zumindest gelegentlich der Fall sein.

Ein agiles Projekt bedeutet, dass man alte Gewohnheiten auf verschiedenen Ebenen infrage stellt. Nur mit der entsprechenden Flexibilität des gesamten Unternehmens wird man erfolgreich auf agile Entwicklung umsteigen.

7 Ein Projektbericht

Wir glauben, Erfahrungen zu machen,
aber die Erfahrungen machen uns.
— Eugène Ionesco

Um alles hier im Buch Diskutierte anschaulicher zu machen, möchte ich in diesem Kapitel über ein großes Projekt berichten, das einen agilen Prozess verwendet hat. Es handelt sich also um einen Erfahrungsbericht, der die verschiedenen zuvor beschriebenen Praktiken zusammenführt.

Ich werden dabei zunächst mit der Vorgeschichte des Projekts, dem Kunden und dem Team beginnen. Danach folgt eine Betrachtung der Umgebung des Projekts (sprich: die verschiedenen Abteilungen, mit denen das Projekt zu tun hatte). Anschließend wird erläutert, wie das Projekt begann und wie alles skaliert wurde, als das Team wuchs. Schließlich werde ich einige nach wie vor ungelösten Probleme besprechen.

Aufgrund einer Vertraulichkeitsvereinbarung kann ich dabei leider keine Details zur Firma oder Fachlichkeit preisgeben.

Die Vorgeschichte

Das Projekt mit circa 200 Mitarbeitern hatte selbst bereits eine Entwicklungszeit von zwei Jahren hinter sich, als der Kunde merkte, dass es keine lauffähige Software gab. Schlimmer noch, es war noch nicht einmal absehbar, wann lauffähige Software existieren würde. Aus diesem Grund wurde das Projekt gestoppt.

Das große Unternehmen, das das Projekt durchführte, versuchte den Kunden davon zu überzeugen, ihm eine zweite Chance zu geben, wobei dieses Mal *alles* anders laufen sollte. Die zweite Chance wurde unter strengen Auflagen gewährt (auch weil die Kunden gleichzeitig Mitinhaber der Firma waren). Auch wenn jeder Entwickler über die Entscheidung an sich froh war, war die Stimmung nicht besonders gut, denn schließlich hatten die Entwickler gerade die Erfahrung gemacht, zwei Jahre lang nur »für die Tonne« gearbeitet zu haben. Spätestens mit dem zweiten Ansatz war klar, dass das Projekt selbst für die Entwicklungsfirma unternehmenskritisch war.

Da im ersten Ansatz bereits viele Millionen Euro ausgegeben worden waren, war der Kunde natürlich in höchstem Maße misstrauisch. Aus diesem Grund wurde der Etat für den Neuansatz nicht für das ganze Projekt, sondern nur für die ersten drei Monate freigegeben. Nach diesem Zeitraum musste ein entsprechender Fortschritt nachgewiesen werden. Nachdem diese Phase tatsächlich erfolgreich abgeschlossen wurde, nahm jeder an, dass dann der Etat für das gesamte restliche Projekt freigegeben werden würde. Doch weit gefehlt – der Kunde hatte Geschmack daran gefunden, den Fortschritt nach jeweils drei Monaten zu kontrollieren, und machte dies zu einem grundsätzlichen Modell. Nach jeweils drei Monaten wurde anhand des nachgewiesenen Fortschritts über die Weiterfinanzierung des Projekts entschieden. Das führte dazu, dass das Team regelmäßig alle drei Monate neue Funktionalität liefern musste. Durch diesen kontinuierlichen Zuwachs an Funktionalität konnte das Vertrauen des Kunden zunehmend zurückgewonnen werden.

Bei diesem Projekt war es relativ einfach, eine agile Entwicklung beim Neuansatz des Projekts durchzusetzen, da niemand noch einmal ein Desaster wie beim ersten Ansatz erleben wollte. Durch den Fehlschlag war außerdem in Bezug auf Finanzierung und Produktivität die Schmerzgrenze deutlich überschritten worden, was den positiven Effekt hatte, dass man gezwungen war, schnell Entscheidungen zu treffen. Diesmal war auch die gesamte Firma wirklich daran interessiert, dieses Projekt zu einem Erfolg zu machen, sodass es sehr viel einfacher wurde, Showstopper sofort aus dem Weg zu räumen, sobald sie erkannt worden waren. Dies galt sogar für die bürokratischen Regeln der Firma, die nun sehr viel pragmatischer und unter Umgehung der offiziellen Hierarchie gehandhabt werden konnten.

Der Kunde

Wie alle Kunden, war auch dieser Kunde »nicht einfach«. Es handelte sich nämlich nicht nur um einen Kunden, sondern um einen Zusammenschluss verschiedener Kunden, die zum Teil sogar im Wettbewerb untereinander standen. Das bedeutet, dass es sehr viele zum Teil widersprüchliche Meinungen gab. Manchmal waren die Gründe für unterschiedliche Meinungen ziemlich subtil. So hatte Kunde *A* mitunter nur deshalb eine andere Meinung als Kunde *B*, weil ein Vorschlag von Kunde *B* und nicht von ihm selbst kam. Trotzdem hatten sich alle Kunden zu einer Holding zusammengeschlossen, die unter anderem Eigentümer der Entwicklungsfirma war. In gewissem Sinne war die Entwicklungsfirma also eine Tochtergesellschaft aller Kunden. Es handelte sich um eine Art ausgelagerter und gemeinsam verwendeter IT-Dienstleister. Dabei hatten die Kunden durchaus auch eigene IT-Abteilungen oder konnten Aufträge an andere Firmen vergeben, wodurch ein weiterer Wettbewerb existierte. Mitunter standen die Kunden dem Projekt sehr kritisch gegenüber, weil sie zum Beispiel vor einem Zusammenschluss eine eigene IT-Abteilung hatten, die sie dann widerwillig aufgeben mussten (oder behielten und den IT-Dienstleister trotzdem finanzieren mussten).

Schon alleine aus den historischen Gründen wurde das Projekt von offiziellen Vertretern begleitet, die diesem Job allerdings nicht viel Zeit widmeten. Als typische Gremienvertreter hatten sie auch Schwierigkeiten, die wirklichen Kundenwünsche zu formulieren. Zum einen machten ihnen die Unterschiede innerhalb der verschiedenen Kunden sowie die politischen Ränkespiele zu schaffen. Zum anderen waren die Vertreter vom Alltag der Endanwender schon zu weit entfernt, um deren wirkliche Bedürfnisse zu kennen (ein typisches Beispiel für den Unterschied zwischen Kundenvertretern und den tatsächlichen Kunden). Erst als mit dem zweiten Release (das erste Release beinhaltete die Referenzimplementierung der Architektur) zum ersten Mal die Endanwender wirklich Gelegenheit hatten, das System zu erleben, verbesserte sich die Situation. Die Endanwender waren von dem System so begeistert, dass sie (auch auf Wunsch von uns) ein sogenanntes »Customer On-Site Office« ins Leben riefen, bei dem koordiniert von einer Person immer wieder verschiedene Endanwender bei den Entwicklern vor Ort saßen, Fragen beantworteten, das System testeten und Feedback gaben. Das war der Moment, ab dem endlich auch die Endanwender ihren Beitrag zum Fortschritt des Projekts lieferten. Allerdings kamen die Endanwender des Öfteren in Konflikt mit den offiziellen Kundenvertretern, da sie nicht mit deren Anforderungen im Einklang standen. Meistens lief es darauf hinaus, dass die komplexen Anforderungen der Kundenvertreter nach Meinung der Endanwender überhaupt nicht benötigt wurden. Auch dadurch war das Feedback der Endanwender für uns sehr wertvoll.

Das Team

In Spitzenzeiten umfasste das Projekt 170 Personen, von denen 110 Softwareentwickler waren. Der Anteil externer Berater war mit bis zu 35 Personen insofern noch akzeptabel, als das Hauptwissen bei den internen Mitarbeitern lag.

Glücklicherweise gab es in dem Projekt viele fähige Personen, auch wenn deren Wissen vor allem auf der Technologie basierte, die im ersten Ansatz verwendet wurde. Das Team bestand außerdem fast nur aus recht jungen Mitarbeitern. Viele Projektmitglieder (vor allem Entwickler) kamen frisch von der Universität und hatten erst die Erfahrung *eines* Projekts, nämlich des fehlgeschlagenen ersten Ansatzes.

Teile der Softwareentwicklung waren an externe Teams ausgelagert worden. Dabei arbeitete ein Team in den gleichen Räumen, sodass man überhaupt nur schwer feststellen konnte, dass es sich um ein externes Team handelte. Die anderen ausgelagerten Teams saßen außerhalb, akzeptierten aber den agilen Entwicklungsprozess und lieferten daher im gleichen Rhythmus wie die restlichen Teams. In Bezug auf die Verträge für die ausgelagerten Teams gab es im Vorfeld viele Diskussionen. Letztlich wurde die Einbindung in das agile Vorgehensmodell jedoch nicht vertraglich gesichert, sondern durch ein gemeinsames Verständnis über ein sinnvolles Vorgehen erreicht. Dieses gemeinsame Verständnis wurde als Anhang dem Vertrag beigelegt, war jedoch rechtlich nicht bindend.

Die Abteilungen

Dieser Abschnitt beschäftigt sich mit der Tatsache, dass das Projekt zwar einem agilen Ansatz folgte, nicht aber in eine agile Umgebung eingebettet war. Wie bei vielen großen Unternehmen hatte auch dieses eine abteilungsorientierte und nicht eine projektorientierte Organisationsstruktur. Die übergreifenden Abteilungen waren vor langer Zeit ins Leben gerufen worden, um die Organisationsstruktur zu stützen und die Projekte zu steuern und zu kontrollieren. Dies war der Hauptgrund, weshalb sich die Abteilungen für Methoden und Verfahren, Werkzeuge und Technologien, Qualitätskontrolle und -sicherung sowie Projektplanung und -steuerung zu Beginn des Neuanfangs des Projekts nicht als Dienstleister verstanden.

Methoden und Verfahren

Es dauerte nicht einmal eine Woche, bis ich einen Anruf von der Methoden- und Verfahrensabteilung bekam, mit dem ich ehrlich gesagt schon gerechnet hatte. Schließlich war ich als Prozesscoach einfach direkt vom Projekt und nicht von der Abteilung angeheuert worden. Einige Mitarbeiter der Methoden- und Verfahrensabteilung waren aufgebracht, andere waren nur neugierig zu hören, was in dem Projekt eigentlich passierte. Ihre Hauptbefürchtung war natürlich, dass das Projekt nun seinen eigenen Prozess lebte, der den existierenden unternehmensweiten Prozess ignorierte. Der eigentliche Punkt war, dass ihnen unklar war, was ich eigentlich vorhatte. Wir vereinbarten dann ein erstes Treffen, auf das ich mich insofern vorbereitete, als ich mir den unternehmensweiten Prozess ansah und etliche Projektmitarbeiter nach ihren Erfahrungen mit diesem Prozess befragte.

Bei unserem ersten Treffen begann ich zunächst damit, auf einige gute Punkte im unternehmensweiten Vorgehensmodell hinzuweisen. Anschließend fragte ich sie vorsichtig, ob sie davon gehört hätten, dass ihr Vorgehensmodell im Unternehmen nicht besonders akzeptiert sei. Diese Frage basierte auf den Antworten, die mir die Projektmitarbeiter auf die entsprechende Frage gegeben hatten. Einige hatten zwar von einem unternehmensweiten Vorgehensmodell gehört, dieses aber nie gesehen und wussten auch von keinem Projekt, das nach dem Vorgehensmodell durchgeführt worden wäre. Auch wenn es für die Mitarbeiter der Abteilung hart war, diese Wahrheit zur Kenntnis zu nehmen, so gaben sie doch zu, dass dies wahrscheinlich richtig sei.

Ich mutmaßte weiter, dass der Zweifel, ob der Prozess jemals funktionieren könne, daran lag, dass noch niemand den Prozess erfolgreich angewendet gesehen hatte. Die Abteilungsmitarbeiter stimmten wieder zu und zusammen kamen wir zu der Erkenntnis, dass ein erfolgreiches Beispielprojekt notwendig ist. Ich habe dann angeboten, genau dieses Beispiel mit unserem Projekt zu liefern. Dabei würde ich natürlich auch all die Änderungen am Prozess vornehmen, die für eine erfolgreiche Durchführung notwendig sind. Ich argumentierte dabei, dass es völlig klar sei, dass ein Prozess, der noch nie angewendet wurde, naturgemäß einige Risiken und Inkonsistenzen enthält. Die Mitarbeiter der Methoden- und Verfahrensabteilung waren ausgesprochen dankbar für diesen Vorschlag, speziell weil ich versprach, ihnen regelmäßiges Feedback zur Anwendung und zu Anpassungen des Prozesses zu geben.

Nachdem das Projekt schon eine Weile recht erfolgreich unterwegs war und es nur noch sporadische Änderungen am Prozess gab, bat mich die Methoden- und Verfahrensabteilung um ein weiteres Meeting. Sie hatten nämlich herausgefunden, dass der unternehmensweite Prozess, so wie er ursprünglich definiert war, nicht zu funktionieren schien. Sie fragten mich deshalb, ob ich nicht in ihrer Abteilung mitarbeiten wolle, um den Prozess zu korrigieren. Diese Bitte war ein wenig seltsam für mich, denn zum einen standen sie mir zu Beginn sehr skeptisch gegenüber, zum anderen hatte ich ihnen immer wieder gesagt, dass ich ohnehin nicht an *den* unternehmensweiten Prozess glaube, zumindest solange man nicht davon ausgeht, dass dieser Prozess lediglich als Startlinie dient, die dann komplett von einem Team umgeworfen werden kann. Ich gab ihnen deshalb einige Hinweise, wie man den unternehmensweiten Prozess abstrakter und zum Beispiel durch Einbindung von Retrospektiven besser anpassbar machen kann.

Werkzeuge und Technologien

Diese Abteilung war dafür zuständig, alle unternehmensweiten Werkzeuge und Technologien festzulegen. Dazu gehörten vor allem die Festlegung der Entwicklungsumgebung sowie auch Training und Support für die entsprechenden Werkzeuge.

Das Entwicklungsteam hatte gerade auf eine andere Plattform gewechselt, da man ja in diesem zweiten Anlauf *alles* anders machen wollte. Diese neue Plattform war entsprechend in dieser Firma bisher nicht verwendet worden. Somit bestand die Notwendigkeit, einige dazugehörige Werkzeuge und Technologien auszuwählen. Aus verschiedenen Gründen dauerte dies aber ziemlich lange. Folglich verwendeten die Projektmitglieder einige freie Werkzeuge (angefangen mit Emacs und vi) oder brachten (illegalerweise, da nicht von der Tool-Abteilung erlaubt) irgendwelche Werkzeuge von wo auch immer ins Spiel. Doch die fehlende Entwicklungsumgebung wurde weiterhin in allen Retrospektiven als Hauptproblem genannt. Es gab also zweifellos Grund zum Handeln. Als ich dann mit der Tool-Abteilung sprach, nannten sie mir alle möglichen Gründe, weshalb der Evaluierungsprozess so lange dauerte. Der Hauptgrund war, dass sie nach *dem* universellen Werkzeug suchten, das alle nur erdenklichen Anforderungen abdeckte. Aus diesem Grund mussten sie die Werkzeuge auch auf all diese Features hin prüfen, was angesichts der Tatsache, dass sie selbst keine Entwickler waren, erst recht schwierig war.

In meiner Naivität fragte ich sie dann, wieso sie denn nicht einfach ihre Kunden, also die Entwickler, fragten. Schließlich müssten die doch am besten wissen, was sie wirklich bräuchten, wahrscheinlich hätten sie sogar schon diese oder jene Erfahrung mit verfügbaren Werkzeugen gemacht. Die Reaktion auf diesen Vorschlag konnte man in allen Gesichtern ablesen und als eine Art Schock diagnostizieren. Wie konnte ich nur vorschlagen, ihre Kunden direkt zu fragen? Nur ein anderer externer Berater, der in dieser Abteilung arbeitete, unterstützte mich sofort. Doch nach einiger Zeit waren alle von der Idee begeistert und führten sie durch. Es dauerte immer noch eine ganze Weile, aber die danach infrage kommenden Werkzeuge waren sehr viel mehr geeignet, die Bedürfnisse der Entwickler abzudecken, und außerdem waren diese Werkzeuge durchweg circa ein Zehntel günstiger als die davor ausgewählten. Um zu einer endgültigen Entscheidung zu kommen, bat ich die Abteilung dann, die infrage kommenden Werkzeuge einfach einigen (interessierten) Entwicklern zum Testen zur Verfügung zu stellen. Dahinter steckte die Annahme, dass dies den Evaluierungsvorgang beschleunigen und dazu führen sollte, dass die Werkzeuge unter realen Umständen getestet wurden. Letztendlich bedeutete das, dass die Entwickler selbst über ihre Entwicklungsumgebung entschieden. Die Tool-Abteilung unterstützte sie nur und nahmen ihnen vor allem die dazugehörige organisatorische Arbeit ab: Kontakte zu den Werkzeuglieferanten herstellen, Werkzeuge bestellen, ein Budget bereitstellen, Support einrichten und so fort.

Qualitätssicherung und Qualitätskontrolle

Diese Abteilung war eine der ersten, mit der ich in Kontakt trat. Mir ging es vor allem darum, der Abteilung klarzumachen, dass das Projekt sie gleich zu Beginn benötigt. Statt erst am Ende ins Spiel zu kommen, baten wir die Abteilung, das Projekt von Anfang an zu unterstützen. Auch wenn die Mitarbeiter darüber zunächst recht erstaunt waren, fühlten sie sich geehrt und verstanden die Wichtigkeit ihrer Rolle, die sie dann auch entsprechend ernst nahmen.

Es gab allerdings auch einige Probleme. Das Hauptproblem war, dass sie auch Unit Tests einer Qualitätssicherung unterziehen wollten. Dieser Wunsch allein ist natürlich noch kein Problem, doch sie wollten die Sicherung so durchführen, wie sie Qualitätssicherung immer durchführten. Ihre Vorstellung war, dass man jeden Unit Test mit einem eigenen Formular spezifizieren und dokumentieren sollte. Ihnen war nicht klar, dass die Unit Tests hauptsächlich für die Entwickler existierten. Wir einigten uns dann auf eine Art, die sich bei vielen (bürokratischen) Dingen als hilfreich herausstellte: Der Ansatz bestand darin, erst einmal auf den Bürokratismus zu verzichten und die Entwickler ihre Unit Tests auf ihre Art machen zu lassen. Die Qualitätssicherung sollte diesen Prozess einige Iterationen lang begleiten, bevor sie dann eine Aussage treffen sollte, ob dieser Ansatz

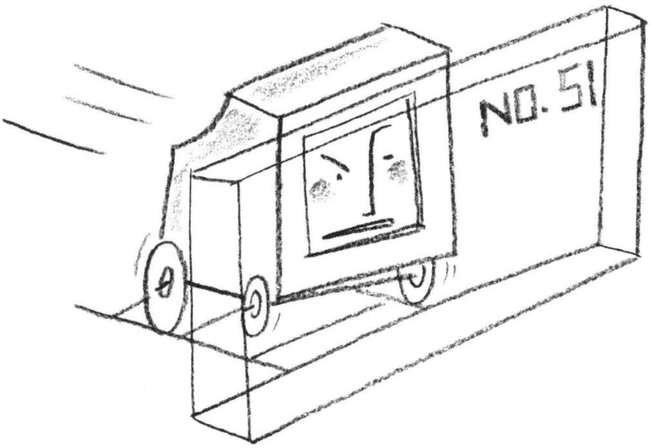

Qualitätskontrolle ...

ausreicht, um die Qualität sicherzustellen. Wir haben also mit dem Versprechen, es gegebenenfalls anders zu machen, erst einmal unbürokratisch und einfach angefangen. Das Hauptargument für eine Zustimmung der Qualitätssicherung für diesen Ansatz war, dass eine Einführung von mehr Bürokratismus wahrscheinlich dazu führen würde, dass überhaupt keine Unit Tests mehr implementiert werden würden, was dem Interesse einer Qualitätssicherung natürlich erst recht entgegenstand.

Es stellte sich heraus, dass die Qualitätssicherung mit dem Ergebnis sehr zufrieden war. Dies erfuhr ich zum ersten Mal allerdings eher zufällig auf einer unserer Projektparties. Ein Mitarbeiter der Qualitätssicherung erzählte mir dort inoffiziell, dass er noch nie mit einem Projekt zusammengearbeitet hatte, das in Bezug auf Qualität besser unterwegs war als unseres.

Projektplanung und -steuerung

Für die Projektplanung und -steuerung, die bei dem Projekt durch ein Projekt-Office abgedeckt wurde, war die Umstellung von linearer auf inkrementelle Entwicklung schwierig. Eines der Probleme bestand darin, dass das Projekt-Office mit einem Projektplan startete, der auf dem Plan des ersten Ansatzes basierte. Dieser Plan hatte seinen Fokus auf das Fertigstellen von Komponenten und nicht darauf, zuerst die wichtigsten Funktionalitäten in einem lauffähigen System zu realisieren.

Die Mitarbeiter des Projekt-Office waren in Bezug auf die inkrementelle Entwicklung und kurze Entwicklungszyklen sehr misstrauisch, denn bisher hatten sie nur lineare Entwicklung erlebt. Auf der anderen Seite waren wir auf diese Mitarbeiter angewiesen, denn ihre Aufgabe bestand darin, den Teams bei der Planung zu helfen, die Entwicklungszyklen zu überwachen und den allgemeinen Projektplan an die Ergebnisse, d.h.die Lieferungen und die Entwicklungsgeschwindigkeit, anzupassen. Die Mitarbeiter waren allerdings so an lineare Ansätze gewöhnt, dass ich sie nicht von einer komponentenbasierten Planung abbringen konnte. Wie auch immer ich argumentierte, ihre Antwort war stets: »Wir haben nie zuvor erlebt, dass dies funktioniert und deshalb kann dies auch nicht funktionieren.« Schließlich war ein Machtwort des Projektleiters notwendig, damit unser agiler Ansatz akzeptiert wurde. Dies funktionierte dann vor allem deshalb, weil dieser ganze Bereich von externen Mitarbeitern besetzt war, die den entsprechenden Anweisungen dann auch folgen mussten. Einer dieser Mitarbeiter war nicht ganz so misstrauisch wie die anderen und deshalb prädestiniert dafür, die Teams vorrangig bei der Planung zu unterstützen und die Ergebnisse der Iterationen auszuwerten.

Nach Abschluss einiger Iterationen und nachdem das Team mit jedem Zyklus eine (lauffähige) Software lieferte, wurde sogar diesem Bereich klar, dass es auf diese Weise viel einfacher war, den langfristigen Projektplan über die kurzen Timeboxen zu aktualisieren. In einer ruhigen Minute gab der Mitarbeiter mit den meisten Vorbehalten zu, dass er nun die Vorteile des für ihn neuen Ansatzes sehe, auch wenn er niemals geglaubt hätte, dass er jemals funktionieren könne.

Wie alles begann

Der zweite Anlauf des Projekts begann mit einem Team von fünfzehn guten bis sehr guten Entwicklern. Die einzelnen Mitarbeiter hatten sowohl technisches als auch fachliches Vorwissen. Ihre Hauptaufgabe bestand darin, innerhalb von drei Monaten eine Referenzimplementierung der Architektur fertigzustellen, die nachwies, dass die neue Technologie für den Neubeginn angemessen war. Der erste Ansatz wurde vor allem als technischer Fehlschlag betrachtet, weil nie laufender Code zustande kam. Dies war natürlich so nicht wahr, denn ein funktionierendes organisatorisches Management, vertrauensvolle Kommunikation und ein besseres Vorgehen hätten derartige Probleme ohne Schwierigkeiten abgefangen. Die dann erstellte Referenzimplementierung schuf zum einen eine Architektur für das System und zeigte gleichzeitig an einem lauffähigen System, dass einige wenige exemplarische fachliche Features auch wirklich realisiert werden konnten.

Dies alles passierte, während der Rest des Teams, das mit mehr als hundert Personen aus dem ersten Ansatz übernommen wurde (da man das fachliche Wissen nicht verlieren wollte), erst einmal nichts zu tun hatte. Man gab diesen Personen deshalb die Aufgabe, sich (zum wiederholten Mal) mit der Fachlichkeit zu befassen. Es war ziemlich offensichtlich, dass dies mehr Beschäftigungstherapie als sinnvolle Arbeit war. Sinnvoller war die Aufforderung, sich mit der neuen Technologie der Referenzimplementierung der Architektur vertraut zu machen und die Entwicklung dieser Referenzimplementierung selbst zu verfolgen. Das Startteam hatte zusätzlich die Aufgabe, alles in einem projektspezifischen Wiki transparent zu machen. Dies war eine der ersten sichtbaren Veränderungen im gesamten Projekt, die zu einer Neudefinition der Entwicklungsqualität führen sollte. Diese Qualität definierte sich aus folgenden Punkten:

- **Einfachheit:** Die wichtigste Entscheidung bestand darin, eine Architektur zu verwenden, die so einfach wie möglich war, damit sie von allen im Team verstanden werden konnte. Vor allem der Chefarchitekt forcierte die Entscheidung, keine Technologie nur deshalb zu verwenden, weil sie gerade angesagt war. Stattdessen musste für jeden Technologievorschlag erläutert werden, welches Problem im Projekt dadurch gelöst wurde. Bei vielen Vorschlägen war die Antwort darauf nicht sehr überzeugend, weshalb der Vorschlag abgelehnt wurde.
- **Transparenz:** Alle Entscheidungen wurden transparent gemacht. Alle Informationen über das Projekt waren immer im internen Wiki sichtbar, sodass sogar Mitarbeiter, die nicht zum Startteam gehörten, immer wussten, was passierte. Im Gegensatz zum vorherigen Ansatz konnten so alle Entwicklungen mitverfolgt werden, was es gleichzeitig allen leichter machte, den Gesamtzusammenhang zu verstehen. Auf diese Weise sah jeder den Projektfortschritt und fühlte sich für das Projekt mitverantwortlich.
- **Kommunikation:** Transparenz ist eine Qualität, die auf Kommunikation basiert. Das Wiki diente somit auch als Kommunikationsplattform. Die wichtigste Entscheidung zur Förderung der Kommunikation bestand jedoch darin, dass möglichst alle Mitarbeiter im selben Raum sitzen sollten. Beim Startteam war das noch einfach, doch als die anderen Mitarbeiter wieder hinzukamen, war dies eine echte Herausforderung (siehe Seite 224). Beim ersten Ansatz war Zusammenarbeit ebenfalls ein großes Problem gewesen, weil das Team auf verschiedene Gebäude in der ganzen Stadt verteilt war.

  Zur weiteren Unterstützung von Kommunikation stellten wir außerdem sicher, dass es an wichtigen Treffpunkten immer etwas zu naschen gab. Durch gemeinsames Naschen wurde der Austausch von Ideen zu aktuellen Themen des Projekts deutlich verbessert.
- **Spaß:** Jeder kann sich wohl vorstellen, wie es um den Spaß und die Motivation bestellt war, nachdem das Projekt im ersten Ansatz nach zwei Jahren Entwicklungszeit eingestellt worden war. Aus diesem Grund wurde es besonders wichtig, zu Beginn jeden noch so kleinen Fortschritt auch zu feiern. Auch wenn Parties ein gutes Mittel darstellen, Spaß und Motivation wiederherzustellen, war vor allem das bewusste Erleben von Erfolg wichtig. Die

Hauptmotivation bestand zunächst darin, die Referenzimplementierung der Architektur mit zunehmendem Erfolg wachsen zu sehen.

- **Disziplin:** Es war entscheidend, dass das Startteam auch schon eine Entwicklungsdisziplin etablierte. So wurde zum Beispiel sichergestellt, dass es für jedes Stück Code einen Unit Test gab. Ein anderes Beispiel war, dass Weiterentwicklungen nach ihrer Fertigstellung sofort integriert werden mussten. Dadurch, dass diese Gewohnheiten bereits im Startteam gelebt wurden, war es nicht ganz so schwierig, sie später im großen Team durchzusetzen.

  Zu Beginn und auch später wurden außerdem regelmäßig externe Reviews durch große bekannte Firmen durchgeführt. Damit war man nicht nur gezwungen, mit jedem Release ein lauffähiges System zu haben, dieses System musste auch gut genug sein, um die externen Reviews zu bestehen. Um eine gewisse Einheitlichkeit zu gewährleisten, wurden – von den Entwicklern – Programmierrichtlinien und Programmiermodelle entwickelt, die festlegten, wie man eine bestimmte Fachlichkeit implementieren und was man nicht machen sollte. Schließlich wurden alle Mitarbeiter von Anfang an angehalten, keine Überstunden zu machen und ihren Urlaub zu nehmen.

Urlaub ...

Der neue Chefarchitekt legte von vornherein großen Wert darauf, dass jeder in den unterschiedlichen Teilteams das gleiche Verständnis vom System hatte. Er war außerdem derjenige, der immer wieder sicherstellte, dass sich das gesamte

Projekt als *ein* Team und nicht als viele konkurrierende (Teil-)Teams verstand. Im ersten Ansatz war ein Hauptproblem, dass die fachlichen und die technischen Entwickler eher gegeneinander arbeiteten, statt an einem Strang zu ziehen.

Aufstockung des Teams

Die Referenzimplementierung der Architektur wurde pünktlich nach drei Monaten fertig. Dies war ein großer Erfolg, da das Projektteam zum ersten Mal wirklich lauffähige Software auslieferte. Insofern war das Ergebnis dieser drei Monate größer als in den ganzen zwei Jahren des ersten Ansatzes. Natürlich wurde dieser Erfolg mit einer entsprechenden Party gefeiert.

Teamparty ...

Um das nach drei Monaten Erreichte zu reflektieren, begab sich das Startteam in eine dreitägige Klausur. Dabei stellte das Team fest, dass es noch einmal drei Monate benötigen würde, um die Architektur aufzuräumen. Das Problem war nur, dass die übrigen Projektmitarbeiter darauf warteten, endlich anfangen zu können. Aus finanziellen Gründen entschied daher der Projektleiter, sofort mit der Aufstockung des Teams zu beginnen und den Rest der Mitarbeiter an Bord zu holen. Auch wenn insbesondere finanzielle Gründe ausschlaggebend waren, war diese Entscheidung für die übrigen Projektmitarbeiter vor allem aus psychologischer Sicht wichtig. Jeder wollte Teil dieses erfolgreichen Teams sein und seine schlechte (und oft einzige) Erfahrung aus dem ersten Ansatz hinter sich bringen.

Nach dem erfolgreichen Start wollte der Projektleiter kein unnötiges Risiko eingehen und achtete deshalb mit großer Sorgfalt darauf, dass ein Entwicklungsprozess erstellt und etabliert wurde, der auf die Bedürfnisse des Teams zugeschnitten war. Das Startteam hatte sich einen Entwicklungsprozess definiert, der offensichtlich zumindest für kleine Teams zu funktionieren schien. Aus diesem Grund skalierten wir diesen Prozess vorsichtig mit der zunehmenden Größe des Teams.

Das Startteam behauptete im Übrigen zunächst, dass es überhaupt keinem Prozess folge. Wann immer ein erfolgreiches Team so etwas behauptet, kann man davon ausgehen, dass das Team einen Prozess verwendet, der es optimal unterstützt. Der Prozess wird gar nicht als zusätzliche Aufgabe wahrgenommen. Stattdessen verwenden alle den Prozess automatisch. Das Team macht einfach, was immer hilfreich ist, und gibt die Dinge auf, die hinderlich sind. Diese Entscheidungen werden dabei gar nicht als prozessrelevant wahrgenommen; sie sind einfach nur natürlich. Es ist allerdings durchaus eine Herausforderung, einen derartigen (versteckten) Prozess zu nehmen und von einem Team für fünfzehn Personen auf über hundert Personen zu skalieren. Bei einem großen Team passieren einige positive Dinge nicht mehr auf natürliche Weise, stattdessen gibt es einige natürliche negative Effekte.

Aus Problemen lernen

Das Erste, was ich zum Skalieren des Prozesses machte, waren Interviews. Dazu suchte ich mir aus dem Startteam und aus den Mitarbeitern, die nun dazustoßen sollten, einen Querschnitt an Personen heraus, mit denen ich dann Einzelgespräche führte. Meine Hauptfrage war dabei immer, was man aus dem ersten Ansatz lernen konnte. Dabei legte ich Wert darauf, dass sowohl Dinge, die gut funktioniert hatten, als auch Dinge, die man verbessern sollte, genannt wurden. Viele der Befragten waren erstaunt, als ihnen zum ersten Mal bewusst wurde, dass bei dem gescheiterten ersten Ansatz einiges auch gut funktioniert hatte. Diese Erkenntnis half den Beteiligten, sich aus ihrer Lethargie zu befreien und neue Energie zu tanken. Es wurde ihnen bewusst, dass der erste Ansatz nicht so schlecht war, wie er erschien. Norm Kerth beschreibt die gleiche Erfahrung in [*Kerth00*], als er über Post-mortems[1] berichtet:

> »*Vor dem Post-mortem war niemandem bewusst, dass es neben den vielen Fehlern auch signifikante Zugewinne in der Abteilung gab.*«

Doch wie so oft erfuhr ich viel mehr über die Dinge, die schiefliefen und von denen man befürchtete, dass sie wieder passieren würden. Die Hauptsorge war, dass erneut eine Front zwischen den technischen und den fachlichen Entwicklern aufgebaut werden würde. Auch wenn das gesamte vorherige Projektunterfangen in der Kritik stand, so waren aber vor allemdie Beziehungen zwischen den technischen und den fachlichen Entwicklern besonders schlecht gewesen. Beide Seiten fühlten sich von der jeweiligen anderen Seite missverstanden. Als nun das neue Projektteam wieder wuchs, brachen die alten Vorbehalte wieder auf. Die Featureteams warfen den technischen Serviceteams zum Beispiel vor, dass sie auf die Architektur nicht aufsetzen konnten, solange diese nicht fertig sei. Auf der anderen Seite sollte die Architektur doch gerade anhand der Bedürfnisse der Featureteams weiterentwickelt werden. Doch statt dies als Chance zu begreifen, meinten die Featureteams, dass dies nur negative Auswirkungen haben könnte. Dahinter steckte die Befürchtung, nicht rechtzeitig fertig zu werden, weil sich die Architektur ständig weiterentwickelte. Was immer wir auch versuchten, wir schafften es einfach nicht, die Featureteams von dem neuen Ansatz zu überzeugen, dass die technischen Servcieteams ihre Dienstleister waren. Die Featureteams trauten dem neuen Modell einfach nicht.

Daraufhin verwendeten wir einen Trick: Wir deklarierten die Architektur als fertig (unabhängig davon, in welchem Zustand sie in dem Moment wirklich war) und erklärten, dass die Featureteams sie nun so verwenden sollten, wie sie ist. Die technischen Serviceteams versprachen, keinerlei weitere Änderungen vorzunehmen. Und in der Tat begannen die Featureteams nun, wirklich loszulegen.

Es dauerte natürlich nicht lange, bis das erste Featureteam um erste Änderungen in der Architektur bat. Um nun aber nicht erneut das »Schwarze-Peter-Spiel« anzufangen, schufen wir einen Prozess, der wie folgt ablief: Die Änderung musste zunächst von allen Featureteams – als Kunden der technischen Serviceteams – begutachtet und abgesegnet werden. Dazu konnte das Featureteam, das die Änderung wollte, die Auswirkungen der Änderung in jeder Hinsicht (technisch, für andere Teams, finanziell, ...) untersuchen. Wenn dann die Mehrheit der Featureteams für die Änderung war, wurde sie bei den technischen Servcieteams beauftragt. Auf diese Weise akzeptierten die Featureteams schließlich doch noch, dass die technischen Serviceteams ihre Dienstleister waren und dass die Architektur nicht stabil blieb, sondern sich nach ihren Vorstellungen weiterentwickel-

[1]Ein Post-mortem ist eine Art Autopsie eines (in der Regel) fehlgeschlagenen Projekts, um sowohl für das nächste Projekt zu lernen als auch um den Fehlschlag zu verarbeiten.

te. Nachdem dieser Prozess etabliert war, konnten Änderungen im Übrigen von jedem Teilteam (auch von den technischen Serviceteams selbst) vorgeschlagen werden. Auf diese Weise lernten auch die technischen Serviceteams, ihren Kunden, sprich den Featureteams, Gründe für interne Verbesserungen transparent zu machen.

Ein weiteres Risiko, das bei den Interviews mit den Projektmitgliedern immer wieder genannt wurde, war die mangelnde Entscheidungsfreudigkeit. Es herrschte die Meinung, dass beim ersten Ansatz notwendige Entscheidungen nie getroffen oder nicht wirklich umgesetzt wurden. Die zu den Entscheidungen dazugehörigen Probleme und Diskussionen kamen immer wieder auf, da die Entscheidungen nicht wirklich ernst genommen wurden. Wir legten dagegen großen Wert auf ein eher umgekehrtes Vorgehen: Entscheidungen wurden in der Regel schnell getroffen, ohne mitunter alle Konsequenzen zu kennen. Dadurch stellten sich Entscheidungen natürlich auch als falsch heraus. Doch war es kein großes Problem, die Entscheidungen zu korrigieren. Im Gegensatz zu nicht getroffenen Entscheidungen wussten wir dann, dass und warum eine Entscheidung falsch war, und konnten dadurch auch eine Stagnation im Projekt vermeiden.

In den Interviews wurden außerdem einige technische Probleme genannt, wie zum Beispiel die schlechte Verfügbarkeit des Netzwerks in der Firma. Die Entwickler konnten deshalb viel zu oft schlichtweg nicht arbeiten. Leider konnten wir daraus nicht wirklich eine Änderung ableiten, da die Netzverfügbarkeit außerhalb unserer Kontrolle lag. Dennoch versuchten wir, derartige Probleme so früh wie möglich zu eskalieren, um den Schaden so weit wie möglich einzudämmen. Darüber hinaus gab es natürlich auch interne Probleme, etwa die massiven Abhängigkeiten zwischen den Komponenten, die dazu führten, dass Kompilier-, Link- und Integrationszeiten unakzeptabel lang wurden. Diesen Problemen versuchten wir zum einen über die ergebnisorientierte Planung und zum anderen über das einfache Design, das derartige Flaschenhälse vermied, entgegenzuwirken.

Schließlich wurde noch der Mangel an Kommunikation im Projekt genannt, der beim ersten Ansatz vor allem auf der Tatsache basierte, dass das Projekt auf mehrere Standorte verteilt war. Insofern war es natürlich schwierig, mit anderen Projektmitgliedern in Kontakt zu treten. Die Projektmitarbeiter kannten sich zum Teil sogar überhaupt nicht.

Bei der Skalierung des vom Startteam verwendeten Prozesses wurden all diese genannten Risiken berücksichtigt.

Weiterbildung

Um die Architektur bekannt zu machen und aufzuzeigen, wie man nun Fachlichkeit implementieren musste, bekamen alle neuen Entwickler eine einwöchige Schulung. Fast jeder des Startteams war dabei auch mindestens einmal Ausbilder. Didaktisch war dies nicht die beste Entscheidung, da es für manche das erste

Mal war, dass sie eine Schulung leiteten. Auf der anderen Seite verfügten diese Ausbilder aber über ein erstklassiges Wissen und die neuen Projektmitglieder lernten die entsprechenden Experten sofort kennen.

Patenschaften übernehmen ...

Darüber hinaus riefen wir ein Patenschaftsprogramm ins Leben. Für jedes neue Teilteam wurden dabei zwei Mitglieder des Startteams als Paten festgelegt. Dies klappte bei den meisten Teilteams hervorragend. Problematisch wurde es nur in den Fällen, in denen die Paten zeitlich nicht ausreichend zur Verfügung standen. Diese Paten gingen davon aus, dass die Teilteammitarbeiter bei Bedarf schon auf sie zukommen würden; doch diese taten dies nicht. Manchmal wussten sie gar nicht, was sie die Experten genau fragen sollten, manchmal hatten sie Angst, mit ihrer Frage dumm dazustehen. Bei den Teilteams, bei denen die Paten ihre Rolle als eine aktive Rolle verstanden, gab es diese Probleme nicht. Durch regelmäßige Diskussionen und Hinterfragen dessen, was die Teilteammitarbeiter gelernt hatten, stellten diese Paten im Vorfeld sicher, dass ihre Teilteams nicht vom Weg abkamen. Das Patenschaftsprogramm dauerte vier bis acht Wochen, abhängig vom Bedarf der einzelnen Teilteams.

Wir beließen es bei dieser initialen Einarbeitungsphase und führten keine weiteren Schulungen durch. Der Hauptgrund war, dass es wichtigere Probleme zu lösen gab. Der Mangel an weiteren Fortbildungen zeigte sich aber später. Zum einen bekamen die Mitarbeiter neue Aufgaben, was bedeutete, dass sie

Dinge taten, die sie noch nie gemacht hatten. Zum anderen wurde der Erfolg des Projekts zum Problem: Nach der erfolgreichen Auslieferung einiger externer Releases zogen andere Projekte in der Firma oder beim Kunden in Betracht, unsere Architektur als ihre Plattform einzusetzen. Wir begrüßten diese Herausforderung natürlich, da sich damit unser Marketing verbesserte und sich unser Erfolg herumsprach. Dies war wichtig, denn es gab immer noch einige Kunden, die uns nicht trauten und, schlimmer noch, uns das Gefühl gaben, dass sie es lieber sähen, wenn wir scheiterten. Je mehr Menschen unsere Leistung anerkennen würden, desto weniger Einfluss würden diese Kunden haben.

Das existierende Schulungsmaterial war allerdings inzwischen veraltet, da sich alles im Laufe der Zeit weiterentwickelt hatte. Da wir außerdem Weiterbildung nun nicht mehr als interne Angelegenheit, sondern auch als Teil der Vermarktung betrachteten, entschieden wir uns, zwar intern Schulungsmaterial zu erstellen, es aber dann der Werkzeug- und Technologieabteilung zu übergeben. Diese übernahm damit die Verantwortung, Schulungen zu halten und das Kursmaterial weiter zu pflegen. Das Schulungsmaterial selbst bestand aus drei Säulen:

- Traditionelle Schulungsunterlagen in Form von Folien
- Eine Art Tutorial im Wiki. Dieses behandelte die gleichen Themen wie die Schulung (die auch im Netz zur Verfügung stand), lieferte allerdings zusätzliche Informationen und vor allem Verweise auf aufbauende Themen. Das Wiki diente somit eher zum Selbststudium durch E-Learning.
- Beispielcode für alles, was in den Schulungsunterlagen behandelt wurde. Dieser war ebenfalls im Wiki verfügbar.

Die erste Säule wurde von der Werkzeug- und Technologieabteilung gepflegt. Die anderen beiden Säulen gehörten zur gemeinsamen Verantwortlichkeit des Entwicklungsteams und waren Teil der *Definition von fertig*. Die Tutorials und der Beispielcode dienten damit nicht nur als Schulungsunterlage, sondern auch als Referenz für das System. Das gesamte Team musste bei jeder Änderung sicherstellen, dass auch der Sourcecode des Schulungsmaterials immer noch funktionierte und das Tutorial immer noch stimmte. Allerdings musste das Team immer wieder explizit darauf hingewiesen werden, dies auch wirklich sicherzustellen. Der Sourcecode der Schulungsunterlagen war damit auch ein weiterer Akzeptanztest für das System.

Etablierung kurzer Iterationen

Das Ergebnis der Interviews diente als Startlinie für unseren skalierten agilen Entwicklungsprozess. Es stellte sich heraus, dass es am wichtigsten war, wirklich kurze Entwicklungszyklen zu haben. Wir etablierten Releasezyklen von drei Wochen, die aus drei einwöchigen Iterationen bestanden. Das Ergebnis eines Release sollte dabei jeweils zusätzliche sinnvolle Funktionalität für den Kunden liefern.

Eines der Hauptargumente für kurze Iterationen war, dass wir Fehler so früh wie möglich korrigieren wollten. Nur ein abgeschlossener Entwicklungszyklus, der eine definierte Zeit dauert und mit einem spezifizierten Ergebnis endet, gab uns die Möglichkeit, das in der Entwicklung befindliche System jeweils zu beurteilen. Dadurch dass wir auf einem ständig lauffähigen System bestanden, konnten wir wichtige Aspekte frühzeitig anpacken: Integration, wie man Akzeptanztests implementiert oder wie man das System in Produktion bringt. Wir bevorzugten es, diese Punkte bereits anzugehen, solange das System noch klein war, da wir so noch relativ einfach verschiedene Ansätze ausprobieren konnten, was sehr viel schwieriger ist, wenn das System bereits richtig groß ist.

Wir starteten den ersten Zyklus mit einem betreuten Planungsworkshop. Dabei stellte sich heraus, dass es durchaus kein Problem war, fünf Teams in einem Planungsworkshop auf einmal zu betreuen. Zur Vorbereitung gab ich ein paar Hintergrundinformationen über den Sinn und Zweck von kurzen Entwicklungszyklen, die als Timebox durchgeführt werden. Ich erläuterte auch die Beziehung zwischen den vier Projektparametern (Ressourcen, Dauer, Qualität und Umfang) und begründete unsere Entscheidung, in diesem Projekt nur den Umfang als einzig variablen Parameter zu betrachten, da alles andere vorgegeben war. Damit wollten wir vor allem auch vermeiden, dass die Qualität letztendlich die Leidtragende ist. Nur die ersten beiden Planungsworkshops brauchten Unterstützung. Danach planten die einzelnen Teams jeweils selbst und berichteten das Planungsergebnis an die Projektplanung und -steuerung sowie an die Qualitätssicherung.

Die Haupterfahrung bei der Einführung der kurzen Entwicklungszyklen bestand darin, dass wir an der Timebox festhielten. Zunächst wurde die Kürze der Zyklen von fast allen wie ein Schock empfunden. Viele Teammitglieder ignorierten diese Änderung zunächst. Bei manchen dauerte es zum Beispiel über eine Woche, bis sie überhaupt loslegten. Diese Mitarbeiter vertrauten ihrer Erfahrung, dass in diesem Unternehmen ohnehin alles immer länger dauert, als es am Anfang heißt. Doch der Endzeitpunkt wurde nicht verschoben und als sie das nach dem halben Releasezyklus merkten, nahmen sie Fahrt auf. Gleichzeitig beschwerten sie sich aber darüber, wie unfair es war, dass der Releasezyklus für sie nun nur noch halb so lang wie geplant dauerte. Darüber hinaus zogen sie stark in Zweifel, dass man in der kurzen Zeit überhaupt etwas Sinnvolles zustande bringen könnte.

Es war sehr wichtig, dass die Timebox wirklich als Timebox wahrgenommen und der Endtermin nicht verschoben wurde. Dies war die einzige Möglichkeit, klarzumachen, wie ernst wir es mit Terminen wirklich meinten. Wir wollten sicherstellen, dass wir nicht in die von Fred Brooks in [*Brooks95*] formulierte Falle tappten:

> »*Wie kommt ein Projekt ein Jahr in Verzug? ... Ein Tag nach dem anderen.*«

Reflektieren lernen

Von Anfang an (also nach der ersten Iteration) habe ich die Coaches (oder auch Teamsprecher) aller Teilteams regelmäßig eingeladen, um die vergangene Iteration zu hinterfragen. Darüber hinaus führte ich nach dem ersten Releasezyklus eine Projektteamretrospektive durch, um über den Prozess, wie er bisher verwendet wurde, zu reflektieren. Diese Retrospektiven wurden die wichtigsten und populärsten Meetings. Sie dienten außerdem als Forum, um Probleme zwischen den Teilteams zu besprechen, und später auch dazu, sich über die neuen Anforderungen an die Architektur abzustimmen. Sie wurden damit *das* Forum für die Entwickler. Auch wenn dies von allen später so gesehen wurde, war dies keinesfalls von Anfang an der Fall. Am Anfang war es eher typisch, dass ein Teilteam über seine Probleme sprach, ohne dass irgendein anderes Teilteam etwas dazu sagte. Ich merkte dann immer lautstark an, dass es bestimmt auch andere Teilteams geben müsse, die das gleiche Problem schon einmal gehabt und eventuell auch schon eine Lösung dafür gefunden hätten. Und in der Tat gab es oft die direkte Reaktion, dass zumindest ein Teilteam berichtete, wie es das Problem gelöst hatte. Sie hatten also noch nicht damit begonnen, die Chance zu nutzen, gemeinsam nach Lösungen zu suchen und voneinander zu lernen. Erst mit der Zeit lernten sie, dass sie ein einziges (großes) Team waren, das an einem Strang zog und sich gegenseitig half, anstatt zuzusehen, wie andere mit Problemen kämpften.

Alle Retrospektiven wurden von den Mitarbeitern der Projektplanung und -steuerung sowie der Qualitätssicherung begleitet.

Kommunikation fördern

Einer der Hauptgründe für den Erfolg des Projekts beruhte auf der Entscheidung, dafür zu sorgen, dass alle Projektmitglieder so nah wie möglich beieinander saßen. Doch galt es dabei die Herausforderung zu bewältigen, mehr als hundert Personen zusammenzusetzen. Dies war ein Problem, das auf der Liste der größten Probleme ganz oben stand, auch wenn es mit der Zeit teils gelöst werden konnte. Nach einer Weile schafften wir es, für das Projekt zumindest ein Großraumbüro zu bekommen, und es dauerte nicht lange, bis jedem klar wurde, dass in diesem Großraumbüro alle Fäden zusammenliefen. Basierend auf dem Konzept der flexiblen Arbeitsplätze, gab es nun als Folge jeden Morgen den großen Run auf die Plätze in diesem Büro, um auch ja in der Mitte des Geschehens dabei zu sein. Wer immer auch dort saß, konnte sicher sein, über alles Wichtige bestens informiert zu sein, während die Informationen zu den anderen Arbeitsplätzen auf traditionellem Wege (also zum Beispiel langsam und gefiltert via E-Mails) gelangten.

Flexible Arbeitsplätze ...

Das Problem wurde schließlich dadurch gelöst, dass wir ein weiteres Großraumbüro bekamen, das neben dem anderen lag. Beide Büros zusammen boten genug Platz für fast alle Projektmitglieder. Da Mitglieder eines Teilteams möglichst nebeneinander sitzen sollten (etwas, was in der Flexiblen-Arbeitsplatz-Philosophie nicht vorgesehen war), setzten wir uns außerdem über die offiziellen Regelungen hinweg und legten Teilteamzonen fest. Dies hatte eine enorme Auswirkung auf die Teilteams, die nur schlecht vorankamen. Sobald die Mitglieder zusammensaßen, wurden die Zusammenarbeit und Leistung des Teilteams merklich besser. Die Flexible-Arbeitsplatz-Philosophie half uns auch, Probleme zwischen den Teilteams zu lösen. Wann immer es Probleme zwischen Teilteams gab, konnte man sicher sein, dass diese Teilteams nicht nah beieinander saßen. Deshalb sorgten wir dann dafür, dass diese Teilteams zusammensaßen. Durch die räumliche Nähe »im Alltag« wuchs deren Verständnis für die gegenseitigen Probleme und es wurden Vorurteile reduziert. Dadurch wurde das gegenseitige Verständnis erhöht und die Kommunikationsprobleme letztendlich in den meisten Fällen von selbst gelöst. Dies betraf nicht nur Entwicklungsteams, sondern auch alle anderen Teilteams wie zum Beispiel Qualitätssicherung oder Projektplanung und -steuerung.

Natürlich konnte man nicht alle Kommunikationsprobleme durch Umsetzungen lösen. Neben den Projektteamretrospektiven wurden daher noch andere Informationskanäle aufgebaut, bei denen die Informationen vor allem in eine Richtung flossen. Es handelte sich dabei um Vollversammlungen, die sich in einem Fall an alle und in anderen Fällen zum Beispiel nur an die Entwickler richteten. Die zweite Art des Informationsaustauschs wurde immer dann einberufen, wenn ein Entwickler eine Information, wie z.B. neue Erkenntnisse über eine bestimmte Technologie oder Änderungen an einem eingesetzten Framework, an alle verbreiten wollte. Diese Vollversammlung war zwar für jede Woche terminiert, fand aber nur dann tatsächlich statt, wenn auch jemand einen Beitrag angemeldet hatte, damit versuchten wir, die »Meeting-Zeit« zu reduzieren.

Wir adressierten andere Kommunikationsprobleme, indem wir explizit eine Kommunikationsstruktur aufbauten. Sie bestand aus verschiedenen Personen, die die Teilteams regelmäßig besuchten und nach ihren Problemen befragten. Diese Besucher hatten zum einen die Aufgabe, Informationen weiterzuleiten. Wichtiger war aber, dass sie auch die individuellen Probleme der einzelnen Teilteams aufnahmen und am besten auch direkt und unkompliziert lösten. Dies bedeutete nicht unbedingt, dass die Teambesucher für die Lösung der Probleme verantwortlich waren, sie sollten aber Lösungen ermöglichen, indem sie die richtigen Personen zusammenbrachten. Auf diese Art nahmen die Teambesucher die Rolle der Kommunikationsvermittler wahr. Es gab verschiedene Teambesucher und einige von ihnen wechselten im Laufe der Zeit (auch in Abhängigkeit von den Hauptproblemen des Projekts). Am Anfang besuchte vor allem ich die Teilteams. Dabei hatte ich die eigentliche Aufgabe, Hinweise auf Anpassungen für einen besseren Prozess zu finden, doch ich sah und adressierte auch andere Probleme. Später hatten wir dann zum Beispiel zusätzliche Teambesucher von den technischen Serviceteams, deren Fokus auf der Architektur lag. Sie halfen den Teilteams, ihren Code an Neuerungen in der Architektur anzupassen, und nahmen gleichzeitig Hinweise auf, wie man die Architektur verbessern könnte, damit sie die Entwicklung besser unterstützen würde. Andere Teambesucher waren wiederum Mitglieder eines virtuellen Reviewteams, dessen Hauptaufgabe darin bestand, alles, was die Teilteams taten, konstruktiv zu hinterfragen (siehe auch Seite 196). Allen Teambesuchern gemeinsam war die Verpflichtung, auf alle Arten von Problemen zu hören und sie weiterzuleiten. Dies geschah unabhängig davon, ob diese Probleme zum eigentlichen Aufgabengebiet der Besucher gehörten.

Natürlich gab es auch noch die ganz traditionellen Kommunikationskanäle wie E-Mail und Telefon. Auch das Wiki diente nicht nur zum Wissenstransfer, sondern auch als allgemeines Diskussionsmedium. All diese Kommunikationskanäle wurden allerdings problematisch, sobald sie zu erfolgreich wurden. Dadurch gab es zu viele Informationen und in der Folge wurden nicht mehr alle E-Mails gelesen oder man konnte im Wiki nicht mehr schnell genug die gewünschte Information finden und so weiter. Kommunikation ist und bleibt immer eine Herausforderung.

Umgang mit ausgelagerten Teams

Teile der Entwicklung wurden auf externe Teilteams ausgelagert. Diese Entscheidung wurde frühzeitig getroffen, doch die dazugehörigen Verträge für die konkreten Aufträge waren bis zum zweiten Releasezyklus von der Rechtsabteilung noch nicht ausgearbeitet. Nachdem man aber bereits erkennen konnte, wie die eigenen Teilteams erfolgreich nach dem agilen Ansatz vorgingen, wollte jeder, dass auch die externen Teilteams diesem Ansatz folgten. Darüber hinaus sorgte der gesamte Neuansatz (mit zum Beispiel einer evolutionären Architektur) dafür, dass es eigentlich nicht mehr sinnvoll war, bei den externen Teilteams einen linearen Ansatz zu verfolgen. Es war allerdings nicht mehr möglich, die Rahmenverträge zu ändern, da es ein weiteres Jahr gedauert hätte, bis alle bürokratischen Hürden durchlaufen gewesen wären. Wir entschieden uns daher dafür, unsere Strategie und das, was wir von den externen Teilteams in Bezug auf Rechte und Pflichten erwarteten, in einem Nachtrag festzuhalten. Dieser Nachtrag wurde den konkreten Aufträgen dann als (nicht rechtlich bindender) Anhang beigefügt.

Für einige externe Teilteams war die Umstellung auf einen agilen Ansatz überhaupt kein Problem, da sie eh vor Ort mit den anderen Teilteams zusammensaßen. Das heißt, es handelte sich eigentlich nicht um externe Teilteams im klassischen Sinne, sondern eher um Insourcing. Auf diese Weise bekamen sie mit, wie die internen Teilteams den Prozess veränderten, und nahmen diese Änderungen von selbst auf. Bei einigen anderen externen Teilteams hatten wir dagegen mehr Mühe, sie von unserer Strategie zu überzeugen. Nach dem Motto »Taten sind besser als Worte« luden wir sie zu unseren Planungsworkshops und zu unseren Projektteamretrospektiven ein. Vor allem die Retrospektiven empfanden sie schnell als sehr hilfreich, da sie merkten, dass es sich um ein gutes Forum handelte, bei dem man neueste Informationen bekam und direktes Feedback geben konnte, um Dinge tatsächlich zum Besseren zu verändern.

Ungelöste Punkte

Bei allem Erfolg gab es natürlich auch viele Dinge, die nicht ganz so gut funktionierten. Da das Projekt letztlich aber ein Erfolg war, muss man diese Punkte nicht unbedingt als *ungelöst* betrachten. Auf der anderen Seite wäre es bestimmt auch von Vorteil gewesen, wenn für diese Punkte eine Lösung gefunden worden wäre. Doch sollte man auch bei Veränderungen immer genau wissen, wo die Grenzen liegen. Wenn ein Team sich Änderungen gegenüber komplett verweigert, sollte man sich daher Folgendes bewusst machen:

- Man kann ein Team zwar zwingen, Änderungen zu akzeptieren, doch man kann sich dann immer sicher sein, dass die Mitarbeiter, die diese Änderungen nicht akzeptieren, immer einen Weg finden werden, diese Änderungen zu umgehen. Schlimmer noch, werden sie oft eine subtile Möglichkeit finden, die Änderungen zu unterminieren, um zu beweisen, dass die Änderungen nie funktionieren können.
- Man kann sich dazu entschließen, eine Änderung wider besserem Wissen nicht durchzuführen, und mit der Gewissheit leben, dass man es viel besser weiß als all die anderen, die ja so unglaublich dumm sind.
- Man kann Änderungen zunächst zurückstellen, wobei das Risiko besteht, dass sie dann nie durchgeführt werden. Dies entspricht dem vorherigen Punkt mit dem Unterschied, dass die Einstellung dazu eine andere ist. Anstatt sich selbst für den einzigen intelligenten Menschen auf der Erde zu halten, sieht man die Sache so, dass zu einer Veränderung immer auch der richtige Zeitpunkt gehört, der mit Sicherheit kommen wird.
- Man kann das gesamte Team hinauswerfen. Das sieht natürlich in der Praxis eher so aus, dass man selbst das Team verlässt.

  Etwas anderes ist es, wenn nur einige wenige Teammitglieder die Veränderungen blockieren. Leider sind diese Personen oft ziemlich gut darin, schlechte Stimmung zu verbreiten und so die anderen mitzuziehen. In diesem Fall muss man gegebenenfalls dafür sorgen, dass diese Anführer das Projekt verlassen. Dies ist allerdings nicht immer ganz einfach, da diese Anführer oft eine gute Lobby im Projekt haben und/oder ganz besonders gute Kenntnisse besitzen, die im Projekt unverzichtbar sind.

In unserem Projekt verwendeten wir die »Änderungen zurückstellen«-Strategie bei zwei größeren Fällen: Zum einen war es nicht möglich, *alle* Teilteams davon zu überzeugen, Entwicklungszyklen ergebnisorientiert anhand von Features anstatt komponentenbasiert zu planen, auch wenn dies für einige Teilteams sehr gut funktionierte. Diese »komponentenbasierten Teilteams« wurden von der Projektplanungs- und -steuerungsabteilung sehr gut unterstützt, denn auch dieser Bereich bevorzugte ja (zunächst) eine komponentenbasierte Planung, da sie dem linearen Ansatz genügt und in ihrem Planungswerkzeug auch besser gehandhabt werden konnte. In der Folge passierte es, dass diese Teilteams dann drei oder mehr Releasezyklen benötigten, um eine Funktionalität zu liefern, die mit Akzeptanztests abgenommen werden konnte.

Das andere ungelöste Problem war, dass wir es nicht schafften, eine Kultur der Eigenverantwortung zu etablieren. Auch wenn die Projektmitarbeiter behaupteten, dass sie für ihre zugewiesenen oder übernommenen Aufgaben die Verantwortung übernahmen, hatten sie doch immer wieder Schwierigkeiten, diesem Anspruch gerecht zu werden. Es kam zum Beispiel immer wieder vor, dass sie bei einem Problem nicht nach Alternativen suchten, sondern sich nur beklagten, sie wären nicht in der Lage, die Aufgabe zu erfüllen, da man ihrer Meinung nach ihnen nicht alles bereitstellte, was zur Lösung notwendig wäre. Dies war ein ernsthaftes Problem und führte dazu, dass wir die Teambesucher anwiesen, die Mitarbeiter immer auch aktiv nach dem Stand ihrer Aufgaben zu befragen. Aber auch das führte nicht dazu, dass die Mitarbeiter selbst mehr Verantwortung übernahmen, denn jetzt verließen sie sich auf die Teambesucher, die ihnen ja indirekt die Verantwortung abnahmen. Verantwortung hörte immer an der Stelle auf, wo man über den eigenen Horizont hinausschauen musste, d.h., wo man seinen eigenen Bereich verlassen musste.

Zusammenfassung

Als ich Kollegen von diesem Projekt erzählte, sagten viele, dass sie gern in einem Projekt wie diesem einmal arbeiten würden. Und sie hatten Recht, es hat viel Spaß gemacht. Doch das war nicht immer so. Es war ein hartes Stück Arbeit, jedem klarzumachen, dass dies *ein* Projekt ist und dass wir nur alle zusammen erfolgreich sein können.

Um ehrlich zu sein, glaube ich außerdem, dass es kein Zufall ist, dass das Projekt erst nach einem großen Fehlschlag erfolgreich war. Viele Veränderungen wären ohne diesen Fehlschlag nicht möglich gewesen. Menschen stehen Veränderungen viel offener gegenüber, wenn sie an ihre eigenen Grenzen gelangt sind. Vorher werden sie immer dazu neigen, ihren eigenen Gewohnheiten zu folgen. Dadurch, dass in Bezug auf das Vorgehensmodell beim ersten Ansatz die Schmerzgrenze erreicht war, konnten wir viel pragmatischer mit anderen Abteilungen, externen Teilteams und dem Kunden zusammenarbeiten. Ich will nicht so weit wie Fred Brooks in [*Brooks95*] gehen:

> *»Plan ein, eins wegzuwerfen; Du wirst es ohnehin tun.«*

Doch ich möchte darauf hinweisen, dass man immer auch dann schon offen für Veränderungen sein sollte und neuen Ansätzen eine Chance geben muss, wenn die Dinge (noch) nicht so schlecht stehen.

8 Nachwort

Glaube nichts,
egal wo du es gelesen hast
oder wer es gesagt hat,
ganz gleich auch, ob ich es gesagt habe,
es sei denn, es stimmt mit deiner eigenen Vernunft
und mit deinem eigenen gesunden Menschenverstand überein.
— Gautama Siddharta Buddha

Je mehr ich über die verschiedenen Erfolgsfaktoren großer Projekte nachdenke, desto mehr komme ich zu dem Schluss, dass der Schlüssel bei der Kommunikation und beim kontinuierlichem Feedback liegt. Feedback ist dabei nicht nur ein technischer Aspekt, zum Beispiel in Form von Tests, sondern vor allem auch eine Kommunikationsart in Form von persönlichem Feedback der Teilteams und von einzelnen Projektmitgliedern. Retrospektiven sind ein großartiges Mittel für Feedback, doch am meisten habe ich durch persönliches Feedback erfahren, nämlich dadurch, dass ich mit den Projektmitarbeitern direkt und einzeln gesprochen habe. Die Ursachen von Problemen haben oft sehr viele Facetten und trotzdem liegt das Wissen darüber (und die dazugehörige Lösung) bei den involvierten Personen bereits vor; es wird, wenn überhaupt, nur sehr selten formuliert. Um erfolgreich zu sein, muss dieses Wissen durch die Change-Agents extrahiert werden.

Eine andere wichtige Erkenntnis bestand für mich darin, dass Stabilität zu einem Begriff geworden ist, den ich viel negativer sehe, als er gemeinhin betrachtet wird. Wann immer jemand danach fragt, etwas zu stabilisieren (etwa den Prozess oder die Architektur), habe ich den Eindruck, dass versucht wird, Dingen das Leben auszuhauchen. Solange wir in der Lage sind zu lernen, werden sich Dinge verändern und nicht stabil sein.

Oftmals, wenn ich etwas dazulerne, habe ich den Eindruck, dass sich etwas ändern muss. Diese Änderungen zu vollziehen bedeutet jedoch manchmal auch, dass Regeln gebrochen werden müssen. Ich habe gelernt, dass die Tatsache, Regeln brechen zu müssen, mich nie daran hindern sollte, Veränderungen anzugehen. Es bedeutet nur, dass man mehr Mut braucht und der Weg oft nicht ganz einfach wird. Speziell in großen Firmen sind viele Dinge sehr genau festgelegt, wodurch es zunächst fast unmöglich erscheint, diese Reglementierungen zu durchbrechen. Doch es ist nur dann unmöglich, wenn man es erst gar nicht versucht.

Aus irgendwelchen Gründen (die mir schleierhaft sind) scheinen manche Menschen zu meinen, dass große Projekte formaler, rigider und schwergewichtiger als kleine Projekte sein müssen. Nach meiner Erfahrung ist es entscheidend, dass ein Prozess nicht überspezifiziert und nicht zu stark reglementiert wird. Es mag sein, dass meine Einschätzung auch daher kommt, dass ich immer viel zu wenig Zeit habe, die einzelnen Teilteams zu coachen. Aus diesem Grund überlasse ich es den Teilteams, einen Entwicklungsprozess zu verwenden, den sie für richtig halten. Während ich mich auf die übergreifende Agilität des Gesamtprojekts konzentriere. Und dabei gilt immer, dass die einzelnen Personen wichtiger sind als der Prozess.

Bei kleinen Projekten scheinen sich die Menschen mehr auf ihre Menschenkenntnis und ihr Bauchgefühl zu verlassen. Es gilt aber für kleine *und* für große Teams, dass alle Softwareprobleme immer auch menschliche Probleme sind. Aus diesem Grund legen agile Methoden so viel Wert auf den Aspekt Mensch. Allgemein formuliert beschäftigen sich alle agilen Methoden, ob für kleine oder große Teams, mit dem Verhalten von Menschen und ihrer Einstellung gegenüber Veränderungen. Doch bei dem Wunsch nach Veränderungen darf nie vergessen werden, dass jeder Mensch und jedes Team anders ist.

Ich habe in diesem Buch *meine* besten Praktiken beschrieben, um Agilität im Großen anzuwenden. Dabei handelt es sich aber nicht um Kochrezepte. Was für mich und meine Kollegen gut funktioniert, muss noch lange nicht automatisch auch für Sie funktionieren. Halten Sie nicht daran fest, sondern versuchen Sie die Zielsetzung, die hinter dieser Praxiserfahrung steht, auf eine andere Art zu erreichen. Es geht vor allem um das Wertesystem, das hinter diesen Praktiken steckt (lauffähige Software, die Zusammenarbeit mit dem Kunden, die Offenheit für Veränderungen und jeder einzelne Mensch). Verlassen Sie sich einfach auf Ihren gesunden Menschenverstand und Ihr Bauchgefühl (auch wenn dazu Mut notwendig ist, da Sie sich dann nicht mehr an einem Regelwerk festhalten können). Sie werden aber feststellen, dass es plötzlich sehr einfach wird, sich in den Untiefen großer und kleiner Projekte zurechtzufinden.

Quellenverzeichnis

[*AdaptiveSoftwareDevelopment*]
http://www.adaptivesd.com/

[*AgileAlliance*]
www.agilealliance.org

[*AgileCertification*]
http://www.agilealliance.org/news/...
...agile-certification-a-position-statement/

[*AgileManifesto*]
www.agilemanifesto.org
www.agilemanifesto.org/iso/de

[*AgilePlanner*]
http://ase.cpsc.ucalgary.ca/ase/index.php/AgilePlanning/Home/

[*AgileTrac*]
http://www.agile-trac.org/

[*AgileVertraege*]
http://www.marinahaase.de/documents/VertragsgestaltungAgileDay.pdf

[*AlmostExtremeProgramming*]
http://c2.com/cgi/wiki?AlmostExtremeProgramming

[*Ambler02*]
Scott Ambler
Agile Modeling
John Wiley & Sons, New York
2002

[*AmblerSadalage11*]
Scott Ambler, Pramodkumar J. Sadalage
Refactoring Databases: Evolutionary Database Design
Addison-Wesley, Upper Saddle River, New Jersey
2011

[*ArgyrisSchoen78*]
Chris Argyris, Donald Schön
Organisational Learning. A Theory of Action Perspective
Addison-Wesley, Reading, Mass.
1978

[*Beck00*]
Kent Beck
Extreme Programming Explained – Embrace Change
Addison-Wesley, Reading, Mass.
2000

[*BeckFowler01*]
Kent Beck, Martin Fowler
Planning Extreme Programming
Addison-Wesley, Reading, Mass.
2001

[*BeckhardPritchard92*]
Richard Beckhard, Wendy Pritchard
Changing the Essence – The Art of Creating and Leading Fundamental Change in Organizations
John Wiley & Sons, New York
1992

[*Brooks95*]
Frederick P. Brooks, Jr.
The Mythical Man-Month – 20th Anniversary Edition
Addison-Wesley, Reading, Mass.
1995

[*CarmelAgarwal01*]
Erran Carmel, Ritu Agarwal
Tactical Approaches for Alleviating Distance in Global Software Development
IEEE Software
March/April, 2001

[*Cockburn01*]
Alistair Cockburn
Surviving Object-Oriented Projects
Addison-Wesley, Reading, Mass.
2001

[*Cockburn06*]
Alistair Cockburn
Agile Software Development: the Cooperative Game (2nd Edition)
Addison-Wesley, Reading, Mass.
2006

[*Cohn06*]
Mike Cohn
Agile Estimating and Planning
Prentice Hall, Upper Saddle River, New Jersey
2006

[*Conway68*]
Melvin E. Conway
How do committees invent?
Datamation, 14, 4, pp. 28-31
April, 1968

[*Cooper99*]
Alan Cooper
The Inmates Are Running the Asylum: Why High Tech Products Drive Us Crazy and How To Restore The Sanity
Sams, Indianapolis, Indiana
1999

[*CruiseControl*]
`http://cruisecontrol.sourceforge.net`

[*CrystalMethodologies*]
`http://www.crystalmethodologies.org`

[*Cucumber*]
`http://cukes.info/`

[*DeGraceStahl90*]
Peter DeGrace, Leslie Hulet Stahl
Wicked Problems, Righteous Solutions – A Catalogue of Modern Software Engineering Paradigms
Prentice Hall, Eaglewood Cliffs, New Jersey
1990

[*DeMarco97*]
Tom DeMarco
The Deadline – A Novel about Project Management
Dorset House, New York
1997

[*DeMarco01*]
Tom DeMarco
Slack – Getting past Burnout, Busywork, and the Myth of total Efficiency
Broadway Books, New York
2001

[*DeMarcoLister87*]
Tom DeMarco, Timothy Lister
Peopleware – Productive Projects and Teams
Dorset House, New York
1987

[*Demmer02*]
Christine Demmer
Gütesiegel für fleißiges Aufschreiben
Süddeutsche Zeitung, Bildung und Beruf, Nr. 40, 16./17. p. V1/15
Februar, 2002

[*DerbyLarsen06*]
Esther Derby, Diana Larsen
Agile Retrospectives. Making Good Teams Great
The Pragmatic Programmers
2006

[*DevOps*]
`http://www.cutter.com/promotions/itj1108/itj1108.pdf`

[*Eckstein09*]
Jutta Eckstein
Agile Softwareentwicklung mit verteilten Teams
dpunkt.verlag, Heidelberg
2009

[*Eclipse*]
`http://www.eclipse.org`

[*ExtremeProgramming*]
http://c2.com/cgi/wiki?ExtremeProgrammingRoadmap

[*FeatureDrivenDevelopment*]
http://www.featuredrivendevelopment.com

[*Fisher10*]
Len Fisher
Schwarmintelligenz: Wie einfache Regeln Großes möglich machen
Eichborn, Frankfurt/Main
2010

[*FIT*]
http://c2.com/cgi/wiki?FrameworkForIntegratedTest

[*FitNesse*]
http://fitnesse.org

[*Fowler99*]
Martin Fowler
Refactoring – Improving the Design of Existing Code
Addison-Wesley, Reading, Mass.
1999

[*Git*]
http://git.or.cz

[*Glazer01*]
Hillel Glazer
Dispelling the Process Myth: Having a Process Does Not Mean Sacrificing Agility or Creativity
Crosstalk: http://www.entinex.com/CrossTalkNov2001.pdf
November, 2001

[*GoldCard*]
http://www.frankwestphal.de/xp2001/TimMackinnon.html

[*Highsmith00*]
James A. Highsmith III.
Adaptive Software Development – A Collaborative Approach to Managing Complex Systems
Dorset House, New York
2000

[*Hudson*]
https://hudson.dev.java.net

[*HuntThomas00*]
Andrew Hunt, David Thomas
The Pragmatic Programmer: From Journeyman to Master
Addison-Wesley, Reading, Mass.
2000

[*Jeffries00*]
Ron Jeffries
Extreme Programming and the Capability Maturity Model
XP Magazine: http://www.xprogramming.com/xpmag/xp_and_cmm.htm
2000

[*JUnit*]
http://www.junit.org

[*Kanban*]
http://www.kanban101.com/
http://www.limitedwipsociety.org/

[*Kerth00*]
Norman L. Kerth
Project Retrospectives
Dorset House, New York
2000

[*Larman98*]
Craig Larman
Applying UML and Patterns
Prentice Hall, Eaglewood Cliffs, New Jersey
1998

[*LarmanVodde10*]
Craig Larman, Bas Vodde
Practices for Scaling Lean & Agile Development
Addison-Wesley, Upper Saddle River, NJ
2010

[*LarsenNies11*]
Diana Larsen, Ainsley Nies
Liftoff: Launching Agile Teams and Projects toward Success
Onyx Neon, Inc. Portland, Oregon
2011

[*LeanSoftwareDevelopment*]
`http://www.poppendieck.com/`

[*Leffingwell07*]
Dean Leffingwell
Scaling Software Agility: Best Practices for Large Enterprises
Addison-Wesley, Upper Saddle River, NJ
2007

[*LeufCunnigham01*]
Bo Leuf, Ward Cunningham
The Wiki Way: Collaboration and Sharing on the Internet
Addison-Wesley, Reading, Mass.
2001

[*MannsRising05*]
Mary Lynn Manns, Linda Rising
Introducing new Ideas into Organizations
Addison-Wesley, Reading, Mass.
2005

[*McBreen02*]
Pete McBreen
Software Craftsmanship – The New Imperative
Addison-Wesley, Reading, Mass.
2002

[*McConnell96*]
Steve McConnell
Best Practices – Daily Build and Smoke Test
IEEE Software, Vol. 13, No. 4
July, 1996

[*McMichaelLombardi07*]
Bill McMichael, Marc Lombardi
ISO 9001 and Agile Development
Proceedings der Agile 2007, S. 262-265
2007

[*Miller10*]
Peter Miller
Die Intelligenz des Schwarms: Was wir von Tieren für unser Leben in einer komplexen Welt lernen können
Campus Verlag, Frankfurt
2010

[*OpenSpace*]
`http://www.openspace.org`

[*OptionalScope*]
`http://www.jeckstein.com/papers/OptionalScopeContracts.pdf`

[*Paulk01*]
Mark C. Paulk
Extreme Programming from a CMM Perspective
Proceedings of the XP Universe 2001, Chicago
2001

[*PoppendieckPoppendieck03*]
Mary Poppendieck, Tom Poppendieck
Lean Software Development: An Agile Toolkit
Addison-Wesley, Reading, Mass.
2003

[*RechtinMaier00*]
Eberhardt Rechtin, Mark Maier
The Art of Systems Architecting
CRC Press, London
2000

[*Refactoring*]
`http://refactoring.com/`

[*Rothman04*]
Johanna Rothman
Hiring the best Knowledge Workers, Techies & Nerds: The Secrets & Science of Hiring Technical People
Dorset House, New York
2004

[*Satir76*]
Virginia Satir
Helping Families to Change
Jason Aronson, Northvale, New Jersey
1976

[*SchwaberAguanno09*]
Ken Schwaber, Kevin Aguanno
ScrumButs: The Dangers of Customizing Scrum
Multi-Media Publications Inc. (Audio CD)
2009

[*Scrum*]
`http://www.controlchaos.com`

[*Senge90*]
Peter Senge
The Fifth Discipline – The Art & Practice of The Learning Organization
Currency Doubleday, New York
1990

[*SollmannHeinze94*]
Ulrich Sollmann, Roderich Heinze
Visionsmanagement – Erfolg als vorausgedachtes Ergebnis
Orell Füssli, Zürich
1994

[*Subversion*]
`http://www.subversion.tigris.org`

[*Sutherland+07*]
Jeff Sutherland, Carsten Ruseng Jakobsen, Kent Johnson
Scrum and CMMI Level 5: The Magic Potion for Code Warriors
Proceedings der Agile 2007, S. 272-277
2007

[*UnitTestTools*]
`http://c2.com/cgi/wiki?TestingFramework`

[*VanDerHelmStopper02*]
Peer van der Helm, Dieter Stopper
Von Makrelen und Menschen
DAV Panorama, Nr. 1, Issue 54
2002

[*WebTest*]
http://webtest.canoo.com

[*WolfBleek11*]
Henning Wolf, Wolf-Gideon Bleek
Agile Softwareentwicklung: Werte, Konzepte und Methoden
dpunkt.verlag, Heidelberg
2011

[*XPlanner*]
http://www.xplanner.org

[*Yourdon99*]
Edward Yourdon
Death March – The Complete Software Developer's Guide to Surviving »Mission Impossible« Projects
Prentice Hall, Eaglewood Cliffs, New Jersey, 2nd edition
1999

Index

A

B

C

D

P

Q

R

S

U

V

W

X

Y

Z